广西北部湾
旅游研究与探索

▶ 覃雪梅 著

WUHAN UNIVERSITY PRESS
武汉大学出版社

图书在版编目(CIP)数据

广西北部湾旅游研究与探索/覃雪梅著. —武汉：武汉大学出版社，
2017.11

ISBN 978-7-307-19424-3

Ⅰ.广… Ⅱ.覃… Ⅲ.北部湾—旅游业发展—研究—广西
Ⅳ.F592.767

中国版本图书馆 CIP 数据核字(2017)第 143349 号

责任编辑：白绍华 责任校对：李孟潇 版式设计：韩闻锦

出版发行：**武汉大学出版社** （430072 武昌 珞珈山）
（电子邮件：cbs22@whu.edu.cn 网址：www.wdp.com.cn）
印刷：虎彩印艺股份有限公司
开本：720×1000 1/16 印张：15 字数：215 千字 插页：1
版次：2017 年 11 月第 1 版 2017 年 11 月第 1 次印刷
ISBN 978-7-307-19424-3 定价：79.00 元

序　言

　　拙作是笔者近 15 年来，对广西北部湾旅游可持续发展研究的成果积累，内容涉及广西北部湾旅游产品开发、旅游企业市场营销管理、旅游人力资源发展、景区生态环境、旅游可持续发展实证研究等方面。尽管书中个别观点和立论可能幼稚和落伍，笔者学术修养亦是浅薄稚嫩，但它真实地记录了这些年来笔者对广西北部湾旅游可持续发展的关注和思考，也是笔者学术成长轨迹的一个旁证。

　　编辑出版拙作最初的想法源于工作环境的改变。2015 年 5 月，笔者任职的单位——钦州学院在向"应用型本科高校"转型过程中，将旅游管理专业从资源与环境学院中调整到经济管理学院中去，使得人文地理学缘背景的笔者不得不割舍了对"旅游"的厚爱，被迫转变角色，融入到地理教研室的教学与管理中。"凡走过，必留下痕迹。"虽然近两年角色转变，但我一直未放弃对旅游领域的研究，俯拾仰取，终于汇集成册。希望拙作能成为自我勤耕不辍的动力，不忘初心，继续前行。

　　拙作在研究和出版过程中得到了导师龚胜生教授、钦州学院资源与环境学院黄远林院长、李素霞副院长、韦善豪教授、梁铭忠博士、桑霞同学以及旅游教研室、地理教研室的黄秋媚、韦欣宇、张小春、李娇、冯雪、玉秀芳、王思欣、朱红玲、卢芳妮、韦雪玲、阳慧、徐丽莉、宋玮潘、曾祥金、李石昌、唐明来、何春觅、钟庆霄、林家相、韦苏朝、杨小婷等学生的关注、指导和帮助。

　　拙作的出版获得了广西自然科学基金项目（2016GXNSFAA380136）、广西教育厅高校科研项目（ZD2014138、LX2014445、KY2015LX514）经

1

费的资助；得到了武汉大学出版社的支持。在此，深表敬意和感谢。同时，由于时间紧迫，难免有不妥之处，敬请广大读者批评指正。

覃雪梅于钦州

2017 年 3 月

目　　录

第一章 旅游产品开发与探索

第一节 基于大学生需求的广西滨海
健康旅游产品设计

当前,中国已步入大众旅游时代,而且随着中国高等教育的不断普及,大学生旅游已成为旅游业的一大潜在市场。大学生作为社会中的一个特殊群体,其生理和心理并没有完全成熟,在学校和社会环境的影响下,存在学业繁重、就业压力过大、沉迷网络、睡眠不足导致身体素质差、社会适应力弱等健康问题,旅游在一定程度上可以将上述问题加以改善。

广西滨海钦州、北海、防城拥有众多的自然旅游资源和人文旅游资源,可以设计成有利于旅游者健康的运动、养生、体验等旅游产品。在常去旅游目的地调查中发现,有60.42%的大学生选择了周边城市(南宁、防城港、北海),据统计,截至2013年,南宁、防城港、北海、钦州这四个城市拥有近35所高校(含外省高校分校)。由此可见,选取广西滨海作为旅游目的地来开发设计大学生健康旅游产品,有较大的潜在市场。

笔者以大学生的旅游需求为基础,同时结合大学生存在的健康问题和广西滨海旅游资源特点,提出广西滨海大学生健康旅游产品的设计构想。

一、大学生旅游市场需求调查分析

健康旅游是以治疗疾病、调养身心、消解亚健康状态为目的,保持或提高旅游者健康水平而引起的一切现象及关系的总和。大学生健康旅游是以大学生健康为主题的旅游活动，发展大学生健康旅游对大学生的健康和旅游目的地的市场开拓有一定的意义。

（一）问卷设计

此次问卷调查共设置了 18 个问题，采用不记名的方式以钦州学院在校大学生为对象进行调查，主要调查大学生的旅游意愿、旅游目的、旅游消费能力、旅游消费行为四个方面的内容。本次调查共发放 233 份问卷，共回收 200 份问卷，有效问卷 192 份，回收率和有效率分别为 85.8%、96%，调查所得数据使用 Excel 软件进行分析统计。接受调查学生中，男、女比例分别为 33.85%、66.15%，四个年级的比例分别为 29.17%、29.69%、26.56%、14.58%。

（二）旅游意愿

调查结果显示 96.35% 的大学生表示自己有过去旅游的想法或愿望。这表明大学生外出旅游的需求大，值得开发适合其需求的旅游产品。

（三）旅游消费能力

在旅游消费能力调查中，主要调查了"食、宿、购"三方面，结果显示，大学生的消费能力较低，72% 以上的学生每次旅游的消费额在 150 元至 750 元之间；其中 70% 左右的学生的住宿消费额为每晚 50 元到 150 元之间；而在餐饮及纪念品消费方面也不高。由此可见，大学生的旅游消费能力较低，因此在设计旅游产品时应以经济实惠为主。

（四）旅游消费行为特征

1. 出游目的与原因

从出游目的与出游原因的调查结果可以看出，大部分大学生的出游是为了放松、调整身心、观光游玩和好奇求知，而少部分大学生会以锻炼身体、结交朋友、探险为出游目的。因此在设计旅游产品时既要能满足放松、调整身心和观光游玩的需求，又要满足其好奇心和求知的欲望，另外在一些旅游产品中可适当加入健身、交际、探险的元素，以满足其多元的需求。

出游原因的调查结果显示，促使大学生出游的原因主要有同学、朋友邀约，占到了 78.65%，其他的原因分别为：个人的愿望和想法；学校、班级、社团等团体组织及朋友、同学聚会。因此设计的旅游产品首先要达到刺激大学生产生出游欲望的效果，其次要满足小团体结伴游和团队游的需求和要求。

2. 出游时间

从出游时间调查结果看，寒、暑假是大学生出游高峰期，同时周末、法定节假日、其他休息时间同样有 40%～50% 的大学生出游；在年出游次数的调查中选择 2 次以下的占 54.17%，3～5 次（不含 5 次）的占 39.06%；在出游天数调查中，大部分大学生一次旅游的出游天数为 3～5 天（不含 5 天），21.35% 的大学生选择 2 天以下（含 2 天）。因此在设计旅游产品时应以中短途的短期旅游为主。

3. 出游方式

从调查数据可以看出，大学生出游选择的交通具有多样性，大多集中在火车、公交车或地铁、包车旅游和中长途班车，此外有 30.73% 的大学生选择自行车。因此在设计旅游产品时，应在常用的交通上给予一定的便利。调查结果显示，大部分大学生的出游方式为邀约结伴游，因此在设计的旅游产品应适于小团体出游要求。

4. 旅游产品偏好

从表 1.1 可看出，大学生对旅游产品的偏好程度排在前三位的分别是综合型、娱乐型、观赏型，因此应该以综合型、娱乐型、观赏型等为主设计旅游产品，以满足其需求。

表 1.1　　　　　　　　　　喜欢的旅游类型

旅游产品类型	综合型	娱乐型	观赏型	运动型	疗养型	其他
选择的比例	41.67%	26.56%	20.83%	5.73%	3.13%	2.08%

（五）需求分析总结

在影响大学生旅游的因素调查中，花费、安全、景观排在前三，所占比例分别是 37.95%、22.92%、28.65%；结合以上大学生旅游需求调查结果，笔者认为，在设计旅游产品时首先要满足大学生放松身心、观光游玩、好奇求知、经济实惠的需求，刺激大学生个体的出游欲望，其次要满足小团体短期旅游的要求，最后要设计以观赏和娱乐为主的综合型旅游产品。

二、大学生滨海健康旅游产品设计构想

广西地处亚热带季风气候区，拥有长达 1595 km 的海岸线，滨海地区有众多沿海滩涂和亚热带植被风光，自然旅游资源丰富，其中较突出的是水体—沙滩类旅游资源和生态类旅游资源。广西滨海历史悠久，北海合浦汉墓遗址的发现，说明其历史可追溯到汉以前，发展至今，拥有众多人文旅游资源。

下面是笔者以大学生的旅游需求和广西北部湾滨海旅游资源为基础，以消除大学生亚健康症状，提高大学生社会适应力和促进大学生加强运动为主要目的提出广西滨海大学生健康旅游产品的一些设计构想。

(一)健康实惠的"食、宿、行"的旅游产品

1."食"旅游产品

不吃早餐、饮水量不足是大学生饮食不合理的主要表现，针对这一问题，旅游目的地政府和企业可以联合开展将饮用水绑定在住宿、交通两项产品中。只要是在火车站和汽车站凭学生证购买使用公共交通工具的每人送一瓶当地天然饮用水，如八寨山泉。在早餐的供应上，旅游目的地可以在主要的旅游景点和火车站、汽车站等交通枢纽设置早餐摊点，以方便大学生或是其他的游客购买，及时解决不吃早餐的问题。除此之外，旅游目的地政府与旅游酒店可推出学生凭学生证住宿含早餐的政策。这样不仅能在一定程度上解决大学生不吃早餐和饮水不足的问题，还能达到鼓励大学生出游的目的。旅游景点普遍存在吃饭贵、选择少的问题，因此旅游目的地政府和旅游企业可在旅游景点和旅游交通枢纽周边引入一定数量和类型的经济实惠又适于小团体消费的餐馆，同时旅游目的地政府要严格引入和监管这些企业，以保证饮食安全、卫生。

2."宿"旅游产品

好奇求知是大学生三大消费目的之一。住的方面，首先宾馆的

主题要特色鲜明。一是可以以当地民俗文化为主题,设计反映当地传统民居特色的宾馆,如以京族民居中的竹条、茅草地板、竹篱帘等传统竹木结构的元素和京族传统起居用品加入到现代民居钢筋混凝土结构中,形成一个京族特色客寨,或是以北海疍家文化为主题,设计开发疍家水上民俗旅馆。二是建设一些以现代大学生主流文化为主题的文化的主题宾馆,如针对追剧族的,将某一热播剧作为主题设计,如设计韩剧浪漫主题酒店"来自星星的酒店",还有一些校园或网络流行词,如"学霸"、"学渣"、"去哪儿"等作为酒店主题。针对大学生小团体游的特点,宾馆可推出大学生特色客房。如引入学校的上下铺床位设计,将单人间变成双人间,两人间变成四人间,三人间变成六人间,这样不仅能解决大学生多人拼房时产生的拥挤问题,提高满意度,还能大大降低大学生的人均住宿消费,提高酒店的接待数量,同时符合大学生的个性化主题设计。这样的客房同样适用于家庭经营的小宾馆。

3. "行"旅游产品

对于大学生而言,常见的出行方式为:火车、中长途大巴和公交车。由此旅游目的地可以将火车站或知名旅游景点为大学生旅游集散点,提供景点与汽车站、火车站、景点间的旅游专线公交服务。在交通工具上可采用旅游观光车、自助自行车、自助电车等,且分别设计适合于以上类型的路线。旅游观光车应选择风景秀丽、独具特色景点或地标性建筑的路段组成路线,自助自行车、自助电车按时间来计费,需要在各个旅游景点和主要车站、火车站和部分公交站设置自行车取放点,因电动车电量有限,则需要在路上合理设置取放、换乘点,以保证电量,或者沿途增设充电站。如动车时代的到来,加快了大学生深入景区的可进入性,在钦州市火车东站设三娘湾、八寨沟等大巴旅游专线,极大满足了大学生需求。

(二)增强体质型体育旅游产品

体育具有强身健体、培养人顽强意志、增强团队合作意识和协作能力的功能。体育旅游,将体育活动融入到旅游活动中去,让旅游者在进行游览观光、度假等活动,在获得释放身心、增长见识等益处的同时,还能达到强身健体的目的,非常适于用来加强大学生运动，提高大学生的体质。充分利用广西滨海带的水体—沙滩类资源，如三娘湾、白浪滩、银滩、怪石滩、月亮湾等滨海景区，创建滨海体育运动场，开展游泳、沙滩足球、沙滩排球、摔跤、踢毽子、板鞋竞速、放风筝、跳高、跳远、跑步、骑行、真人 CS 野战运动等活动项目，形成一个综合的沙滩体育运动场。十万大山、八寨沟等生态类自然旅游景区可开展户外拓展运动、爬山、CS 野战运动等。冯子材、刘永福故居等人文类旅游景区可以开展武术互动活动，将中国的武术运动以旅游为媒介推介给大学生，增强学生对武术精神的认识，引导大学生利用武术进行锻炼。另外，广西滨海沿海岸公路途经的滨海景点，如东兴口岸、防城港边陲明珠、三娘湾、龙门群岛等景区风光秀丽可设计大学生海岸骑行旅游路线，吸引大学生在寒暑假、国庆等长假时结伴骑行出游，增强大学生顽强意志和协作能力。

（三）心理调适型休闲旅游产品

休闲是一种放松、调整身心的业余活动，将休闲和旅游结合在一起的休闲旅游，充分发挥了旅游的休闲功能，使旅游者得到了充分休息，达到调节身心、恢复身心良好状态的效果，适于调适大学生心理状态，解决大学生不良情绪、压力过大和精神不佳的亚健康问题。问卷调查显示，大学生较喜欢观光游览、娱乐型和综合型旅游产品。可以在一些景点景区相互之间的距离较短的地方可利用前述的自助自行车进行骑行观光，如白浪滩—怪石滩、北海银滩—北海老街、钦州港仙岛公园—钦州保税港等路段。水体—沙滩类，可在观赏海滩自然风光时进行拾贝、玩沙、海钓、出海观豚等活动，此外还可在观光带举办以滨海为主题的摄影、绘画、沙画、沙雕等展览满足大学生求知的欲望。人文类和生态类旅游资源可开展以观光为主，以科普知识推广为辅的旅游活动，呼吁大学生保护自然生态环境和历史文化遗产。如在自然保护区、历史文化景区建设集声、光、电等现代技术的科普馆，采用展览解说、视频解说等方式介绍国家保护动植物和历史文化遗产的发展历程及科研价值，其中视频解说可以动植物的生长习性和形态为绘制蓝本或是以某一人文旅游资源的历史为背景，制作画面感、现实感、感染力极强的 4D

宣传动画影片。

(四)社会适应型旅游产品

社会适应能力是指人在心理、生理上和行为上做各种适应性的改变,达到与社会和谐的状态,以求得更好地在社会上生存的一种执行适应能力,主要包括个人生活自理、基本劳动、选择并从事某种职业的、社交等方面的能力。下面笔者将利于提高社会适应能力培养的活动融入旅游活动中,设计提高社会适应型旅游产品。

1. 军训旅游产品

军训活动用军训化管理的方式培养学生自立、自强、自卫能力,是让学生在脱离家庭、学校的陌生环境里学会生活自理能力的方法,同时众多的认识或不认识的学生聚在一起军训,人与人之间的沟通交流必不可少,这无疑会成为提高社会交往能力必不可少的交际课程。近年来,随着高校的不断扩招,不少高校原有校区已不能满足新生军训活动的需要,纷纷组织到校外军训。广西滨海有众多的水体—沙滩类旅游资源,为建设大学生军训旅游基地提供了坚实基础,基地一旦建设成功,可承接各个高校每年入学新生的培训工作。这不仅是教育活动,还是旅游宣传推介活动。景区借助军训基地将大学生引入其中,让大学生在一定的时间内接触到广西滨海最有特色的水体—沙滩类旅游资源,不仅让他们对军训留下美好回忆,还让他们体会到滨海旅游资源的美,促使他们产生重游的想法。

2. 工业旅游产品

广西沿海钦州、防城港、北海有数个工业/产业园区,适于开展工业旅游,见表1.2。

表1.2　**2014 年广西滨海三市部分工业/产业园区分布表**

钦　州	防城港	北　海
钦州港经济技术开发区、河东工业园区、灵山工业区、广西钦州保税港区、中马—产业园区、浦北县工业集中区	华石工业园、东兴江平工业园、大西南临港工业园、企沙工业园	北海工业区

工业旅游是指工业产地开展参观、游览、体验等旅游活动。开展工业旅游不仅可以宣传企业，还可以让旅游者深入了解企业产品的生产过程，提高对企业的认识。对大学生而言，就是通过课外学习来提高其对社会的认识和并培养其选择从事某种职业。旅游目的地政府和相关企业可对园区进行旅游规划，开辟工业工厂生产活动文化、企业文化、企业历史发展、工业产品与企业成果的展览区、工厂生产活动参观区、体验制作区，同时园区成立旅游管理委员会，组织、协调开展旅游活动，为游客提供接待、引导、专业讲解等服务。旅游目的地政府、园区、高校三方可合作建立大学生工业社会实践基地，通过班级、社团、学院向大学生推介，定期组织相关专业的大学生前往参观、游览、学习。此外，寒暑假是大学生出游的高峰期，旅游目的地政府和企业可与学校合作为大学生提供一定数量的寒暑假社会实践工作岗位，在每年寒暑假到来之际，在校开展寒暑假社会实践招聘会，吸引大学生参与竞聘。在实践期间，为大学生提供作息合理的践习岗位，并给予一定的报酬，让大学生在践习的同时还可以利用闲暇时间在当地进行深度旅游。

3. 班级、社团活动旅游产品

在大学生出游的原因调查结果显示，有 60.46% 的大学生选择了"学校、班级、社团等团体组织这一选项。说明大学生有一大部分都有过校内团体组织外出旅游的经历。学校组织团体活动，有助于培养大学生的社会交际能力和团体协作能力，对此旅行社可依据这一团体旅游出游的特点，设计提供符合这一类团体旅游需求的旅游线路产品或是旅游交通、旅游住宿、特惠团体门票等旅游单项产品，以及学生团体活动所需的烧烤、露营、野炊等各类户外活动设备设施出租服务等。除此之外，户外拓展运动是指个人或团队通过参与专业设计的户外团队活动项目来培养或加强团队的协作能力和个人某些能力的活动。广西滨海拥有森林、山地、水体—沙滩类等自然旅游资源和京族、疍家民俗和刘永福、冯子材故居等人文资源。结合广西滨海自然资源特点和人文旅游资源的特色，笔者认为可设计提高大学生社交、团队协作、抗压等能力和意志培养等主题的沙滩、水上、森林和山地等户外拓展项目，如水上项目可设计多人协作高跷捞球、穿越网线等项目。

结　语

健康旅游作为一个快速发展的新兴产业，符合人们追求健康的要求，有着广阔的市场。随着高等教育的不断普及，大学生已是市场中的一大消费群体。他们处在人生的特殊阶段，有自己不同于其他社会群体的旅游需求。本书结合当下大学生普遍存在的健康问题和广西滨海旅游资源提出了广西滨海大学生"食、宿、行"、体育、休闲、社会适应型等健康旅游产品的设计构想，希望对广西滨海大学生市场的开拓和提高、改善大学生的健康有一定的帮助。

（原载《绿色科技》2017 年第 3 期）

第二节　体验经济背景下旅游商品推广研究

国内外学者对体验经济的研究已基本覆盖各行各业，对旅游商品的研究主要在旅游商品的开发和发展对策等方面，而在体验经济背景下旅游商品的研究也主要在旅游商品的开发方面。而在关于钦州市坭兴陶这种旅游商品中的研究中也主要集中在产业发展、文化传承和制作工艺等方面，极少有学者涉及坭兴陶推广方面的研究。

文章对在体验经济背景下对钦州市旅游商品中的坭兴陶进行推广，调查坭兴陶的推广现状，针对其推广现状及存在的问题，提出相应的推广对策，在提高坭兴陶知名度及附加值的同时，满足人们对坭兴陶的体验要求，提高坭兴陶企业的经济效益。

一、体验式坭兴陶推广的可行性

体验经济即企业以服务为舞台、以商品为道具，围绕消费者创造出值得消费者回忆的一系列活动。体验经济具有体验时间短，能增加体验者与被体验者之间互动的特点。旅游商品即为旅游者在旅游活动过程中购买的物质形态存在的实物。

9

钦州坭兴陶，简称坭兴陶，又名坭兴桂陶，是以广西钦州市钦江东西两岸特有紫红陶土为原料，将东泥封闭存放，西泥取回后经过四至六个月以上的日照、雨淋使其碎散、溶解、氧化，达到风化状态，再经过碎土，按4∶6的比例混合，制成陶器坯料。东泥软为肉，西泥硬为骨，骨肉得以相互支撑并经过坭兴陶烧制技艺烧制后形成坭兴桂陶。在广西，近百年来，其传统工艺能够保持和继承并得到发展，被认定是目前广西最具民族特色的二件宝之一，也是钦州最名著名的特产之一。2008年6月7日，国务院批准广西钦州坭兴陶烧制技艺为国家级非物质文化遗产。

（一）坭兴陶制作匠心独运，优势突出

首先，坭兴陶具有高可塑性。坭兴陶的可塑性比一般的陶瓷成品高，它可采用雕、刻以及剔的技法对其进行装饰，将山水人物等图案在成品上展现出来。这主要是由于坭兴陶可以在其成品上或雕，或刻，或剔出各种各样的纹路，且纹路的粗细亦不受限制，继而经过雕刻出来的成品既简朴，亦精致。

其次，坭兴陶的"窑变"艺术在国内陶瓷行业中堪称"中国一绝"。精心雕刻的坭兴陶在烧制过程中，不添加任何陶瓷颜料可产生窑变体，当炉盘温度上升到1200℃的临界点时，偶有发现其极少部分胎体发生窜变现象，并自然形成各种斑斓绚丽的色彩和纹理，须打磨表层氧化物后才能发现其真面目，如天蓝、古铜、虎纹、大斑、墨绿等意想不到的诸多色泽。

再次，坭兴陶的成品使用安全性高。耐酸耐碱，无毒性（铅镉释出量几乎为零）。制作坭兴陶的陶土，土质细腻，含有多种矿物元素，对人体健康有益。它独具透气而不透水的天然双重气孔结构，有利于食物长久储存。实践证明茶叶置于坭兴陶罐数年而无霉变。茶具泡茶，味正醇香，隔夜而色味不变。久用之，空壶冲入白开水仍有芳香茶味，乃茶具上品。坭兴花瓶插花，花艳叶茂，经久不谢；尤其桃李，更可开花结果；坭兴食具盛装食品，暑天隔夜不馊。这些都是坭兴陶独具的特点。

最后，坭兴陶历史文化悠久，驰名中外。早在1915年，坭兴陶就在巴拿马举办的太平洋万国博览会上荣获金质奖。2010年坭兴陶入选上海世博会特选商品。2013 年，中国工艺美术协会正式批准授予坭兴陶的产地钦州市被授予"中国坭兴陶之都"称号。此外坭兴陶在近两年已被评为广西最具有影响力的十大特产之一。具有一定的知名度。坭兴陶自身优势为其体验式发展提供了有利条件。

（二）体验式坭兴陶的需求大

在人类消费水平逐步提高的前提下，服务经济似乎已不能满足人类的物质以及精神需求，而推广体验制作坭兴陶能在一定程度上满足顾客的体验性需求。为了调查体验制作坭兴陶推广的可行性，笔者以坭兴陶的推广现状以及体验制作坭兴陶推广的可行性为主题在钦州市展开了问卷调查，共发出了 294 份问卷，其中有效问卷 287 份，无效问卷 7 份，有效率为 97.6%。在体验制作坭兴陶的可行性调查中，有 75.61% 的被调查者表示对亲自制作坭兴陶感兴趣。调查数据显示，不同的职业对体验制作坭兴陶的感兴趣程度不一样，但是所调查职业中的大部分人对体验制作坭兴陶感兴趣。由此可知，在体验经济背景下人们对体验制作坭兴陶的需求比较大，而这也说明了推广体验制作坭兴陶具有可行性。

（三）坭兴陶企业位置交通便利

交通条件的便利程度是影响旅游者前往旅游目的地重要因素之一，体验制作坭兴陶的推广亦受到其所处地理位置的影响。钦州市属于沿海中心地带，位于北部湾经济区的中心位置，相对来说，钦州市的交通条件非常便利，无论是区内游客或是区外游客，抑或本地居民，出行受到交通条件限制的可能性比较小。钦州市坭兴陶企业大部分位于交通便利地带，例如，2007 年，被评为"全国工业旅游示范点"的广西钦州坭兴陶艺有限公司和广西钦州市昱达坭兴陶艺有限公司分别位于钦州市文峰北路及钦州市银河街，其地理位置及交通条件都比较便利，这为旅游者参观坭兴陶企业并在此体验制作坭兴陶提供了有利条件。

（四）坭兴陶企业初具规模

如表 1.3 所示，坭兴陶企业在近几年的发展比较迅速，截至 2012 年，经过工商登记注册生产经营坭兴陶的企业数量为 105 家。

而在工艺技师方面，坭兴陶企业所拥有的广西区级工艺美术师和钦州市级坭兴陶工艺美术师的人数分别为 29 人和 33 人。虽然在 2012 年至 2013 年期间坭兴陶企业的直接和间接从业人员数量波动较大，但生产经营坭兴陶的企业依然逐年增加，且现已形成一定的产业规模。因此在体验经济背景下，为坭兴陶企业的生产车间或者是生产坭兴陶的小作坊，抑或生产坭兴陶的工作室中开设供游客体验制作坭兴陶的体验室提供了条件，从而使旅游者不仅可以参观坭兴陶企业内的坭兴陶制作和装饰等过程，还可以在此基础上亲自体验制作坭兴陶，进入使得体验式坭兴陶推广更加具有可行性。

表 1.3　　　　　　　　坭兴陶的企业数量及从业人数

年份	工商注册生产经营坭兴陶的企业数量（作坊、工作室）	直接和间接从业人员（人）	省级工艺美术师人数（人）	市级坭兴陶工艺美术师人数（人）
2011	42	4000	9	18
2012	105	近 1200	29	33
2013	125	8000 多	29	33

数据来源：《钦州年鉴》。

二、坭兴陶旅游商品市场推广现状

笔者在以坭兴陶的推广现状以及体验制作坭兴陶推广的可行性为主题展开的问卷调查中，根据调查结果，归纳出以下坭兴陶旅游商品市场的推广现状。

（一）知名度有待提高，推广力度有待加强

在中国四大名陶的知名度调查中，被调查者对钦州坭兴陶熟悉程度最高，为 46.69%，其次为江苏宜兴紫砂陶，占了 40.07%，云南建水陶占了 9.76%，四川荣昌陶占了 3.48%。从这个调查结果可以看出，钦州坭兴陶在被调查者心目中的熟悉度与江苏宜兴紫砂陶相比是不相上下的，只相差 6.62%。这说明了钦州虽然作为

坭兴陶的产地，但其知名度还有待提高，而坭兴陶知名度的高低与否与其推广力度有着直接的关系。

从对受访者在节假日期间是否有看到关于坭兴陶的活动推广调查情况看，在节假日期间，受访者所看到的坭兴陶推广活动大多数是"偶尔有"、"基本没有"或"完全没有"，而"基本没有"看到过关于坭兴陶推广活动的占了 46.34%，这说明需要加大坭兴陶的推广力度。有如"酒香也怕巷子深"的说法，坭兴陶自身所具备的优点在一定程度上提高了其在旅游商品市场中的竞争力，但是如果其推广力度不大，其在旅游市场中的知名度将会越来越小，势必会影响坭兴陶在旅游商品市场中的竞争力，因此必须得加强坭兴陶的推广力度。

（二）推广需要专业的营销人才

加强推广力度是提高坭兴陶知名度的方式之一，引进专业的营销人才是加强推广力度的手段之一。由于目前坭兴陶的知名度还有待提高，因此需要加强其推广力度，而加强推广力度需要专业的营销人才，因为只有专业的营销人才在商品推广方面才能真正做到"术业有专攻"，进而促进旅游商品坭兴陶的销售。

（三）销售方式有待增加

在坭兴陶销售方式的调查中，有 58.59% 的被调查者打算到实体店购买坭兴陶，35.89% 打算在网上购买坭兴陶，有 5.23% 的被调查者是希望通过其他方式购买坭兴陶，如通过亲友代购的方式来购买坭兴陶或者想自己制作坭兴陶。而在对购买坭兴陶的用途调查中，有 60% 以上的人是将坭兴陶作为送礼和日常使用。由以上数据可以看出，虽然近年来网上购物比较流行，但将近一半以上的人数打算直接到实体店购买坭兴陶，因为他们认为到实体店购买，可以参观、挑选更多的坭兴陶成品。但随着人们消费水平的不断提高，消费意识的不断增强，这种单一的销售方式还是难以满足人们的多样化需求，必须改变现有的销售方式，采取灵活多变的方式才能扩大坭兴陶的销量。

（四）坭兴陶文化的宣传力度有待加强

在对坭兴陶的优点调查中，大部分受访者对其只是略知一二，且主要集中在对坭兴陶独特的窑变艺术、使用安全性强和历史文化悠久等方面的了解上，他们主要通过亲友推荐、报纸杂志以及网络的方式来了解坭兴陶，通过这三种方式来了解坭兴陶的被调查者占的比重较大，都在 40% 以上。而在对坭兴陶文化了解程度的调查中，主要集中在听说过其存在但不了解和完全不了解，从调查数据显示，钦州本地居民与非钦州本地居民的比例为 1∶2.63。而他们对坭兴陶文化的了解程度却相差无几，这说明了坭兴陶文化的宣传力度还有待加强，因此无论是钦州本地居民或是非钦州本地居民，都应该对坭兴陶文化有一定的了解，这样才能更好地将坭兴陶文化传承下去。

三、体验式坭兴陶旅游商品的推广设计

根据问卷调查结果分析出的目前坭兴陶推广现状，结合体验式坭兴陶推广的可行性和被调查者对坭兴陶推广的建议，需要在推广核心、推广人群、推广方式和推广策略等层面进行体验式推广设计。

（一）游客参与制作，分享体验成果

体验经济背景下坭兴陶旅游商品的推广主要是在坭兴陶企业中，通过给游客参观介绍坭兴陶工厂中坭兴陶的制作和装饰等流程，讲解坭兴陶的历史文化，引起游客参加体验制作坭兴陶的兴趣，继而引起游客参与体验制作坭兴陶的欲望。

体验经济背景下坭兴陶旅游商品的推广核心为体验制作坭兴陶，即体验式坭兴陶，它是将坭兴陶制作过程中能够让游客参与的步骤提供给游客体验，即给体验者提供可实现亲自体验制作坭兴陶的空间，制作坭兴陶的陶土以及相关工具，在体验室内播放坭兴陶由陶土制作成型的教学视频给游客观看，再由专业人员现场示范之后，让游客亲自体验制作坭兴陶。继而给体验者选择其需要烧制成陶瓷的作品，再由专业人员提供修饰体验者作品服务，经烧制后配送给体验者。

（二）借助多种媒介，扩大推广方式

1. 网络视频推广

在这个信息发展网络化的时代，人们对一个事物发展的新动态

或者查找相关资料主要从网络上了解。如图 1.1 所示，网络视频推广就是将推广的主体制造成能够吸引推广客体的视频形式发布在潜在价值的网站上，使网民利用自己的人际关系主动将其迅速地传播下去。伊利工厂开放供消费者进入到其工厂内参观相关奶制品制作，其通过将可参观伊利工厂的这一消息结合其自身的商品制作成广告形式告知广大消费者。体验制作坭兴陶网络视频推广亦可模仿伊利工厂给消费者开放的推广原理，将可参观坭兴陶工厂和可体验坭兴陶制作结合在一起做成相关视频，之后在比较受市民关注的网站上发布。与此同时，坭兴陶企业应在此基础上利用媒体来为推广体验制作坭兴陶造势，增强舆论氛围，使之引起网民的热议。

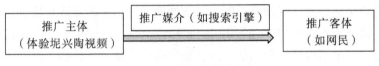

图 1.1　网络视频推广框架

2. 微信公众号推广

近年来，随着微信的基本普及，功能逐渐增多，微信用户关注的公众号亦在逐渐地增多，他们可通过相关的公众号来了解他们所需要的信息。目前大多数坭兴陶企业已开通企业微信公众号，相关产品信息的更新也会在其微信公众号上发布，企业可适当地在公众号上发布一些比较亲民的话题，使坭兴陶更加平民化，例如将体验者体验制作坭兴陶的视频或者图片编辑成小短文发布在微信公众号上，与关注其公众号的微信用户分享。由于在坭兴陶企业发布分享的小短文里面，谁都有可能成为短文里面的主角，这能促使人们提高对其公号的关注度。

3. 校园推广

在此次调查的所有调查者中，高校学生占据的份额相对于其他职业人群是最大的，他们占了总调查者的 37.98%，对体验制作坭兴陶的感兴趣度大部分趋于非常感兴趣与一般感兴趣之间，因此开办供体验者体验制作坭兴陶的企业可到高校对其进行实地推广，让高校学生到坭兴陶企业参观坭兴陶的制作流程以及体验制作坭兴陶。高校学生作为一支来自全国各地的队伍，对新奇事物的求知欲比较强，且其接触到的网络范围比较广，潜在的推广价值不可忽略，若能将体验制作坭兴陶推广给高校学生，让其将体验制作坭兴陶推广至其他人群，为体验制作坭兴陶为其增加一定的需求量的同时，还能扩大其推广范围。

(三)体验与文化相融合，加强推广力度

事物的文化是经过时间的考验，逐渐沉淀而形成的。它是事物存在的灵魂，在事物的发展过程中有着举足轻重的地位。因此坭兴陶文化是坭兴陶的灵魂，钦州市政府和市民应该共同致力于坭兴陶文化的传承和传播，努力把坭兴陶推广出去，把其文化优势转化成经济优势以便更好地带动钦州经济的发展。在体验经济背景下，体验制作坭兴陶的推广需要建立在坭兴陶文化上，将两者结合在一起，利用其现有可利用的资源，加强推广力度，将其推广出去，进而提高其知名度。

(四)开展体验坭兴陶制作活动，塑造良好形象

为了推广坭兴陶，进一步提高坭兴陶的知名度，相关企业或者事业单位曾举办关于坭兴陶的创作大赛以及作品展。例如，2015年11月21日在广西北流市举办的"两赛一展"活动进一步对坭兴陶进行了推广。开展体验制作坭兴陶活动，例如开展体验制作坭兴陶主题创作活动，是以某种人物或者文化为主题，让对体验制作坭兴陶感兴趣的体验者自由发挥创造性，亲自制作坭兴陶。事后邀请体验者分享在体验制作坭兴陶过程中的感受，然后将整个过程制作成视频发布到相应的推广渠道上，塑造良好的亲民形象。

通过调查可知，对体验制作坭兴陶感兴趣的人群当中，想跟朋友和家人一起去体验制作坭兴陶的人群占了主要部分。因此还可以在开展体验制作坭兴陶活动的同时，开展亲子团活动和情侣纪念活动，加强他们之间的情感交流。此外，在被调查者中，学生作为一个无收入且对体验制作坭兴陶感兴趣程度较高的群体，应采取相关的优惠措施，吸引他们前来体验。对于这些活动，应该在节假日的

时候，加大推广力度，多做促销活动，吸引更多人参与其中。开展体验制作坭兴陶活动可以缩短人们之间的距离，人们亦可以近距离地接触坭兴陶及其文化，使其更加平民化，在市民或者游客中树立良好的形象。

此外，良好的坭兴陶形象还可以通过举办体验制作坭兴陶代言人选拔赛来树立，因为举办体验制作坭兴陶代言人选拔赛不但可以选拔出合适的代言人，还能更好地宣传坭兴陶及其文化。

（五）提供个性化体验服务，提升体验价值

在体验经济时代下，传统的服务模式已经逐渐不能满足体验者的需求，而提供体验者个性化服务是在满足体验者体验制作坭兴陶的需求上提出的，由于参与体验制作坭兴陶的体验者大多数为零基础的体验者，提供体验制作坭兴陶的供应商除了给体验者提供基本的技术指导外，在体验者体验制作坭兴陶的过程中，给体验者在外观塑形上提供一对一的专业指导，使体验者在体验制作坭兴陶的时候，能够接受到专业的指导意见，进一步满足体验者对体验制作坭兴陶的需求。与此同时，体验者还能学习到一些专业的知识，满足体验者的求知欲，提升体验者的体验价值。从另一方面而言，给体验者提供个性化服务，以服务制胜，能够提高坭兴陶企业的市场竞争力。

（六）加强与高校合作，引进专业的营销人才

目前大多数高校在培养专业的营销人才，坭兴陶可加强与本地高校的合作，从本地高校中引进专业的高校营销毕业生来推广体验制作坭兴陶。相对于外地高校毕业生而言，本地高校毕业生对坭兴陶及其文化有一定的了解，他们可以将自己在学校所学到的专业知识与体验制作坭兴陶的优势更好地诠释，以便人们能够更好地了解坭兴陶及其文化。

结　语

坭兴陶作为被列入国家非物质文化的遗产之一，将坭兴陶及其文化推广给广大旅游消费者势在必行。在其推广的过程中，根据其推广现状，结合体验经济与旅游商品的特性以及时代发展与人们需

求的共同点，提出在体验经济时代下有利于坭兴陶推广的对策。这亦是坭兴陶企业发展过程中需要关注的问题之一，因此坭兴陶企业应在其商品的推广上不断地创新，坭兴陶企业才能更好地发展，坭兴陶才能被更好地推广。

（原载《中国商论》2017 年第 8 期）

第三节　银发旅游业发展探究

进入 21 世纪，钦州逐渐进入人口老龄化阶段。当下，老年人的退休金、赡养费不断增长，他们可自由支配的收入很可观。而且随着人们健康意识的不断增强，大部分老年人年富力强。而退休之后，属于自己的时间充裕，自然产生强烈的旅游动机。随着钦州经济的发展和人民收入水平的提高，银发旅游者的知识结构、价值取向、心理特征、体质特征使银发旅游市场有别于传统的大众旅游市场。这要求旅游从业人员应树立"开阔银发旅游市场"观念，重视银发这个旅游消费群体。

一、钦州市银发旅游市场特点

银发旅游是指 60 岁以上的银发旅游者参加的旅游活动，随着社会老龄化程度的不断加深，老人出游人数也越来越多。银发旅游者出游不仅增加了旅游市场的份额，还填补了旅游淡季的不足，使旅游设施获得充分的利用。

1. 银发旅游者人口数量庞大而且呈上升趋势

人口是影响旅游需求的最基本因素之一，因为旅游本身就是人的一种行为。因此，人口的数量、素质、分布及构成对旅游需求产生这重要的影响，从而形成不同的旅游需求规模和结构。

截至 2010 年 11 月 1 日，钦州全市的总人口为 379.11 万人。钦州全市常住人口中，0~14 岁人口为 87.52 万人，占 28.42%；15~59 岁人口为 182.09 万人，占 59.13%；60 岁以上人口为 38.36 万人，占 12.46%；其中，65 岁及以上人口为 27.57 万人，占

8.95%。同 2000 年第五次全国人口普查相比，0~14 岁人口的比重下降 2.82 个百分点，15~59 岁人口的比重上升 0.97 个百分点，60 岁及以上人口的比重上升 1.85 个百分点，其中，65 岁及以上人口的比重上升 1.58 个百分点。①

　　银发群体人数之所以发生变化主要因为：一是死亡率降低；二是寿命不断延长。2010 年钦州男性人口平均预期寿命为 72.38 岁，比 2000 年提高 2.75 岁；女性为 77.37 岁，提高 4.04 岁。男女平均预期寿命之差与十年前相比，由 3.70 岁扩大到 4.99 岁。银发旅游消费群会越来越大，其潜在作用不可忽视。再加上随着钦州人民衣食住行等生活条件的较大改善，医疗水平的不断提高，银发旅游者的健康状况比以前更好，在这些日益增加的银发旅游者中，其中的一部分将形成一个相当庞大的旅游消费群体，他们在旅游客源市场上所占的比例会越来越大。截至 2011 年，钦州的银发旅游者群体已达 50 万，其潜在作用是绝对不可忽视的。

　　2. 银发旅游潜在需求大

　　旅游需求是现代旅游经济产生和发展的重要前提，没有旅游需求就没有现代旅游经济的发展。由于人们的旅游欲望是随着生活水平改善而不断变化增强的，因此人们的旅游需要是无限的。

　　随着广西北部湾经济区的开发，钦州市的外来人口大幅度增加，促进不同地区的文化交融，钦州市老年人外出旅游的意识不断增强，渴望到外地走走，了解异域不同的风土民情。银发旅游者具有较长的闲暇时间，而且他们在情感上又常常处于孤独寂寞的状态，渴望交流和安慰。银发旅游者退休之后，一般都存在一种补偿的心理，因为他们大多数在年轻的时候工作忙，生活压力大，很多地方想去而没去成，到了晚年的时候就产生强烈的要补偿回来的想法。

　　从客观条件来看，随着广西北部湾经济的不断发展，钦州市的经济也获得了长足进步，极大地提高了当地居民的人均收入水平。百善孝为先，有着"尊老爱幼"优良传统的家庭，儿女自然会支持

---

① 数据来源：根据钦州市第六次人口普查数据整理。

家里老人外出旅游，银发旅游市场潜力不可小觑。

3. 银发旅游者空闲时间多

旅游活动必须花费一定的时间，没有时间就不能形成旅游行为，因而闲暇时间是构成旅游活动的必要条件。许多银发旅游者都已经退休在家，他们外出旅游拥有更大的自由度和灵活性，选择的空间和形式也更多，完全可以根据自己的身体条件、气候条件等自由地安排出行时间和选择地点，而不必在节假日凑热闹，这一点恰恰是其他客源群体所无法实现的。

4. 银发旅游者经济基础好

经济条件是产生一切需求的基础，没有丰富的物质基础和良好的经济条件旅游需求便不可能产生。银发旅游者的经济状况是决定开发银发旅游市场规模的关键因素。目前我国对银发旅游者的生活保障制度越来越完善，由于银发旅游者之前工作时间比较久，肯定存有一定的积蓄，加之又有退休金、养老金等，可自由支配的收入比较丰厚。银发旅游者的这些丰厚的经济条件是开发钦州市银发旅游者旅游客源市场必不可少的条件之一。

通过以上对钦州银发旅游者旅游客源市场开发潜力的分析，不难发现，无论在观念上、经济上、身体上、时间上，银发旅游者出门旅游的条件都在日臻成熟，银发旅游者旅游客源市场确实大有文章可作，如果这一市场能够开发完善，必将会给钦州旅游业的发展注入新的活力，带来莫大的发展商机。

二、钦州市开发银发旅游市场问题分析

虽然钦州银发旅游市场潜力大，但在开发过程中依然存在不尽如人意的地方，究其原因主要体现如下几个方面：

1. 企业对银发旅游客源重视程度不够

随着社会经济的不断发展，钦州的旅游行业也获得了发展新机。当前钦州市旅行社已达二十来家，但是很多旅行社在组织银发旅游活动时都仅仅是将平时的旅游产品简单地贴上银发旅游的标签而已，并没有为银发旅游者提供专业旅游服务。虽然银发旅游市场需求大，但无论是旅行社还是旅游景区，在宣传促销时，针对银发

市场的宣传促销力度不够，使得银发旅游者获取的旅游信息匮乏，有旅游动机和愿望却不知如何旅游，以及以何种方式旅游、去何处旅游等问题都得不到及时的解答。

2. 旅游市场缺乏专业银发旅游产品

钦州市旅游企业在开发设计旅游产品时，对银发旅游产品重视不够。旅游产品设计缺乏创新，无法与银发旅游者的需求水平、年龄结构特点和需求层次相适应，结果导致银发旅游者的许多旅游需求得不到满足。

3. 社会缺乏健全的医疗保障服务和银发旅游保险体系

健全的医疗保障服务是银发旅游团顺利完成旅游活动的组成部分。这是由银发旅游者的身体状态决定的，同时也是银发旅游团不同于一般团队的一个显著特点。但就目前而言，能达到这一要求的旅行社还不多，使得银发旅游者出游还存在着一定的后顾之忧。

另外很多保险公司不愿意为银发游客办理保险，相关的险种几乎没有。保险公司对银发游客只保旅游意外险，不保突发疾病险。遇到银发旅游者在途中发病需抢救和在发生地治疗的，旅行社只垫付一部分医疗费，最后还是要游客和家属支付。此外，保险公司设定的投保年龄界限为 65 岁，造成银发旅游者旅游风险增大。很多保险公司不受理 75 岁（有些地方规定是 80 岁）以上银发旅游者的旅游保险，一旦出了问题，旅行社风险很大。

4. 旅游企业缺乏专业化的导游

许多旅行社为银发旅游团安排的提供导游服务的是年龄差距较大的年轻人。由于年轻导游接待银发旅游团知识水平有限，思想意识与生活观念同银发旅游者又大有不同，交流沟通起来相对困难，加上服务方式简单，造成服务质量相对不高。带银发旅游团的导游要有一定的急救知识、看护知识，这样的导游比较难找，培训也较为麻烦。导游需要经过一些培训，比如简单的应急常识、向老人提供搀扶陪护服务、提醒老人按时吃药量血压等，这样一来，旅行社要承担相应的人员培训工作，成本又会增加。

三、开发钦州银发旅游市场的建议

自 2012 年年底中共中央出台"八项规定"和"六项禁令",社会各界掀起了"厉行勤俭节约、反对铺张浪费"热潮,给旅游和酒店带来了不同程度的影响。旅行社要想能够长远地发展就必须适时地调整政策,不断寻找新的旅游客源市场。

(一)企业要正确地细分市场,找准定位

银发旅游者是一个特殊的消费群体,在这一群体中,不同职业、不同背景的银发旅游者有着不同的消费需求。因此在开发银发旅游市场上必须进行细分,设计符合银发旅游者的产品,以符合银发旅游者的消费需求。

节俭是中国银发旅游者的共性,但是相对来说,消费水平高的银发旅游者过着较优越的生活,享受着较丰厚的退休津贴,他们的儿女事业有成,衣食无忧,购买能力较强。因此,旅游企业应将其作为重点开发的对象,部分老人可设置为 VIP 成员并建立档案,与他们保持联系,使他们在关怀中得到更多的亲情,并做到深入细致地了解老人的需求,为他们量身定做一些旅游项目来满足这部分银发旅游者的消费需求;对中等消费水平银发旅游者,为银发游客中所占份额最大的群体,能否设计出适销对路的产品、能否提供优质的服务进而带来良好的口碑,是旅游企业经营的关键所在;对于低消费水平银发旅游者,他们虽然消费能力较低,但数量庞大,可以形成规模销售,同样能为旅游企业带来很大的利润,旅游企业应多设计一些经济实惠的产品,为这部分银发旅游者出游提供方便。

(二)开发符合银发旅游者的旅游产品

面对占人口比重较大的银发旅游者这份丰厚的"大蛋糕",旅行社应充分了解银发旅游者的需求,开发出适合适销对路旅游产品。

比如开发金婚银婚纪念游。很多银发旅游者外出时都有补偿性消费动机,许多结婚多年的老人为了弥补当年结婚时的某种遗憾,在各方面条件转好之后双双外出旅游,形成银发旅游者的"新婚蜜月旅行"。为此旅行社可以设计出各种"婚补型"的旅游线路，让老人在绿水、蓝天、碧海中尽情地回味过去美好的时光，同时又享受旅游给他们带来的生活乐趣。

再如保健旅游。一些温泉、海滨之地、空气清新、阳光充裕，对银发旅游者身体疾病的治疗、休养、恢复都大有好处。旅游业就可以充分利用这些旅游资源，针对银发旅游者客源市场，开发、增设保健旅游、康复旅游项目。旅游者在旅游期间既可以治疗、休养，又可以观赏美景，参加一些保健讲座，求医治疗或进行保健交流，使银发旅游者在领悟益寿健康的真谛的同时还能欣赏美景。

除此之外，可以根据银发旅游者的兴趣爱好推出有特色的银发"兴趣爱好旅游"产品，如书画交流、花卉欣赏、水滨垂钓、武艺切磋等都是有广泛基础又易于成行的组合。

（三）健全保险体系，加强规范管理

旅游部门要出台优待老人出游的保险政策，同时保险公司也应加快创新旅游险品种，积极开发旅游市场上急需的险种，如涉老旅游突发疾病险、饭店公共责任险、旅游景区公共责任险、特种旅游保险、旅行综合险、旅游紧急救援险等。有关部门要制定银发旅游服务质量标准和管理办法、规范银发旅游合同等，确保银发旅游者的人身安全和合法权益，使银发旅游市场沿着正规化、健康化的方向发展。健全的医疗安全保障体系，是银发旅行团完成旅行的一个极其重要的组成部分，这也是银发旅行团不同于一般旅行团的一个显著特点。

（四）做好银发旅游宣传促销

由于银发旅游者在选择旅游目的地时比较容易接受亲朋好友和一些旅游代办公司、旅游咨询公司及银发俱乐部的口头推荐，因此口碑宣传也是非常重要的，这需要长期与这些单位和团体保持接触与联系。且在促销方式上避免单一化，如利用特殊节假日推出"家庭旅游套餐"，引导子女与父母同游；采取多种方式与企事业单位、机关团体、学校、社区等单位的涉老机构保持密切的联系，利用适宜的时机推销其产品；通过银发旅游专列、银发专题旅游节、组织银发旅游爱好者沙龙等形式来扩大银发旅游的影响等。

扩大旅游信息宣传渠道。银发旅游者一般比较少接触网络和一些先进的交流电子科技，银发旅游者获取旅游信息的渠道一般比较单一。一般银发旅游者获取旅游信息主要是通过亲戚朋友的介绍，以及电视、报刊、旅行社的宣传手册等获知。同时可以通过儿女或者晚辈的介绍，进行网络营销。除了这些宣传以外，还可以进行一些面对面的宣传，比如去一些银发旅游者常去的娱乐场所进行面对面的宣传讲解，开设一些专门为银发旅游者旅游而设的讲解服务站点。在对银发旅游者进行宣传时应该做到态度诚恳，考虑他们的需要，为他们着想，让银发旅游者有旅游的欲望。不可夸大其词，华而不实。

在进行广告宣传时要讲究方式方法，注意宣传角度和宣传地点、时间。可在节假日、双休日或其他有利的时机，选择银发旅游者较集中的地点开展银发旅游咨询活动以传播相关信息。宣传时注意从银发旅游者的一种生活需要的角度入手，强调银发旅游者老有所为、老有所乐的心理需求。

另外，产品宣传要适度，要做到名副其实，实事求是。因为银发旅游者多为成熟的消费者，同时银发旅游者对价格十分敏感，所以制定产品的价格要符合银发旅游者的经济收入和心理预期，在做报价、宣传时要特别注意降低直观价格，让银发旅游者从心理上愿意关注旅游产品。

(五)培养专业导游人员，提高服务水平

在旅游活动过程中，导游人员是整个旅游服务的核心，导游人员的素质决定服务的质量，因此导游素质的起着至关重要的作用。导游除了应具备高度的政治素质、健康的身体素质并精通导游业务外，还必须努力发展和培养其良好的心理素质。

银发旅游者生活积淀厚重，对精神文化方面的需求普遍较高，渴望得到关心与尊重，这对导游服务提出了更高的要求。这就要求旅行社培养导游要具有高度的责任心、要具备专业知识和服务技能，不断丰富自己的旅游知识、历史知识，并掌握一些医疗护理的技术等，此外，还要打破导游的年龄限制，把一些经验丰富的银发导游充实到导游队伍中来，充分发挥他们贴近银发旅游者，善于沟通的特长。

结　语

钦州市银发旅游具有较大市场潜力，合理开发银发旅游市场是旅游企业在谋求发展、增加社会效益和经济效益的重要途径。虽然当前钦州市银发旅游客源市场的开发还处于刚起步的阶段，对于旅游企业来说，开发利用现有银发旅游资源将会遇到各种各样的困难，具有一定挑战性，但是对大多旅游企业来说也是一个机遇。旅游企业应该充分的掌握这个机遇，充分认识钦州银发旅游客源市场，加大开发力度，制定合适的开发策略，在激烈的竞争中谋求更广阔的发展。

第四节　城市滨水旅游带构建探析

城市滨水区指的是城市中陆域与水域相连的一定区域的总称。它既是陆地的边缘，又是水体的边缘，包括一定的水域空间和与水体相邻近的城市陆地空间，是自然生态系统和人工建设系统相互交融的城市公共的开敞空间，城市滨水区往往因其在城市中具有开阔的水域而成为旅游者和当地居民喜好的休闲地域。近年来，不少学者对城市滨水区开发建设进行过研究，滨水开发将会带动城市的新一轮发展，这已成为共识，中国正经历着前所未有的滨水开发热。城市滨水区是一个城市的点睛之处，是城市形象的展示窗口，将会成为城市的一道独特风景线。

一、城市滨水区的功能演变

水是一切生命之源，人们对水存在着严重的依赖性，水对人类文明起源有着深远的影响，而城市滨水区既是陆地的边缘，又是水体的边缘，是在两种或多种生态系统交接重合的地带，所以其物种特别活跃，生存力和繁殖力也很强，故古代城市大多数是沿江、沿湖、沿海发展起来的。

水路自古就是滨水城市重要的运输渠道，在工业革命后，由于水上航运业的发达，大多数城市的滨水区成为码头和港口，故早期的城市滨水区主要功能是运输。由于水运港埠的繁荣，许多城市中心区、港口和仓储业都选择滨水而居，使得城市滨水区出现大量店铺，成为城市的商务中心，所以城市滨水区完成了由运输功能向商务功能的转变。人类与水有着天然的感情，随着水运业地位的下降，人们对滨水区的认识发生了戏剧性的改变。随着物质生活的提高，人们对精神生活也提出了更高的要求，人们有了更多的空闲时间，在工作学习之余，希望能到室外走走，放松自己。而城市滨水区显然就成为当地居民和旅游者喜好的休闲地域，其满足了城市居民对于"水泥森林"的逃避和对自然的向往，故旅游·游憩逐渐成为城市滨水区的主要功能。

从城市滨水区的发展史来看，城市滨水区功能主要经历了以下演变：运输功能、商务功能、旅游·游憩功能。

二、钦州市构建滨水旅游带现状分析

城市滨水区构成了开放空间与水道紧密结合的优越环境，这一地段将是旅游者和市民最喜欢和最经常去的地方，如果把城市滨水区建设成一个集旅游、商业经营、居住等复合功能的地段，就形成了滨水旅游带。滨水旅游带是在城市滨水区上形成和发展起来的。钦州市有着优越的滨水环境和丰富的旅游资源，钦江横穿钦州市最终流入海洋，只要充分利用这一水带，把滨水区建设成集旅游、商业经营、居住等复合功能的具有地方特色的地段，就形成了钦州市特有滨水旅游带。

城市滨水区的开发建设与该城市的发展有着密切的联系，钦州城市滨水旅游带的构建必须从钦州市的实际情况出发，它是在城市资源的属性上面进行的，只有该城市的物质条件允许了，才能进行有效的开发，没有物质的先决条件，再好的开发规划计划都只能是空谈。钦州市依山傍海，山清水秀，拥有独特的南国滨海风光和丰富的历史人文遗迹，旅游资源丰富，近年来钦州的国民经济和社会事业发展迅速，发展前景一片美好，而钦州城市的发展定位是经济发达、环境优美的现代化海滨城市，从这一实际情况出发，构建以钦江为纽带，连接市区与港区、江海一体的城市滨水旅游带，以此来带动钦州市投资环境和人民生活环境的改善是较为理想的选择。

(一)钦州市构建滨水旅游带的优势

钦州市位于 $21°45'\sim21°56'N$，$108°28'\sim108°38'E$，总面积为10842.74 km^2。截至2010年，钦州市总人口379.11万，现辖二县四区，即灵山县、浦北县、钦南区、钦北区、钦州港经济开发区和钦城管理区。

钦州市东与北海市和玉林市相连，北临广西首府南宁，西与防城港市毗邻，面临北部湾，背靠大西南，为东南亚与大西南两个辐射扇面的轴心，是大西南最便捷的出海通道，扼广西沿海三个地级市与广西内地及大西南交通联系的咽喉，是我国少有的集沿海沿江优势于一体的沿边经济开发区，有着非常优越的交通条件，钦州市具体的交通区位条件见图1.2。钦州口岸基础配套设施齐全，经国家批准为一类口岸，钦州港区也已和海南、香港、越南等20多个港口有贸易往来，主要出口到东盟、巴西等国家和地区。通过努力，新的现代化交通网络一定会在钦州这块热土上编织出来，将会通向四面八方连接五湖四海。

钦州市不仅有着优越的交通条件，还有着宜人的气候条件，钦州市属于亚热带季风型海洋性气候，热量充足，雨量丰富，冬无严寒，夏无酷暑，气候宜人。

钦州，拥有一千四百年的历史，古时候称为安州，是一个别具特色的滨海之城，她有钦江、大风江和茅岭江穿城而过，流入浩瀚的钦州湾出海。钦江是钦州的第一长河，发源于广西灵山县平山镇白牛岭，至钦州市尖山镇入茅尾海，全长179 km，流域面积2457 km^2。钦州共有小岛屿303个，陆地海岸线长520.8 km，具有非常优越的滨水环境。

钦州依山傍海、风光明媚、古迹众多、文化灿烂，其独特的优势和丰富的旅游资源，吸引了不少旅客。钦州市旅游资源集江、山、海为一体，融风光景点、民俗风情、历史文物古迹于一体，既具备现代国际旅游所追求的"阳光、海水、沙滩、绿色、空气"等要素，又兼有世界最热门的"河流、港口、岛屿、气候、森林、动

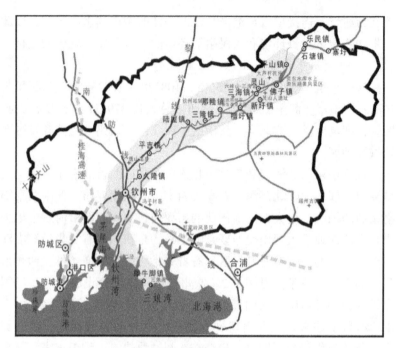

图 1.2 钦州市滨水旅游概况及交通图

物、温泉、岩洞、田园、风情"等风景资源，品种类型多样。我们知道在西南各省区中最具有优势和特质的文化就是海洋文化，而钦州市刚好处于广西海洋文化区的中心，丰富的海洋文化资源有利于抢占广西海洋文化的制高点。而滨海旅游又有着十分广阔的开发前景，被我国旅游业界广泛看好，所以钦州的旅游业发展应侧重于滨海旅游，发展滨海旅游有利于加快滨海地区基础设施建设，有利于促进滨海地区经济发展，有利于提高人民生活水平。钦州市有着丰富的滨海资源，特别是海洋资源，所以具有蓝色资源优势的钦州旅游业发展应重点突出"海"字，钦州湾可以说是国内目前污染程度最小的、海洋自然环境最具个性的海域，三娘湾、七十二泾、月亮湾、麻蓝岛等主要的滨海旅游资源都集中于此，只要合理规划，钦州的旅游业肯定可以得到可持续发展。

　　同时，随着城市现代旅游功能的不断增强，人们对旅游景点的服务水平、档次的要求也在不断提高，钦州市的旅游设施也逐渐完善。近年来，全市建造了一批星级宾馆和涉外酒店，钦州市还成立了一批旅行社，制作了许多旅游工艺品，初步形成了食、住、娱、购配套体系，吸引了大批旅客前来观光。

城市滨水区是一个城市的点睛之处，是城市形象展示的窗口，城市的滨水旅游带是在滨水区形成和发展起来的，钦州市是我国西部大开发的南大门，也是我国与东盟自由贸易区的桥头堡，有着良好的区位条件和宜人的气候条件，还有着丰富的旅游资源，尤其是海洋资源，滨水环境非常优越，在如此优越的条件下构建钦州城市的滨水旅游带是具有一定可行性的。

(二)钦州构建滨水旅游带存在的问题

钦州市有着优越的交通条件、宜人的气候条件、优越的滨水条件和丰富的旅游资源，但钦州市并没有充分利用这些得天独厚的资源条件，很多来钦州旅游的游客在游玩除了三娘湾、七十二泾等知名的景点外，鲜有到其他的旅游景区景点参观，尤其是钦江沿岸，即便是钦州市民也几乎无人问津。造成这种现象的原因是多方面的，钦州城市滨水旅游带的构建存在很多问题。

1. 旅游景点分散，交通通达性差

钦州的旅游景点很多，但景点分布相对来说较为分散，从总体上看交通的通达性还不够，这将是影响钦州旅游业发展的一个原因。钦州在海洋旅游资源方面有自己独特的优势，因此必须以海洋旅游资源的开发为突破口，把钦州港开发区、钦州港、七十二泾、麻蓝岛、三娘湾、龙门港、沙井港、钦江入海口等划分为海洋公园的范围，开辟并完善各景点之间的交通路线，建立钦州海洋公园，这一公园的所有景点都要注重突出"海"字，但是要以不破坏现有的海洋生态环境为前提。而钦江作为钦州的第一长河，其穿城而过，以钦江作为纽带，加强钦州市各旅游景点的联系，形成碧水串珠式的旅游格局，这样就会使分散的旅游景点紧密结合，也有利于主城区与港区的结合与发展。

2. 旅游从业人员素质普遍较低

当今世界，几乎每一个国家或地区都在发展着旅游业，旅游市场竞争异常激烈，而竞争说到底就是人才的竞争，在今后相当长时期内人才问题仍将是影响旅游业健康、持续发展的一个因子。钦州的旅游业要生存、要发展，就必须有一支骁勇善战的旅游工作者队伍，其中导游队伍占据了关键性地位，优秀的旅游工作队伍有利于促进旅游业的迅速发展，近几年钦州市的旅游部门职工人数见表1.4。从总体上看，钦州的旅游从业人员的人数不多，尤其是导游队伍力量薄弱。据笔者从钦州市旅游局了解，钦州市大部分导游为钦州学院毕业的学生，且这些毕业生都是以兼职做导游为主。这对钦州市旅游业发展非常不利，故加强旅游队伍建设，迫在眉睫，应大力引进与旅游管理、规划、营销等方面有关的人才，培养旅游专业人才，建立相应的旅游培训基地，并针对钦州城市滨水旅游带本身具备的特色，专门培训一些具有较高素质，对滨水旅游带的特点有一定的了解，并且具有生态保护意识和环境保护知识的和能进行景观特点介绍的导游，提高旅游服务质量。

表1.4　　**2005—2007年钦州市旅游部门职工人数**　（单位：人）

年份	合计	旅行社	宾馆饭店	旅游区(点)	管理机构及其他
2005	1831	88	1331	368	44
2006	2352	106	1120	472	54
2007	2589	93	1860	597	39

注：此表数据来源于《广西统计年鉴》。

3. 旅游基础设施有待完善

截至2009年年底，钦州拥有钦州旅游公司、钦之旅旅行社有限公司和弘太国际旅行社等，且旅馆业发展也较快，城区中分布了各种层次的酒店、宾馆，其中中高档床位拥有量达3288张，具体的旅游机构及宾馆饭店经营情况见表1.5和表1.6。完善的基础设施是旅游业发展的前提条件，近几年来，钦州市的旅游基础设施得到了较大的改善，但对于日益发展的旅游业还是远远不足的，有待于提高。钦州城市的滨水旅游带构建是以城市为依托的，将旅游开

发与城市建设紧密结合起来，使城市与旅游业互动发展，故应加强
对城市环境卫生的整治，要保持市容整洁，加强城市社会治安管理
等，在钦州市现有的基础设施基础上，根据未来的发展需要，对道
路交通系统、能源电力系统、给排水系统加以调整，提出基础设施
的优化方案，完善各种配套设施。近几年来，钦州市对旅游各要素
进行了较为全面的完善，建设了美食一条街、霓虹灯一条街，在主
要路段增加了指示牌、公共电话、停车场、旅游环保公厕等，还开
通了旅游信息网，并调整了市内公交路线，开通了观光巴士、旅游
公交车。与此同时，钦州市还大力实施了城市绿化工程，进行了道
路绿化、庭院绿化，还建设了一些街心公园、园林广场、城市游园
等，这些都大大美化了城市。

表 1.5　　　　　**2005—2007 年钦州市旅游机构数**　　（单位：个）

年份	旅游管理部门	旅行社(总)	国际旅行社	国内旅行社	星级饭店(总)
2005	6	10	0	10	7
2006	6	11	0	11	8
2007	6	12	1	11	12

表 1.6　　　　**2005—2007 年钦州市旅游宾馆饭店经营情况**

年份	客房数（间）	床位数（张）	接待总数人数（万人次）	营业总收入（万元）	营业税及附加（万元）
2005	1257	2393	52.24	6988.24	339.02
2006	1561	2829	47.36	9250.34	629.1
2007	1881	3288	49.52	11440.95	665.22

注：表 1.5 和表 1.6 数据均来源于《广西统计年鉴》。

4. 旅游投入较少

旅游业是一种综合性服务产业，需要投入大量资金来建设，旅
游投入的多少会直接影响景区、景点的开发建设，所以要多渠道筹

措资金，加大对旅游的投入。"十一五"期间是钦州旅游发展较快的时期，但全市累计投入旅游资源开发及旅游基础设施建设资金仅2100万多元，还不及某些省、市一个景点的投资，大大地延缓了某些景区、景点的开发、规划。在资金筹措方面，除了要尽量争取国家投资外，更要积极争取地方财政支持。还可以按照"谁投资，谁受益"的原则，充分调动全社会投资旅游的积极性，不管是哪种形式，只要具备一定条件、经营能力，在不破坏旅游资源、不违背钦州市总体规划和统一管理、保护的前提下，都可以进一步放宽政策，积极引入资金。

5. 旅游资源没有形成有机整体，缺乏整体规划

众所周知，钦江最终流入茅尾海，沿钦江顺流而下到达海滨，这是一条天然而又独具特色的旅游路线，这将是钦州市发展旅游业得天独厚的资源，钦江可以说起到了纽带作用，加强了钦州市各旅游景点的联系。但由于缺乏整体规划，这条水带没有得到科学合理的利用，钦江两岸到海滨之间的旅游资源并没有形成有机整体，主城区与港区之间也没有实现有机的结合，应加强对这一水带的开发，打造钦州城市"江海一体"的旅游城市特色。例如，可建设沿江游憩带，在沿江两岸开发适合市民休闲的游憩设施，并充分利用所有的水资源，开发各种水上项目，开辟适合大众游玩的休闲娱乐区。故应加强两岸的绿化及加快各项基础设施的完善，并处理好沿江游憩区的管理、排污、防洪及环境保护等问题，以确保其处于一个环境优美、让人心旷神怡的情景中。随着沿江游憩带的完善，便可推出"沿江生态游"、"夜游钦江"等一系列的旅游项目。

三、构建钦州市滨水旅游带的对策

钦州市是一个年轻的地级市，是广西沿海传统的政治中心，也是经济和交通中心，如今其旅游业正处于迅猛发展时期，但与临近的北海、防城港相比，还是存在着一定差距。钦州市应对现有资源进行科学规划，加强对旅游景点的包装和推销，打造其"沿江生态游，滨海休闲度假，江海一体"的新形象，构建滨水旅游带。

（一）更新观念，开创滨水旅游新景象

在城市的不同发展时期，城市滨水区一直都在扮演着极其重要的角色，对城市的发展起着推动作用，早期的城市大多数是沿江河海发展起来的，滨水地区也曾经是很多城市中最繁忙、最拥挤的地区。直到现在，滨水区的价值被人类重新发现，如今人们追求的是健康和快乐的生活，所以滨水区成了人们休闲娱乐的地方。

正如前面所提到的，发展滨水旅游与该城市建设有着密切的联系，我们不能把眼光仅仅放在发展滨水旅游上，同样也要重视该城市的发展，能否充分发挥城市滨水区对城市的推动作用，与城市的建设和兴旺程度息息相关，而城市的滨水旅游带是在该城市的滨水区上形成和发展起来的，所以要更新观念，认识到发展滨水其实就是发展城市。钦州是一个中小城市，由于城市的历史、社会、经济、市场等多方面的原因，钦州市滨水区发展缓慢，而当前也只侧重于滨海旅游的开发，对于沿江的开发甚少。如果能充分利用钦江沿岸的旅游资源，促进钦江与滨海旅游资源有机结合，进而滨水旅游带的构建，就能推动主城区与港区的互动发展乃至整个钦州市的发展，钦州市滨水旅游的发展潜力将会为钦州市的发展提供重新定义其品质和个性的新契机。

（二）以本土文化为特色，打造"钦州城市滨水旅游带"新形象

一般来说，那些知名度较高的城市都会有其独特的标志性的"城市印象"，而这些独特之处往往源于该城市本身的地域特色、历史文化特色、风土人情等，这些深厚的历史文化决定该城市的未来发展。其实不仅仅是具有较高知名度的大城市有深厚的历史文化背景，中小城市同样有着丰富的"城市历史记忆"，比如说旧有的历史建筑、传统的生活方式、繁华的市井生活等，这些都是中小城市宝贵的财富。钦州市也有着其独特的文化传统，并有着丰富的历史人文遗迹，自古以来就成为桂南著名旅游胜地，故钦州应立足于本城市的文化传统，在这一基础上努力创新，创造新的传统。

钦州的三宣堂、冯宫堡、冯子材墓、天涯亭等人文旅游资源可以说是广西沿海最著名的人文旅游资源，对中国近现代史有所了解的人都应该知道冯子材、刘永福这两位民族英雄可歌可泣的故事。

只要加大宣传和促销力度，这将极大挖掘出钦州市旅游业发展的深刻内涵。钦州坭兴陶作为一种传统民间工艺，至今已有一千三百多年历史。目前，钦州坭兴陶工艺品已形成一定规模。此外，钦州还有很浓厚的海洋文化，并成功举办了"三娘湾观潮节""三娘湾艺术节""钦州国际海豚节"等，在旅游产品开发上，珍珠、海鸭蛋、黄瓜皮、海螺贝、麻通等旅游商品，无一不体现着钦州的特色。总之，钦州城市滨水旅游带的构建须与钦州的民风民俗及钦州的文脉相结合，在此基础上，创造新的特色。

(三)整合资源，建立可持续发展模式

钦州作为一个滨海新城，肩负着沉重的发展压力，所以应该从整体上来思考如何构建滨水旅游带，不能把滨水区作为单纯的产业用地发展，也不能把滨水区简单地作为城市绿地来发展，要从钦州的实际情况出发，建立一种可持续的发展模式。可持续发展是城市经济和社会发展的长期战略，要求经济发展与人口、环境、资源等综合协调，由于滨水区的生态系统相对来说比较脆弱，在对滨水区的开发过程中就要始终贯彻可持续旅游的理念。旅游业在过去很长一段时期里被称为"无烟工业"，但随着旅游业的快速发展，人们发现其实旅游业并非没有污染，旅游对旅游地的经济发展、社会文化和自然环境等都或多或少地产生了一些负面影响。可持续发展模式强调旅游业要与环境保护、社会发展相结合，正确处理好旅游开发与环境保护的关系，充分考虑生态环境的承载能力，不能为了眼前的或局部的经济利益而牺牲生态环境。钦州城市滨水旅游带的构建，必须建立一种可持续发展模式，把滨水不可再生的资源和对城市特有的公共资源及文化资源整起来，打造新的资源复合体。

结　语

城市滨水区是城市研究开发中的热点问题，钦州市不仅有优越的滨水环境，还有丰富的旅游资源，而钦州的城市定位是经济发达、环境优美的现代化海滨城市，把钦州城市滨水区发展为滨水旅游带具有一定的可行性，当然还是存在很多问题的，所以要更新观念，发展城市和发展滨水同时进行，在本土文化的基础上创造特色，进行资源整合，建立可持续发展模式。

第五节　广西北部湾养生旅游发展研究

在我国，"养生"一词最早由庄子提出，到明清时期已形成了相对完善的养生理论。从国内外的学者研究中可以发现，虽然中外学者对养生旅游的定义有一些差异，但是都强调了旅游体验的健康性。本书对养生旅游的定义理解为结合当地特有的旅游资源，以满足旅游者强身健体、修身养性为目的而开发的一系列有特色、有科学依据的旅游项目。

钦州是海上丝绸之路始发港之一。近年来，随着"一带一路"的提出，钦州迎来了良好的发展机会。为了加强钦州旅游业发展，2015 年以来，钦州相继投资 60 亿元人民币打造钦州国际旅游产品体系，八寨沟作为钦州唯一的 4A 级山岳型景区，当然是钦州市关注的一个重点。钦州市八寨沟旅游开发有限公司魏辉副总经理也曾表示，将把握八寨沟旅游区的主题特色，全力建成 5A 级景区，把八寨沟建成钦州市民及外地游客节假日休闲度假养生基地。不再局限于旅游观光，要让游客进得来，留得住。这为八寨沟养生旅游发展迎来了良好的机遇。

一、八寨沟发展养生旅游的意义

养生旅游在我国的开发程度并不高，但是发展速度和发展的趋势并不容忽视。中国旅游研究院院长戴斌曾表示，从市场需求看，游客的需求已经从最初的出行旅游，转变为更加追求休闲品质、深度体验异地的生活方式。2014 年 2 月，国家旅游局与国家中医药管理局签署合作协议，这标志着发展中医药健康养生旅游已进入国家旅游发展战略。

养生类旅游在社会上是有广泛需求的，据《2014—2018 年中国养生旅游产品开发模式与区域投资机会分析报告》调查显示，我国有超过半数的"白领"处于亚健康状态，这些人收入较高，因此在追求健康养生的同时有较好的经济基础支持。而与此同时，老龄人口不断增加，根据广西壮族自治区人口调查显示，截至 2016 年 11 月，广西 60 岁及以上人口达到 709.33 万，占总人口的 14.79%，其中 65 岁以上的达 478.2 万，占总人口的 9.97%，且呈现出明显的上升趋势。因此，养生旅游符合老年市场的需求，在发展养生旅游方面，退休老人是一个广阔的市场。

发展养生旅游是一个景区向深度发展的途径之一。八寨沟地处北部湾区域，号称是"南宁的后花园"，具有良好的资源条件和客源市场，景区植被基本属于原始灌木林和亚热带阔叶林，有着丰富的森林资源，是北部湾区域最重要的森林氧吧。但是八寨沟目前旅游形式比较单一，发展养生旅游对提升钦州旅游业的整体竞争力有着重大意义。

(一)有利于合理旅游结构

养生旅游是一种深度性旅游产品，结合观光型旅游产品可以使景区旅游结构更加趋于合理化。八寨沟是一个以观光型为主的旅游景点，核心线路分别是 12 km 长的八寨沟线路和 6.5 km 长的万寿谷线路。八寨沟、万寿谷两条线路是依托河谷和森林景观而开展的观光型旅游，体验项目主要是戏水，在景区的游览设计上更多倾向于观光型。观光型景区淡季和旺季游客流量相差悬殊，对景区的影响很大。旺季游客流量大，给基础设施造成很大的压力；而淡季则游客稀少，严重影响景区收入，使景区入不敷出，给景区运营带来不便。养生旅游的发展可以使景区在一定程度上缩小淡旺季的影响，给景区带来相对稳定的客源。同时也可以促进体验性基础设施的完善，增强旅游者的体验感。

(二)有利于促进景区的可持续发展

养生旅游是一种注重可持续发展的旅游方式，这就决定必须对景区进行可持续性投入和建设。八寨沟自提出打造"康体胜地"的口号后，正在投入和建设中。在开发新建一些体验项目时结合了景区水资源优势，充分展示了八寨沟的水之美，同时也在景区加强了动植物科普的介绍，对八寨沟所拥有的 200 科 500 属中的重点动植物进行科普展示，极大提高了游客对动植物的认识，增强了他们对景区动植物的爱护，也在一定程度上减少了游客的不文明现象。

（三）有利于提高国民素质

养生旅游能够给旅游者带来的第一感觉就是能够强身健体、修身养性。因此，养生旅游，对于缺乏锻炼的办公室人群具有极大的吸引力。他们在旅游的同时能够达到强身健体和修身养性作用，对于缓解工作压力不无裨益；对于退休者来说，养生旅游胜地则是他们首选的修养之地，通过旅游达到延年益寿的目的；此外，养生旅游胜地的科普和体验性项目对于提高小孩子的科普知识和实践能力具有很大的促进意义。

（四）有利于拓宽景区的产业链

养生旅游从产品设计的角度看属于旅游业的高端产品，它具有优质的自然环境、齐全的配套设施以及高素质的从业人员。这些高端的养生设备、怡人的养生环境和专业的服务人才在无形中拓宽了景区的产业链，为景区提高营业收入奠定了良好的基础。

二、八寨沟养生旅游资源现状

（一）八寨沟旅游发展现状

八寨沟景区是国家 4A 级旅游景区，开发出来的核心景区包括 12 km 的八寨沟和 6.5 km 的万寿谷两条原始森林大峡谷，谷内有着上百个大大小小的水潭。峡谷两旁植被茂盛，景色诱人。大峡谷有几大特点：一是水潭众多，潭水清澈见底，各式水潭大小不一，深浅不同。二是景点奇特，奇石和奇树众多。奇石参差形异，有的石板平坦如镜，恰似柔情似水的少女，有的巨石屹立峥嵘，雄浑挺拔，令人称奇；而奇树更怪，有的像佝偻的老人，有的像相盘的巨龙。三是景色四季宜人，春天可以欣赏满山野花，领略万物复苏的景象；夏天可以进入景区避暑，欣赏夏季的竹径通幽；秋天还可以领略这里的红叶纷飞；冬季可以欣赏雪梅的含苞怒放。

漂流项目是八寨沟于 2016 年 5 月 1 日正式对外开放的一个项目，主要是为了增强旅游者体验而建设的游客参与型项目。漂流河道长约 3.5 km，沿途河道曲折环境优美，整个漂流时长约 1.5 小时。

八寨沟正处于建设"康体胜地"的初步阶段,一些相应的配套设施并不完善,在建设项目上森林漂流和水上秋千等参与性项目已基本完成,但是购物广场和水上乐园等项目仍然在规划建设中,而与发展养生旅游关系较大的疗养机构和科学养生馆还未列入规划建设中,因此,八寨沟养生旅游的发展还有很大的成长空间。

(二)八寨沟养生旅游潜力

1. 市场前景

养生旅游虽然是备受广大旅游者欢迎的旅游方式之一,但是退休老人依然是养生旅游最主要的客源主体。当前中国已经步入老龄化社会,从 2010 年全国第六次人口普查到 2016 年广西壮族自治区人口抽查这一段时间,广西人口老龄化的比重不断增加,60 岁以上的人口比重从 2010 年 603.68 万上升至 2016 年的 709.33 万,占比从 2010 年的 13.11%上升至 2016 年的 14.79%,并且还在呈现上升趋势,因此八寨沟发展养生旅游具有良好的市场前景。

2. 资源潜力

养生资源基础是决定该地区能否发展养生旅游的决定因素。八寨沟属于于亚热带季风气候,最低温的月份在 18~19℃,最高温月份在 26.1~26.5℃,是冬季避寒和夏季避暑的好地方。寒冷的冬季是北方游客特别是退休老人们避寒选择的好去处,而到了炎热的夏季,八寨沟就成为了一个天然的避暑胜地,进入谷内就像进入了一片清凉的世界,炽热随之悄然而去。在这里进行避暑和避寒的同时还可以享受这里的好空气,经测定,景区内负氧离子含量每立方厘米达 6.5 万个以上,是城市市区的 1000 倍,是一个巨大的天然氧吧。

八寨沟具有良好的山林资源优势,八寨沟景区植被类型和植物群落多种多样,植被类型为北热带季雨林,拥有 200 科 500 度属的 1500 种乔灌木,生长着格木、桫椤等 12 种国家重点保护的珍贵树种,以及金花茶、枸骨藤和黄杞子等上百种珍稀药材,如表 1.7 所示是八寨沟发展养生旅游的珍贵资源,茂密的森林和各条通达在林间的小道为游客进行有氧登山提供了很好的场所。

水之美是八寨沟重要的旅游资源,不仅因为潭文化演绎的深邃美，更重要的是因为八寨沟还开发出了水的激情美——八寨沟漂流。漂流项目是八寨沟 2015 年 9 月开始动工建设，经过将近一年的施工于 2016 年 4 月正式竣工。经过一个月的安全测试，确保安全性之后于 2016 年 5 月 1 日正式对外开放，从而大大增强了八寨沟景点的旅游参与性。

表 1.7　　　　　　　　八寨沟典型药用植物

名　称	功　用
金花茶	有效防止血糖升高，稳定血糖；排脓消肿，利咽止痛，解热镇痛；止渴化痰，抗菌消炎；增强抵抗力，保护视力
黄杞子	泻火除烦，清热利尿，凉血解毒；用于热病心烦、黄疸尿赤、血淋涩痛、血热吐衄、目杰肿痛、火毒疮疡、扭伤
枸骨藤	祛风，解毒，止痛；降低血糖和血脂，预防高血脂；镇痛、增强脑组织血流量和抗脑缺血性损伤
金毛狗	根状茎常做药用，亦可供酿酒或提取淀粉，根状茎表面及柄叶基部密被的金黄色长软毛，是民间止血良药
半枫荷	植物的根或茎枝可入药，味甘，性温，具有祛风湿、舒筋活血。用于风湿性关节炎，类风湿关节炎，腰肌劳损，慢性腰腿痛，半身不遂，跌打损伤，扭挫伤；外用治刀上出血

万寿谷是八寨沟于 2014 年正式对外开通的另一条线路，长约 6 km，人烟罕至，保护完好。作为八寨沟的后起之秀，在 2014 年万寿谷开通就为八寨沟景区带来 74.24% 的总营业额增长。

三、制约八寨沟养生旅游发展因素分析

(一)资源自身的限制因素

八寨沟属于亚热带雨林区，虽然资源优越，但是也存在一定的不足。首先，八寨沟虽然有泉潭不少，但是规模都是比较小的潭子，不利于形成规模化开发利用。而其中多数潭中乱石较多，下潭

进行矿泉浴的时候具有一定的危险。八寨沟为了能够完整地保护景区的原始性，只在少数较大的潭池做了初步的开发，比如仙女潭。但是这简单的开发也只是在潭池的旁边建一个简易的更衣室，为游客更衣提供方便而已，在旅游旺季并不能满足游客的需求，而在旅游淡季又缺乏管理和维护人员。其次，八寨沟的生态食疗产品并不丰富，比较有特色的只有八寨毛蟹、八寨甜笋炒肉片、八寨河虾、溪水鱼和酸梅酒等，但是这些特色产品并没有形成品牌，因此并没有太大的吸引力。

（二）客源市场的限制因素

八寨沟作为钦州市三个4A级旅游景区之一，在北部湾地区拥有一定的名气，但是对广西乃至全国而言名气并不盛，因此八寨沟对广西以外的旅客吸引度并不高。

从竞争的角度来说，就广西区内而言其影响力和吸引力远小于桂林和巴马，因此，在吸引区内客源方面并没有优势。八寨沟开发时间晚，2004年经广西和钦州市政府联合开发与保护形成八寨沟风景区，因此八寨沟在基础设施方面并没有前两者完善，同时在宣传效果方面也没有与其相比的能力。钦州市内其他旅游产品与邻近地区存在一定的竞争性，并且处于弱势，这也不利于钦州吸引游客的到来和滞留。以钦州海滨旅游为例，钦州三娘湾就在与北海银滩竞争中处于弱势，对吸引滨海类游客的吸引力并不强，因此钦州市旅游集群效应并不高。

（三）旅游设施建设的限制因素

养生旅游是一个高端的旅游产品，因此也应该配备相应的高端基础设施。八寨沟的养生旅游设施建设总体呈现普通化、低端化特点。八寨沟的居住设施从利用方式上看主要分为两种：一是景区内部旅游的住宿设施，景区内部只有八寨宾馆一个住宿的酒店，提供的房间和服务项目也比较少；二是景区外部的私人宾馆设施。外部的住宿设施主要分布于附近县城以及市区的酒店和宾馆，但是距离市区距离较远，因此在游客选择市区酒店的概率比较小，而附近县城提供的宾馆又缺乏良好的配套和服务设施，从而导致游客很少选择在钦州留宿。而且，八寨沟景区缺乏康体疗养和养生医疗机构和配套设施。

从表1.8中我们可以清楚地看到，景区门票的收入比达到了景区总收入比重的75%以上，说明景区内部配套消费的设施并不完善，比如酒店住宿的缺乏以及缺少相应的医疗疗养机构和设施，因此还不能形成一个完善的养生体系，在发展养生旅游的道路上完善相应配套设施建设还有相当艰巨的任务。

表1.8　　　　　　　　**2011—2015年八寨沟收入情况**

内容 时间	门票金额 （万元）	其他(含旅游车、停车场、 宾馆、租金)（万元）	合计总额 （万元）	门票所占比率 （%）
2011年	112.75	17.42	130.17	86.62
2012年	116	22.06	138.06	84.02
2013年	122.37	40.18	162.55	75.28
2014年	186.94	51.30	238.24	78.47
2015年	355.82	107.59	463.42	76.78

注：资料来源于钦州市旅游发展委员会。

（四）开发管理和维护管理的制约因素

开发管理方面首先是景区对于旺季旅游者的流动和暂时停留，没有做到合理的分流和服务管理，在国庆黄金周等旅游高峰时期经常看到的拥挤和管理不到位等现象；其次是部分游客素质不高，在景区游览时存在很多不文明现象，比如在景区的竹林和树木上乱刻乱画，这些行为都严重影响了景区的可持续发展；最后是八寨沟的开发与维护上的不合理，以及景区景点在开发后的后续维护和投入并不足。

维护管理主要表现在以下两个方面：首先，人为增加的设施由于风雨长期的侵蚀和人工维护的不到位，已经出现严重的老化，甚至影响使用。比如在景区沿线建设的休憩桌椅已经严重老化，同时因为打理得不到位，很多桌椅因为太脏而没有游客愿意坐，从而成为了摆设。

其次，八寨沟景区对于景点的保护力度不够，沿线很多树木和竹林本来是不可缺少的风景，但是仔细观察会发现有不少的竹子和树木都有人为的雕刻现象，这些不文明的行为使沿途的风景大打折扣。

四、促进八寨沟养生旅游发展对策

（一）开发与保护相结合

八寨沟养生旅游的开发需要通过结合市场需求和自身资源特性的精心定位，具体落实到能带给体验者回味的系列产品中，从而实现社会效益、经济效益与生态效益全方位统一。八寨沟资源规划待合理化是发展养生旅游一个重要的限制因素，面对这样的局面，首先要做的是请专家针对八寨沟养生的实际情况科学全面地进行总体规划，然后根据规划严格执行在最大程度保护生态环境的前提下合理开发养生旅游，对不可复制的水源、地质、原始植被、珍稀动植物等旅游资源进行分项规划、专项保护；同时对养生旅游项目、配套设施建设规划也要遵循总体规划，实行严格报批手续，按照修旧如旧、整体风貌一致的要求进行开发，建设项目不仅要合理处理建筑垃圾，做到不影响养生旅游的系统性及环境协调性。

（二）加强市场营销能力

八寨沟影响力不大并不是景区景色不优美，很大程度在于景区的宣传力度不够，市场营销不够。养生旅游活动中，游客体验满意度是品牌建设和产品推广的重要环节，例如根据笔者对八寨沟养生旅游实地走访所知，目前八寨沟养生旅游产品的设计已经开始专注于游客的体验，但是体验的项目依然比较少，这恰恰是八寨沟养生旅游在游客体验中的一个不足。因此，要很好地体现八寨沟旅游特色，就要不断增加景区内部体验基础设施的建设，同时结合有当地特色、具有超强吸引力的旅游节庆活动共同打造有当地特色的养生旅游活动。如壮族三月三是广西壮族自治区很重视的一个节日，全区放假三天，而对于外地人来说知之甚少，八寨沟养生旅游可以利用三月三歌会结合八寨沟自身的特点，来举办独具地方特色、参与感强、彰显当地民风民俗等活动，既平衡了旅游景点在淡旺季之间的差距，又为做大做强八寨沟养生旅游打下基础。同时八寨沟景区应当积极利用网络媒体、新媒体和自媒体等多种媒体形式宣传旅游品牌，不仅吸引更多的中老年游客，还要有先见之明培养青少年游客对于养生旅游的兴趣以及对于八寨沟"康体胜地"品牌的忠诚度，从青少年开始培养自身客户群体。

（三）完善旅游设施

在建设八寨沟旅游区的过程中，面临着许多挑战，如旅游交通基础设施建设滞后、酒店设施人性化不够等。八寨沟养生旅游目前受到交通的限制，对于这种情况，八寨沟的相关部门应该尽快采取措施，将这些问题进行妥善处理，如对国道、高速公路等重要的八寨沟养生区出入口要建立标识牌，避免游客"过八寨沟而不能入的尴尬场景"，同时加强从市区到各村的区间电瓶摆渡车车道的建设；加大力度在八寨沟进行旅游停车场的建设，保证停车场的容量和足够的泊车位数量，缓解旅游旺季八寨沟的停车难问题。完善高速路口大型停车场的建设保证满足旺季车辆的停放，同时可以保证高速路口至景区路段的通畅度，体现了景区管理的规范性。其次是对八寨宾馆酒店进行升级建设，逐步完善设备设施，为消费者提供更多服务，如在酒店房间设置含有按摩功能的浴缸，准备含当地特色的泡澡用中药，同时酒店还应设置专业的 SPA 水疗中心，可以进行养生按摩、中药保健等项目；此外还要完善能满足酒店商务客人需求的设施，如加强酒店无线局域网的建设，对酒店的软硬件建设并及时进行更新，从而提高八寨沟的旅游品位。

（四）建立科学的管理模式

八寨沟养生旅游目的地的管理应该进行规范、科学的管理，在管理上应分工明确，制定统一的管理机构，明确个人管理职责，避免管理乱象。同时要立足长远和结合景区实际，科学地制定管理条例，做到有章可循、有法可依，对破坏养生生态及原始风貌的行为进行整治及处罚，从而督促建设单位和个人严格按照发展规划、遵循管理法规；对于游客接待量应该长远考虑，数量应控制在自身环境承载的范围内，避免生态环境被进一步破坏，逐渐使八寨沟养生旅游通过对养生旅游资源保护，健康可持续发展，可以提高养生旅游的品质，同时可以提高八寨沟旅游产品的价值。

结　语

　　本节通过分析八寨沟景区的发展现状以及发展存在的问题，并结合八寨沟的区位条件和旅游发展的趋势，从而得出八寨沟在发展养生旅游中如何解决存在的问题，为八寨沟发展养生旅游提供一定的依据。八寨沟养生旅游的开发研究是一个长期的过程，只有不断寻找问题和解决问题，才能把八寨沟建设成一个拥有自身特色的"康体胜地"。

第二章　旅游企业市场营销管理探究

第一节　高校大学生的旅游消费现状调查
与对策研究

随着我国教育制度改革不断深化，高校大学生人数在不断攀升。同时，由于大学生的寒暑假时间较长，年轻人充满活力，旅游意向强烈。由此可见，大学生群体蕴含着一个庞大的旅游消费市场。但是由于大学生消费水平低、购买力弱，加上其有着特殊心理、生理需求的特点，一直以来受到旅游企业的冷落。钦州学院大学生是整个大学生旅游市场的一个缩影，为了全面了解钦州学院大学生旅游消费现状，开发钦州学院大学生旅游市场，笔者做了一次专门的调查。

一、大学生旅游消费现状分析

本次调查以钦州学院的大学生为调查对象。其中，男女比例是4.8：5.2，基本呈持平状态。主要采用的是问卷调查的方式，在钦州学院里派发了500份问卷调查，其中，回收了485份，回收率为97%，有效问卷460份，有效率为92%。

（一）大学生的旅游消费心理分析

调查数据显示，大学生在出游动机上主要以求知为主，有77.3%的受访者是为了开阔视野，他们为了充实自己的人生，愿意花钱出外看看，开阔视野。另外，有48.4%的受访者是为了休闲散心。因为大学生是年轻充满活力的一个群体，追求时尚、自由、个性、健康，那么旅游就成为了他们休闲娱乐散心的选择。有

30.92%的受访者是出于好奇心理。大学生在进入大学之前都是为了考大学而过着枯燥单调的生活，如今来到大学，急于冲破禁锢，出外看世界，那么旅游就成为了最重要的生活方式之一。有22.6%的受访者为了摆脱平日复杂平淡、紧张的学习生活。大学生进入校园之后，面对复杂平淡、紧张的学习氛围，外出旅游，寻求刺激，才能较好地消除压力，充实自我。还有小部分大学生进入大学后，大家为了维护昔日好友的情分，分享彼此在异乡的大学生活，于是，大家就会相互往来，也借此机会游玩对方所在地的山山水水，人文风情。

（二）大学生旅游消费行为分析

1. 旅游态度的分析

如今，大学生的学习环境比较宽松，学习压力也没有之前的高中生活压力大，因此，大学生为了丰富自己的生活，纷纷加入到旅游的行列中。通过调查可知，有83%的受访者对旅游抱支持的态度，有8.2%的表示在考虑，只有7.2%表示不知道，还有2.06%表示一定不会支持，可见，旅游成为当代大学生的一种潮流生活，也是一门必修课，从而在大学生中旅游成为了一种趋势。

2. 追求的旅游偏好分析

不同地方、不同性格的学生对旅游有不同追求，在旅游目的地方面也存在明显差异，因此，大学生对不同类型的旅游景点都有所不同。据调查数据可知，有70.1%的学生选择自然景观，有31.9%倾向于历史遗迹，有30.9%喜欢漂流、刺激探险，44.3%选择游乐场、主题公园，43.2%的学生青睐古镇风情，只有6%的学生表示意向不明或看心情。可见，大学生的旅游内容相当丰富。

3. 旅游时间的选择分析

作为大学生，大家还活在象牙塔里，主要的任务是学习，因此，旅游只能选择在节假日实行，这就使大学生旅游具有一定的时间性。据问卷数据显示，有57%的大学生表示他们会选择在寒暑假，同时，有44.3%的受访者觉得2~3天的出游时间比较合适，42.26%的受访者觉得4~5天合适，可能是觉得这样时间才不会那么紧凑，所以也有大部分大学生会选择"五一"、国庆黄金周去旅游，有31%的选择周末，只有25%表示无所谓，随大众。由此可见，大学生的旅游时间大部分集中在寒暑假等长假期间。

4. 选择旅游方式分析

在大学生旅游方式的选择上，有79.3%的问卷者喜欢与朋友结伴而行，原因是大学生正处于感情萌发的时期，与朋友同游一方面可以体验生活，增加旅游乐趣，共同解决旅途中的困难；另一方面又可以促进双方的了解，培养共同兴趣，增加双方的感情。相反，选择与父母亲人同游的人很少，只占12.3%，这也表明大学生自主独立的意识在不断增强。各有18.5%的受访者选择独自出游和与班级出游，由此可见，当今大学生的旅游方式多种多样。

5. 旅游消费水平分析

在校大学生作为一个消费群体，经济能力比较低，旅游费用大部分还是家庭资助，一些是靠平时做兼职赚来的外快，也有一些是在校获得的奖学金或助学金。种种因素，使得大学生的旅游消费处于一个低消费的水平。有关资料显示，在旅游费用上，有16.4%的学生能接受在100元以内，49.48%的学生接受在100～300元以内，30.9%能接受300～500元以内，只有7.2%的学生能承受在500元以上。在选择交通工具上，有27.8%的学生选择火车，38.1%选择汽车，36%选择自驾游等这些比较经济实惠的交通工具，只有15.4%的学生选择坐飞机。

二、钦州学院大学生旅游市场开发的可行性

(一)钦州旅游资源丰富

钦州属于亚热带季风气候区，依山傍水，有着独特的海洋风光与丰富的人文景观。比如"中华白海豚之乡"的三娘湾海滨度假区、享有"南国蓬莱"美誉的钦州七十二径、以"三沙"(沙虫、沙钻鱼、沙蟹)名扬海外的麻蓝岛，还有灵山的六峰山景区等自然旅游资源。钦州的人文景观也不乏看点，全国中小学生爱国主义教育基地亦即国家4A级旅游景区——刘冯故居，享有"广西楹联第一村"、"中国荔枝之乡的荔枝村"的大芦村等，都赋予了钦州神奇的色彩。并且，钦州作为北部湾开发的龙头，钦州市北邻广西首府南宁，东

与北海市和玉林地区相连，西与防城港市毗邻，是有名的"海豚之乡"，交通便利。这些优势使得钦州的旅游开发前景非常广阔。

(二)大学生出游几率高，市场潜力大

1. 大学生消费能力越来越高

现在钦州学院的大学生大部分是 90 后，独生子女比例比较大，喜欢彰显个性，追求时尚，而且旅游本身就是一种时尚休闲方式，必定受钦州学院大学生的欢迎。并且，随着我国经济的快速发展，家庭收入的不断增加，父母有了更多的额外支出投资在孩子身上，家庭支出比重也不断增大，所以旅游这一独特的学习环境已被越来越多的大学生和家长接受，钦州学院的大学生消费能力将越来越高。

2. 大学生闲暇时间较多

我国大学生除了有法定的节假日外，还有传统的寒暑假，大约有 172 天假期，约占全年的 47%；此外，教育部门还为大学生提供许多社会实践和自我学习时间。因此，钦州学院大学生有非常充裕的时间旅游，并且在旅游时间的选择上有很大的自由度。

(三)旅游基础设施日趋完善

我国旅游业经过 20 多年的发展已经具备了相当的规模，基本能满足中国旅游市场发展的需要。其中青年旅馆、大学生旅游网等与大学生旅游市场相关的旅游基础设施开始崭露头角，并得到市场的肯定。这都为大学生旅游市场的开发提供了一定的物质基础。

可见，开发大学生旅游市场是完全可行的。旅游企业只要根据大学生旅游市场的特征，采取合理的开发策略，必将会形成"井喷式"的大学生旅游热潮，其潜在的经济效益必定被激发，形成一定的规模。

三、高校大学生旅游消费市场开发策略

(一)进行大学生旅游市场细分

旅游市场细分就是将全部的旅游市场依据消费者的某种或某些特点划分为不同的细分市场。虽然同为大学生，但是其消费能力和

需求是各不相同的，可以把他们细分以下几种：

经济型消费者。据调查数据可知，有 49.48% 的大学生能接受的旅游费用是 100~300 元，44.3% 的大学生认为 2~3 天的旅游时间比较合适，由此可见，这类大学生旅游消费群体的人数比较多，且时间都可以把握在双休，时间比较充足，那么针对此类学生消费者，我们应该采取的是短途旅游线路。即设计在钦州学院周边的各个旅游区，比如钦北防，南宁、玉林等距离比较近的地区，结合当地的旅游特色研究经济实惠的旅游方案来开发此群体。

高水平消费者。据调查，有 53.56.% 的大学生认为出外旅游在 4 天以上比较合适，且有 15.4% 的大学生愿意选择搭乘飞机出行，那么可以为这类学生设计"五一"、国庆黄金周长线游线路，如桂林、梧州、百色周边省份的旅游路线。

(二)开发适合大学生的旅游产品

大学生旅游热之所以没有很好地被旅游企业开发，主要是因为没有开发出符合大学生需求的旅游产品。根据调查可知，有 77.3% 的大学生外出旅游是为了求知、开阔视野，48.4% 是为了散心，还有 30.92% 是为了满足自己的好奇心等，那么针对大学生的这些心理，旅游企业应该推出更多符合大学生需求的旅游产品，比如探险旅游，大学生喜欢追求个性，喜欢挑战的事物，对于一些神秘、具有挑战性的活动都会比较有激情。而且探险旅游可以满足他们的求知与好奇心理，所以旅游企业可以根据其需求，在安全得到保障的情况下，可以推出诸如漂流、攀岩、蹦极、探险等旅游。游乐休闲游，在钦州学院的大学生问卷调查中，有 44.3% 的大学生喜欢游乐场、主题公园。就拿桂林的乐满地来说，去桂林旅游的大学生必定会在乐满地留下自己的欢声笑语。交友旅游，大学生活跃，喜欢交朋友，旅游企业可以组织其他不同大学的大学生，组成一个交友旅游活动，此旅游方案既没有太多的安全顾虑，又可以扩大大学生的交友圈。

(三)采用不同促销方案

大学生对旅游企业推出的产品缺乏关注，旅游企业要采取多样促销方式，以满足大学生的好奇心，激发其旅游兴趣。有的大学生课余时喜欢宅在宿舍里上网，那么旅游企业可以实行网络营销，最好可以与钦州学院联合创建一个大学生旅游网专栏、论坛，把各旅行社的相关旅游信息放置于网上，引起大学生的关注，开发大学生的旅游热潮。可以与钦州学院旅游教研室，旅游协会等社团结合起来，成立旅游俱乐部，在校园内宣传最新旅游信息，以期达到挖掘更大的大学生旅游市场潜力。

（四）旅游企业的开发手段

1. 要采取薄利多销的开发模式

虽然大学生旅游消费水平较低，旅游企业可获经济效益较低，但是大学生毕竟人数多，潜在顾客巨大，而且校园大学生人群的流动性大是很大，价格低廉服务优质的旅行肯定会一传十十传百，不仅会有回头客，还会带来新的顾客。而且今后消费水平将会不断提高，从长远来看，对增加旅游经济收入，促进旅游业的发展有着重要意义。

2. 采取灵活多变的组团模式

由于大学生精力充沛，追求个性，不喜欢随波逐流，所以旅游企业需要改变过去单一的组团方式。如调数据显示，大概有79%的大学生喜欢结伴而行，旅游企业就可以推行结伴而行的团队游模式。并且大学生是一个低消费群体，对于餐饮、住宿、交通、购物方面没有太高的要求，旅行社可以向钦州学院学生推出半包价或零包价模式，让大学生自行设计线路，交通、住宿服务由旅行社提供。再者，可以结合钦州学院学科专业特点，如资源与环境学院的旅游管理专业、地理科学专业每年都开展专业见习周活动，美创学院组织的写生采风、参与专业竞赛教学活动，旅行社可以与这些二级学院确定长期合作关系，参与学生外出教学活动的组织与策划，实现多赢。

3. 培养多才多能的旅游工作者

钦州学院是一所大学，大学生是一个特殊的旅游消费群体，他们有好奇心，求知欲强，并且他们的知识丰富，懂的东西也比较多，服务质量高，而且他们比较注重互动但要求安全性也高。针对这一特点，就要求旅游企业培养的工作人员具有一定的职业素养和职业水准，具备专业的法律法规知识和上知天文、下知地理等方面的能力，这样才能迎合钦州学院大学生旅游消费市场的需要。

结　论

大学生人数基数大，加之近几年来国家对大学扩招，同时大学生的消费水平逐渐提高，可支配时间多，旅游愿望强烈，所以大学生旅游市场潜力巨大。但是，大学生旅游却没有很好地开发，主要是大学生是一个比较特殊的群体，消费水平低，追求个性，不爱受拘束，对旅游企业现有的旅游产品和措施不感兴趣，同时又对旅游企业存在猜忌。而旅游企业的营销方式也存在问题，宣传方式落后，旅游产品单一，跟不上大学生的需求，黑幕操作造成社会对旅游企业误解太深。

通过对大学生旅游消费的心理、消费现状的调查，了解大学生的旅游消费脉络，针对大学生的旅游消费特点，设计适合大学生旅游的营销策略。旅游企业应该进行有效的市场细分，开发符合大学生的旅游产品，采取多种旅游促销方式，旅游企业采取新的开发思路。学校和政府应该正确引导大学生旅游消费行为，积极引导大学生再教育旅游。只有这样，才能很好地开发出适合大学生的旅游市场，健康地推动大学生旅游。

第二节　高校大学生旅游市场开发研究

随着我国教育改革的不断深入，高校的不断扩招，我国高等教育开始由精英教育慢慢转向大众教育，高校在校大学生的人数也随之迅速增长。庞大的人口基数蕴含着巨大的市场潜力，然而这一巨大市场却依然是旅游业中的"鸡肋"市场，鲜有旅游企业涉足。怎样开发高校大学生旅游市场，找到高校大学生旅游市场开发的有效策略成了重要研究课题。

一、钦州学院大学生旅游市场现状

钦州学院位于广西壮族自治区的钦州市，坐落于广西北部湾核心工业区，是广西北部湾经济区沿海唯一一所公立普通本科高等学校。其设有海洋学院、商学院、中文与传媒学院、物理与材料科学学院、数学与计算机科学学院、外国语学院、资源与环境学院、化学化工学院、美术创意学院、音乐学院、体育学院、教育学院、继续教育学院等 15 个二级学院，在校本专科学生 10512 人。钦州学院大学生旅游市场是高校大学生旅游市场的一个缩影，其拥有巨大的潜力，但是却乏人问津。笔者通过走访调查、问卷调查、文献资料查阅等多种方式全面了解钦州学院大学生旅游市场现状。在问卷调查中，笔者在钦州学院范围内向钦州学院在校大学生随机发放调查问卷 500 份，收回问卷 374 份，回收率为 74.8%，其中有效问卷为 361 份，问卷回收有效率为 96.52%。

（一）旅游市场潜力大

自 2006 年钦州学院升本以来，每年的招生人数在不断增多，并且大多数的学生都有强烈的出游意愿，随着我国经济的发展，人们生活水平的提高，钦州学院大学生的消费水平也随之提高，再加上钦州学院大学生的闲暇时间充裕，这就为钦州学院大学生旅游市场造就了巨大的潜力。

1. 钦州学院大学生人数多

钦州学院的在校生人数自 2006 年以来迅速增加，据统计，2006 年钦州学院在校大学生人数仅为 4461 人，2007 年增加到为 6127 人，2008 年变为 7563 人，2009 年迅速增加到 9582 人，2010 年达到 10512 人，约占钦州市区人口的 2.7%。①

2011 年，广西政府同意在钦州学院基础上筹建北部湾大学，并列为自治区重点推进项目。这意味着钦州学院未来的在校大学生人数将不断增加，将蕴含着巨大的大学生市场潜力。

2. 钦州学院大学生出游意愿强烈

大学生正处于青春年少，精力充沛的时期，受年龄的影响，大学生好奇心强烈，求知欲强，对外界的事物充满好奇，大多有强烈的出游意愿。在钦州学院被调查的人中，被问到是否有出游意愿

---

① 数据来源：钦州学院档案室。

时，有199人(约占55.1%)回答非常想出游，出游意愿非常强烈，有出游想法的共358人(约占99.17%)，没有出游想法的人仅有3人(约占0.83%)。可见，钦州学院大学生对旅游持肯定态度，有强烈的出游意愿。

钦州学院大学生的出游次数相对频繁，据走访调查发现，钦州学院的社团一年至少组织一次出游活动，大部分的班级每年组织两次出游活动，而且有些专业还安排有外出的教学活动，如旅游管理专业的学生有外出的见习周，美术专业的学生要外出采风，地理专业的学生有外出考察的实践活动。在收回的361份调查问卷中，一年中出游两次的人约占27.7%，出游三次的人约有23.5%，出游四次的人约为24.1%，因此钦州学院一年的人均出游次数达2.43次/人，相当于钦州学院年出游总数达25000多人次。

3. 钦州学院大学生闲暇时间多

钦州学院大学生可用于旅游的闲暇时间十分充裕，一年以365天计算，暑假假期约为50天，寒假约为30天，上课期间大多为40周，除去元旦、清明节、劳动节、端午节、国庆节以及中秋节的周末(一共6周)，还剩下34个周末，即68天，国家假日办公布的国家法定假日为11天，除了春节3天是在寒假之外还剩下22天，所以钦州学院学生一年的假期数至少为：50+30+68+8 = 156(天)。因此，钦州学院大学生有充裕的闲暇时间进行旅游活动。

4. 整体旅游总消费高

在被调查的人中，被问及一年出游花费时，有100人(约占27.7%)表示，其一年在旅游上的花费在300~500元，还有116人(约占32.1%)表示，一年中其在旅游上的花费达700元以上。据调查得出，钦州学院大学生一年中在旅游上的花费平均每人只在372.23~489.75元，根据钦州学院大学生平均每人每年出游2.43次计算，钦州学院大学生10512人一年在旅游上的总花费在950多万至1250多万元之间，由此可见，钦州学院大学生旅游市场是单体消费低，整体旅游总消费高的有待开发的旅游市场。

（二）钦州学院大学生旅游市场乏人问津

钦州学院大学生旅游市场虽然潜力巨大，开发的可行性高，可惜却极少得到旅游企业的关注。极少有旅游企业主动进入钦州学院进行宣传，也极少有旅游企业推出针对钦州学院大学生的旅游产品。由于缺乏对旅行社等旅游企业的了解，极少有钦州学院大学生主动选择参与旅行社的组团旅游。据走访调查发现，钦州学院大学生的生活费每月大多在 400～1000 元，而每年用于旅游的花费仅仅为 372.23～489.75 元，因此，钦州学院大学生旅游市场还有待开发。

二、钦州学院大学生旅游市场现状分析

钦州学院大学生旅游市场有巨大的潜力，有诸多利于钦州学院大学生开展旅游活动的优势，但为何未得到旅游企业的过多关注，依然还是一个有待开发的旅游市场。

（一）供给方——旅游企业原因

造成钦州学院大学生旅游市场潜力巨大却乏人问津的现状极大的原因来自旅游市场的供给方——旅游企业。目前钦州市的旅游企业极少把钦州学院大学生作为目标群体进行分析，鲜少有结合大学生特点进行产品开发设计，导致推出的旅游产品大多是传统的旅游产品。通过问卷调查可知，旅行社在产品包装组合、线路设计时很少到钦州学院进行宣传，忽略学生市场。究其原因，旅行社认为大学生个体的旅游消费不高，却忽略学生市场基数大，旅游总消费高的事实。再有钦州一些旅游企业为了眼前的利益，利用种种手段，甚至是欺诈等违法手段来获取利益。这种逐利失信行为导致旅游者对旅游企业的信任度大大降低，收回的 361 份有效问卷中，在被问及是否相信旅行社发布的旅游信息时，有 141 人（约占 39.05%）表示对其有点怀疑，有 182 人（约占 50.4%）表示很怀疑，可见钦州学院大学生对旅游企业的信任度偏低。

（二）需求方——钦州学院大学生原因

旅游企业对钦州学院旅游市场的关注度不够，除旅游企业原因之外，与钦州学院大学自身有很大关系。高校大学生都是风华正茂

的年轻人，受年龄及时代潮流的影响，有的个性张扬，追求自由、喜欢特立独行。因而学生有的不喜欢按照旅游企业设定的日程去开展旅游活动，这也是钦州学院大学生旅游市场很少得到旅游企业关注的原因。另外据调查显示，钦州学院大学生的旅游多为短途旅游，在收回的 361 份有效问卷中，有 189 人(约占 52.35%)表示其旅游多在省内，有 120 人(约占 33.2%)表示，其旅游多为市内游。

因为是短途旅游，因此旅游消费偏低，且消费主要在交通、住宿、景点门票费、食物等基本消费上，而用于弹性较大的非基本消费较少。由调查可知，钦州学院大学生年人均旅游消费在 372.23~489.75 元，总体偏低。低消费的现象自然难以获得高利润回报，这极大打击了钦州市旅游企业开拓大学旅游市场的积极性。

三、钦州学院大学生旅游市场开发策略

面对这一潜力巨大却又乏人问津有待开发的钦州学院大学生旅游市场，不少旅游企业摇头叹息视之为"鸡肋"，然而只要选择合适的开发策略，这一"鸡肋"市场必将焕发新机成为旅游业进一步发展的强大助力。

(一)开发适合大学生的旅游产品

首先结合钦州学院教学管理、社团活动实际，将相关专业如资源与环境学院旅游管理专业、地理科学专业一年一度的专业见习活动设计为科教旅游线路，将桂北线钦州学院—黄姚古镇—阳朔漓江—桂林芦笛岩、乐满地—柳州工业博物馆—南宁民族博物馆等设计为精品旅游线，打造自然与人文结合专项科教品牌。并不断在全校性铺开，极大提高大学生旅游市场占有率。其次依据钦州学院大学生社团特点，设计符合大学生个性的时尚旅游产品。如当校园内大办女生节时，旅游企业可以组织策划主题产品"节能环保时装展"，到校园内及区内各高校巡展，让大学生在展示个人风采过程中既增进兄弟院校友谊也达到宣传时代主题的效果，寓教于乐中使大学生旅游产品也得到极大宣传。

（二）拓展销售渠道

传统的销售渠道在旅游市场上曾立下无数的汗马功劳，将旅游业推上了一个又一个的高峰，但是对于高校大学生旅游市场，传统的销售渠道并不能完全适用，因此必须在传统销售渠道的基础上进行拓展，寻找新的销售渠道。如旅游企业可与学校合作开展旅游活动，可以在钦州学院内发展校园代理，也可以进行网络促销。

（三）加大旅游企业的宣传力度

旅游企业在钦州学院的知名度不高、形象不好也是钦州学院大学生旅游市场长期低迷的原因，因此，旅游企业要有效开发钦州学院大学生旅游市场就必须做好宣传工作，以诚实信用为原则，加大宣传力度，提高旅游企业在钦州学院的知名度，塑造企业诚实信用的良好形象，并将旅游的理念渗透于校园的内部，播种旅游文化，培养旅游市场，使旅游在校园内形成一种潮流、一种时尚。因此，要开发钦州学院大学生旅游市场，旅游企业必须加大宣传力度，提高企业在钦州学院旅游市场的知名度，塑造企业的良好形象。

1. 以网络宣传为主

随着电脑越来越普及，电脑的应用在钦州学院大学生的日常生活中越来越普遍，钦州学院大学生的许多信息来源于网络。在收回的361份有效问卷中，在被问及获取旅游信息渠道时，有196人（约占54.3%）表示通过网络收集旅游信息。由此可知，网络是钦州学院大学生收集旅游信息的主要渠道，再者，网络的宣传成本相对较低，也适合进行大量宣传，所以以网络宣传为主，加大宣传力度是一个开发钦州学院大学生旅游市场的有效策略。

2. 适时发放旅游宣传单

发放宣传单是钦州学院内一种比较常用的宣传方式，在钦州学院内发放宣传单可以将旅游信息传送到学校的各个角落，而且成本相对较低。假如在宣传单上增加一些附加价值，如拥有宣传单可参与抽奖或可兑换现金券等，必定能大大增加钦州学院大学生对宣传单的兴趣，增强宣传的效果。因此在推出新的旅游产品时，发放旅游宣传单也不失为一个好的产品宣传策略。

3. 及时举办旅游宣传活动

当旅游进入淡季，旅游市场低迷，并且以上两个宣传策略未取得明显效果的情况下，就必须及时举办宣传活动了。旅游宣传活动的举办为的是吸引更多的人投入旅游活动中，因此旅游宣传活动可使用价格策略——打折促销的方法来吸引潜在旅游者，也可以使用产品策略——开发出极具吸引力的旅游产品来吸引潜在旅游者，使更多的潜在旅游者变成现实的旅游者。因此，及时举办旅游宣传活动是钦州学院大学生旅游市场中不可或缺的宣传策略。

(四)争取相关政策的支持

对于钦州学院大学生的旅游活动，学校以及有关部门大多保持着不支持也不反对的态度，即没有促进大学生开展旅游活动的措施，也没有阻碍大学生进行旅游活动的政策。假如得到学校以及有关部门的政策支持，必定有更多的高校大学生进行旅游活动，进行更多的远距离旅游活动，而高校大学生旅游市场的开发也必能顺利开展。

大学生进行旅游活动可以增长知识，也可以更多地接触社会，为以后的社会生活以及发展发挥难以估量的作用。而大学生将是建设祖国的中坚力量，因此得到学校以及有关部门对高校大学生旅游的政策支持是完全可能的。因此争取相关政策支持是开发钦州学院旅游市场乃至开发高校大学生旅游市场的重要环节。

结　语

综上所述，面对高校大学生旅游市场潜力大却乏人问津的现状，笔者以钦州学院大学生旅游市场为例，通过走访调查、问卷调查、文献阅读等方式对高校大学生旅游市场进行研究分析，并提出了开发适合高校大学生的旅游产品、拓展销售渠道、加大旅游企业宣传力度、转换经营理念推广经济型旅游以及争取相关政策支持等多个钦州学院大学生旅游市场开发策略，为高校大学生旅游市场的开发提供参考建议。

第三节 感觉刺激在旅游营销策略中的运用

人的行为的产生首先依赖于他对生活环境的看法，而这种看法是通过感觉作用产生的。因此，只有旅游者首先感觉到某种旅游产品，认识和了解它，才可能对这种旅游产品产生良好的印象，激发旅游动机，才会有愉悦的旅游活动。因此，在旅游营销策略中全方位地发挥旅游者的感觉作用是必要的，传统的单一的视觉营销方式不能长久地满足旅游者多样性的需求。因此，开发感觉系统中其他领域如听觉、嗅觉、触觉和味觉，让旅游者全方位地感受旅游带来的快乐，从而达到良好的旅游营销效果。

一、感觉刺激的营销作用

旅游市场"暗香涌动"预示着国内旅游品牌将走向感觉体验时代。著名未来学者托夫勒 1970 年在《未来冲击》一书中写道："服务经济的下一步是走向体验经济，商家将靠提供这种体验服务取胜。"旅游者在大多数情况下获得的旅游收获与旅游享受是一种无形的体验，旅游体验是现代旅游者的终极目标。旅游业是一个典型的体验制造产业，感觉体验是人们受到各种感觉器官刺激而形成的体验。情感体验是产生于旅游过程的情感方面的体验，即旅游者经历的感觉、情绪和心境，是建立在感觉刺激基础之上而形成的。为了使旅游者在旅游过程中更好地获得满足，感觉刺激在旅游营销策略中不可忽视。

(一)感觉是人们认识客观世界的基础

感觉是一种简单的心理现象，但在人的心理活动中起着极其重要的作用，一切高级、较复杂的心理现象都是在感觉的基础上产生的，感觉是人们认识关于世界一切知识的最初源泉，对旅游者而言，则是认识旅游产品和服务的起点。人只有通过感觉才获取信息及旅游者原有的经历和价值观念，认识客观世界。

(二)感觉刺激有助于提高旅游者的认知能力

通过感觉刺激可以使人们对旅游目的地或旅游产品进行认知。

原来不知道的地方，通过网络、影视、文学作品开始知道、了解，进而喜欢；对于以前知道的地方，具有重新认识和增强感性认识的作用。只有当有了认知，而且这种认知是美好和奇特的，具有较大文化差异的，才可以刺激需求。

（三）感觉刺激有利于激起旅游者的旅游需求

美国心理学家马斯洛提出，人有生理、安全、社交、尊重、自我实现、知识和美七个方面的需求。可从多个方面刺激旅游者的视觉、嗅觉、听觉、味觉和触觉等，正方向诱发旅游者动机的产生，触动旅游者审美体验的琴弦，刺激旅游者购买欲望，来满足旅游者的心理、精神、身体和经济上的追求。

（四）综合运用感觉系统有利于加深旅游记忆和刺激

旅游者重复旅游感觉就是一种特定的心理体验活动，它带有浓厚的个人情感色彩，触动旅游者审美情结显得尤其重要。因此，在旅游经历中，综合运用感觉系统，全方位地影响旅游者产生的效果比单一地使用感觉系统的效果要好得多，它不仅符合人们多样化的追求，而且让旅游者总有新、奇、异的感觉，使其流连忘返，从而吸引旅游者重复旅游。

二、感觉系统在旅游营销中产生的效果

旅游营销是指旅游产品或旅游服务的生产商在识别旅游者需求的基础上，通过确定其所能提供的目标市场并设计适当的旅游产品、服务和项目，以满足这些市场需求的过程。而感觉系统在旅游营销中产生的效果，可以从认识、情感、追求和目标上满足旅游者的需求，从而适应市场的需要。

（一）视觉效果容易吸引旅游者眼球

一般地，人们认为道听途说是虚，而眼见为实，视觉营销成了早期的传统的营销方式。旅游产品的价值经过包装通过视觉渠道得到了传递，对旅游者产生强烈的吸引力和震撼力。2009 年 7 月 22 日，一场壮观的日全食上演，千年一遇的自然奇观吸引了全世界天文爱好者蜂拥而来，旅游收入劲升，视觉营销强烈刺激旅游者的感官系统。

（二）嗅觉刺激留给旅游者记忆更长

感觉对旅游者的产生的作用和影响较长，研究表明，人的大脑中负责处理嗅觉的神经与主管情绪控制的中枢神经紧密相连，因此气味会强烈影响人的情绪。而且，嗅觉记忆比视觉记忆要可靠得多。美国研究机构的结果表明，人们回想 1 年前的气味准确度为65%，然而回忆 3 个月前看过的照片，准确度仅为 50%。味道、气味牵动着人的情绪与记忆，气味犹如一只温柔的手，触动消费者心底的一根琴弦，让消费者身临其境，给旅游者留下深刻的印象。

（三）听觉刺激可给人减压和净化人的心灵

潺潺的流水、婉转的鸟语、呼啸的山林、澎湃的海涛、山间小溪淙淙流水、春天里的绵绵细雨、炎夏的滂沱大雨、田园秋夜的蛙声和寒冬呼啸的大雪声，自然界生命交响曲可以使那些久居闹市的人们忘却尘世的烦恼，使人产生幸福愉悦之感。苏州寒山寺的浑厚钟声，寺院庙宇中庄重的念经声和朝拜声，北京天坛的回音壁的特殊声响效果，船桨的划水声和艄公的吆喝声以及少数民族的民歌声，这些都会给旅游者留下美好而深刻的印象。若将这些动听的声音制成旅游商品进行旅游营销，使城市居民避免遭受各种噪音干扰之苦，将人带入大自然的美妙境界，也可使许多失眠者在这种声音的陪伴下安然进入梦乡，它不仅树立了旅游品牌，也将成为许多旅游者梦寐以求的旅游目的地。

（四）味觉刺激有利于弘扬中国饮食文化

在刺激消费者的视觉和听觉之后，味觉开始成为新的着眼点。旅游市场上，我国饮食文化很丰富，味觉的开发还有很大的发展空间，通过地方风味、民间小吃和特色饮食产品的展示可以勾起旅游者强烈的美食欲望，更重要的是弘扬中国灿烂的饮食文化和艺术，有利于推动旅游业的发展。

（五）触觉刺激使旅游者真实地感受旅游体验

让旅游者参与到旅游目的地的社会环境中，在旅游过程中旅游者既不是充当观众角色也不是在旅游空气泡的氛围下旅游，而是亲临体验心身愉悦，加入当地居民的生活生产中，真正了解和感受当地文化、民风民俗和生活习惯。

三、感觉刺激在旅游营销中的运用

(一)视觉营销刺激旅游动机的产生

观光旅游就是以刺激旅游者的视觉效果为主，到自然风景点游览的人，大多以看为主，这是因为大自然中有形象美、色彩美、线条美、动态美、静态美等多种形式的美感，且视觉美又构成了许多自然风景的核心和基础部分，因此，传统的营销方式一直是以视觉营销为主，也往往容易引起旅游者的注意。

1. 通过事物奇特形象来展示美

黑格尔说过："美是形象的显现。"烟波浩渺、渔帆点点，瀑布斜飞、清泉潺潺，奇峰壁立、峰峦叠起，一轮红日喷薄而出，奇松破石而生，烟云似锦如缎，怪石星罗棋布，钱塘江的潮是典型的雄伟形象，潮来时，汹涌澎湃，以排山倒海、雷霆万钧之势滚滚而来气势壮观，令人震惊①。

2. 通过色彩美来吸引旅游者

在视觉营销中，颜色居于中心地位，颜色的象征价值和文化意义非常丰富，在考虑广告、包装甚至营业场所装饰上，颜色的选择是非常慎重的。美国休斯敦航空公司的黄色飞机被乘客亲昵地称为"空中香蕉"，通过色彩美来刺激旅游者视觉效果。意大利著名设计师 Clino Castelli 曾预言：造型的时代即将过去，今后将是色彩主导的时代。五彩缤纷的自然色彩会给旅游者带来欢乐和幸福，带来赏心悦目的美感，乃至令人振奋和神往。

3. 让旅游者感受朦胧美

透过云雾看风景时，云雾中的景物若隐若现，模模糊糊，虚虚实实，令观者捉摸不定，于是产生幽静、深邃、神秘、玄妙之感，引起观者许多遐想，这就是朦胧美所致。苏轼描写烟雨迷蒙中，西湖像美女穿上一层薄纱，隐隐约约显露出婀娜多姿的体态，具有特殊的魅力，这正是一种朦胧美，它让人产生无限的遐想，给人无穷的力量，让人有种内在的驱动力。

---

① 乔修业. 旅游美学[M]. 天津：南开大学出版社。

(二)嗅觉营销策略

当今许多旅游机构还在一味强调视觉效果的时候，已有人向传统旅游营销方式提出挑战，策划作用于人的嗅觉、听觉、味觉和触觉的营销手段，提高旅游产品质量，打造品牌旅游产品，增强旅游者的信心。有研究表明，人的大脑中负责处理嗅觉的神经与主管情绪控制的中枢神经紧密相连，因此气味会强烈影响人的情绪。根据《国际商标法》的规定，声音、气味都可以注册成商标，在品牌营销领域领先世界的美国、日本、新加坡、中国香港等国家和地区都有"声品牌"和"味品牌"。独特的气味如同标签一样，让旅游者一闻就想起特定品牌的产品。

1. 气味的运用历史久远且范围广泛

气味在产品中的运用不仅历史久远而且地域范围广泛。中国的汉代皇后所居的宫殿，因以椒和泥涂墙壁，取温暖、芳香、多子之义，故名椒室。据说，北非人钟情于香料，将河泥中拌入香料，用这种"香泥"制成的砖头能发出芬芳气息。20世纪90年代以来，在欧美的一些发达国家，芳香植物不但作为经济作物而且还作为园艺植物广泛种植于园林中，布置成"芳香散步道"。日本群马县的熏衣草种植基地，在熏衣草开花季节吸引大量旅游者游览，其经济效益高于出售精油的收入，与法国的普罗旺斯一样已成为世界著名的旅游地，虽然气味无法触摸，但这种体验使旅游者记忆犹新。

2. 让旅游者在旅游中体验芳香气味

在旅途的公共场所体验芳香气味。英国航空的头等舱以及纽约肯尼迪机场或伦敦希思罗机场的头等舱候机室，最先引人注意的就是独特的叫做Meadow grass(牧草)的芳香剂气味，航空公司定期喷洒这种芳香剂，加强公司在旅游者心目中品牌形象，给旅游者的体验独树一帜。在旅游过程中体验各种气味。西安大唐芙蓉园是全世界首例最大的户外香化工程，运用气味营销效果来营造一种梦回大唐的意境，是一项既具有历史厚重感，又具有远大前瞻性的重大工程。针对千亩大唐芙蓉园里的皇家建筑、山水景观、剧场诗苑的不同功能，不同文化内涵和地貌特征，将芙蓉园划分为六个香化区域，象征帝王尊贵的檀香，代表圣洁的芙蓉香，传达友情的法国茉莉香，示意爱情的保加利亚玫瑰香，表达爱慕的荷兰郁金香，热情洋溢的中国江南桂花香，微风吹拂，各领风骚，梦幻般再现 2000 年前"博山炉中沉香火，双烟一气凌紫霞"的盛况。使旅游者不仅看到有形的事物而且又闻到无形的气味，提升旅游新体验。

3. 运用气味营销降低旅游风险

旅游产品的不可感知性、不可触摸性和所有权缺乏等特点决定了旅游者对旅游产品感知风险，为了降低旅游者的风险，运用气味营销减少旅游者的风险意识。在法国普罗旺斯，最令人心旷神怡的是空气中总是充满了熏衣草、百里香、松树等的香气。这种独特的自然香气是在其他地方所无法轻易体验到的。当地居民家里也常见挂着各式各样熏衣草香包、香袋，商店也摆满由熏衣草制成的各种制品，如熏衣草香精油、香皂和蜡烛等。当旅游者看到这些旅游产品就会想起普罗旺斯那沁人心脾的香气、遍地熏衣草紫色花海翻腾的迷人画面，产生无穷的魅力，让旅游者梦幻缭绕。

(三) 听觉营销

任何一个完美的天然山水景致除了突出表现在视觉感受上外，还应该配以适当的听觉美。只有这样，才能把旅游者引入更高的境界。

1. 听觉效果使旅游者产生天人合一感觉

现代城市居民生活在交通运输噪声、工厂噪声、建筑施工噪声和社会噪声等四大噪声污染环境之中，他们除了音乐以外，很少接触到自然界的听觉美。人们往往为了躲避居住地的喧闹声而踏上旅游的行程，聆听大自然中富有节奏的海浪击岸声、清脆悦耳的泉水叮咚声、令人陶醉的鸟语虫鸣声和动听的山谷回响声。不同类型的风景点蕴藏着不同的听觉效果，这些听觉上的感应与一定的视觉环境相结合，在声与形的共同激发下，人们不仅会触景生情，而且会"闻声生情"，这样就加深旅游者投入大自然怀抱中的欲望和情趣，甚至会令人终生难忘和回味无穷。

2. 听觉效果激发旅游者生活的热情

春天，当旅游者兴致勃勃地沿山间小路观赏着满山遍野的鲜花时，路旁树上不时传来叽叽喳喳的鸟鸣声，加上人群中发出的欢歌笑语声与此呼应。夏天，当旅游者进入地下溶洞，听见哗哗的地下河水流淌声和洞内滴滴泉水的回声时，让人倍感地下世界的深邃莫测，激起种种的猜测和丰富的想象。秋天，当旅游者在登山之时，眼前的树木迎风摇曳，耳际响起阵阵的松涛声，就像高山在向远道而来的客人表示"欢迎"。这般情景令旅游者赏心悦目，满怀希冀地继续攀登，在旅游过程中去感悟人生、领悟人生和珍惜生命。

（四）味觉营销为旅游者树立正确的旅游态度

中国品牌第一次与世界上最具权威的嗅觉味觉研究机构"牵手"。"消费者可以不看，不听，但他很难不闻一种香气，不尝一种味道。"恒源祥集团董事长刘瑞旗激情四溢，"我们就是想让消费者'闻'到品牌，'尝'到品牌"。按照他的表述，"未来消费者可以通过产品独特的气味，寻找到专卖店。这一独特的气味，也可能成为消费者判断恒源祥产品真伪的依据"。第十七届中国厨师节暨2007南宁·东南亚国际旅游美食节在南宁市举行，这次活动吸引了国内外厨师、烹调和餐饮行业众多人员前来参会参展。第十届中国美食节也已于2009年10月19日至21日亮相天津。通过味觉旅游营销有利于促进中华烹饪技艺和餐饮文化交流，推动餐饮企业进步和餐饮行业发展，进而推进旅游业的发展。

（五）触觉营销让旅游者亲身体会人间幽静美

湘西凤凰古城以独特的风韵吸引着越来越多的旅游者，成为我国旅游市场中的"实力新秀"。在中国居住近60年的新西兰作家路易·艾黎认为湘西凤凰城是"中国最美丽的小城"。凤凰古城虽经漫长岁月的风剥雨蚀，但仍较好地保留了明清时期形成的传统格局和历史风貌。一幢幢古色古香的吊脚楼矗立在沱江两岸，城中店铺林立，随处可见明清风韵的银号、商铺、酒坊和染坊，身着民族服饰的摊贩散布其间，构成一幅悠远深长的湘西社会的生活画卷，让旅游者零距离地接触小城，体验人间天堂的乐趣。

结　语

近年来，随着旅游业的迅速发展，感觉刺激在旅游营销中越来越重要。传统的、单一的营销方式不能满足人们多样化的需求，除了视觉营销方式外，还特别强调了嗅觉、听觉和味觉的营销方式，在旅游者意识中产生更深的印象。从感觉刺激的视角来探讨旅游营销，为旅游部门提供一些具有参考价值的意见，或能抛砖引玉引起广大学者的重视与关注。

（原载《咸宁学院学报》2010年第10期）

第四节　基于 SWOT 分析法的旅游景区营销战略探析

三娘湾有着深厚的历史积淀和文化底蕴，早在 2000 年以前，它就是"海上丝绸之路"的必经港口，地理位置十分重要。三娘湾原来只是一个海边小渔村，在 2003 年 7 月，市政府才决定开发三娘湾。然而，经过两年多的开发建设，三娘湾就发生了翻天覆地的变化：在 2005 年 8 月，被广西壮族自治区旅游局评为"广西十佳景区"，而后在 2006 年 11 月被评定为国家 AAAA 级旅游景区，2007 年 4 月被国家旅游局正式授予"全国旅游系统先进集体"称号，2008 年被评为"中国西部最具投资潜力旅游景区"，由此可见，这个新兴的旅游景区拥有着不凡的魅力。

但三娘湾与同处于北部湾经济圈内的北海银滩、防城港金滩、白浪滩相比，旅游营销还有着较大的差距，随着滨海旅游的兴起，三娘湾景区面临着极大的挑战和机遇，能否充分发挥其特有的旅游资源，改革旅游营销战略，决定了三娘湾未来在北部湾旅游的地位，因此很有必要对三娘湾旅游景区营销战略进行研究。

一、三娘湾旅游景区发展现状

三娘湾旅游区于 2003 年 7 月开始建设，经过几个月的紧张施工，完成了部分基础设施的建设，旅游区于国庆节正式向游人免费开放，其接待游客数量出现"井喷"现象，"黄金周"七天接待游人 18.65 万人次，其中外地游客（钦州以外）7.83 万人次，占 42.3%，创造了广西旅游界乃至全国旅游业界的一个奇迹。

　　从表2.1、表2.2可知，不管是在旅游收入还是接待人数方面，钦州和三娘湾景区近年来整体上都呈上升趋势，但通过对比不难发现：虽然整体上钦州旅游发展迅速，但三娘湾的增长并没有跟上步伐。要想发展好三娘湾景区，必须对景区进行改革，找出适合景区发展、适应时代发展的策略，实现经济效益最优化。

表2.1　　　　近几年三娘湾旅游区与整个钦州旅游人数

（单位：万人次）

年份	2006	2007	2008	2009	2010
钦州	193.96	303.53	347.89	404.17	471.77
三娘湾	82.3	106.5	102.6	115.8	134.3
百分比(%)	42.43	35.09	29.49	28.65	28.47

表2.2　　　　近几年三娘湾旅游区与整个钦州旅游收入

（单位：万元）

年份	2006	2007	2008	2009	2010
钦州	81000	119900	156600	214800	276000
三娘湾	9261.5	21300	19200	36100	46500
百分比(%)	11.43	17.76	12.26	16.81	16.85

　　注：资料来源于《钦州年鉴》(2007—2011)，《广西年鉴》(2007—2011)。

二、三娘湾旅游景区发展现状的 SWOT 分析

（一）三娘湾景区内部环境优势（Strength）

1. 地理位置得天独厚

　　三娘湾旅游景区位于钦州市最南端、风景如画的北部湾畔，东邻北海市，西接钦州港经济开发区，并与防城港市隔海相望，地处广西北部湾经济区的腹心地带，是广西沿海"金三角"的中心，具有沿海和沿边的区位优势。三娘湾距离钦州市区约38 km，钦州港22 km，南宁市120 km，北海市91 km，防城港市61 km，越南芒街

100 km；水路方面，丝萝渔港码头与北海港、涠洲岛、防城港、钦州港、企沙港、越南下龙湾等都有航线连通，交通十分方便。

2. 旅游资源特色鲜明，知名度高

根据中华人民共和国国家标准《旅游资源分类、调查与评价》（GB/T18972—2003）分类系统，笔者调查发现，三娘湾旅游区的旅游资源类型涉及 6 个主类，即地文景观、水域风光、生物景观、建筑与设施、旅游商品和人文活动（如表 2.3 所示）。

表 2.3　　　　　　　三娘湾旅游景区旅游资源分类表

资源类别	资源名称
地文景观	沙滩、海潮、天涯石、母猪石、乌雷岭、月亮滩、观潮石
水域风光	港湾、大潮
生物景观	海滩防护林、中华白海豚
建筑与设施	白海豚科研基地、观潮节活动地、渔村、伏波庙码头
旅游商品	虾、螺、海鱼、四大海产品、坭兴陶、南珠
人文活动	海霞拍摄地、跳岭头节期间祭祀祖先、跳师公戏、生吃新鲜海鲜钦州三娘湾观潮节、海豚旅游文化节

钦州三娘湾是因拥有独特的旅游资源而大受游客欢迎，其中最主要的是在此出现了稀有的动物种群——中华白海豚。三娘湾景区以它古朴与纯美以及中华白海豚骄人的魅力吸引了国内外无数的游客，借此契机，钦州政府每年都会举办国际海豚节、海豚文化节，并将此作为钦州的一张名片，向海内外展示了开放钦州的文化精髓与内涵，并成为钦州加强对外经济、文化交流与合作的平台。

三娘湾景区不仅以拥有珍贵的中华白海豚而著称，而且还以神奇的礁石、壮丽的大潮而闻名。这里遍布奇石，有观潮石、母猪石、三娘石、风流石、天涯石、海狗石等，惟妙惟肖，吸引着游客的目光。另外还有大潮，钦州政府充分利用海潮资源于每年举行三娘湾观潮节，每当一年一度的大潮来临时，都会有大量游客前往亲临观赏这一奇观。

三娘湾景区内地形高低起伏，郁郁葱葱，森林覆盖率高达80%以上。远远望去，村中连片的木麻黄和椤麻树像一把把翠绿的太阳伞伫立在碧波万顷的海洋中，在为景区增添亮丽风景线的同时，更为人们遮风避雨、纳凉闲谈提供了方便，而长约 2 km 的海滩防护林，则像一条绿色的玉带镶嵌在洁白的沙滩上。东南面则是一片长约 2000 m 的沙滩，沙质柔软洁白，是一个良好的天然海水浴场，游客可以尽情地享受海水浴，还可以租用林中吊床在海边享受太阳浴。

3. 海产美食风味独具魅力，让人流连忘返

游客来到三娘湾除了感受滨海美景之外，还有一个具有吸引力的亮点就是体验渔民生活。拉网捕鱼、礁石垂钓、沙滩拾贝、林中小憩等渔家乐活动让游客倍感惬意。三娘湾海滩由于靠海，美食主要以鱼、虾和螺为主，来到三娘湾就可以品尝到具有"四大海产品"之称的大蚝、对虾、青蟹、石斑鱼，以及著名的土特产——海鸭蛋、黄瓜皮、三娘湾红薯。海边烧烤更是别具风味，这里有丰富的原材料，有自然的场地，原汁原味的海鲜刺激着你的味蕾，让人无法忘记。

(二)三娘湾景区内部环境劣势(Weakness)

1. 海滨城市形象不突出

对于广西滨海旅游业来说，三娘湾比不上有"中国第一滩"之美誉的北海银滩，也没有防城港与越南毗邻的地理优势。另外，北海市政府将北海银滩国家旅游度假区从 2003 年 5 月 1 日起对国内外游客免费开放，极大提高了北海在全国滨海旅游城市的竞争地位，其收益完全可以从增加游客量和游客增加的其他消费支出中得到补偿。从更高层次来看，"还滩于海，还海于民，还滩于民"是一个城市整体素质提高的表现，是城市重视当地市民人居环境的重要体现，其表现出的人文关怀精神和理念。三娘湾景区在这点上是不可能做到的，因为三娘湾的主要收入就是靠景区门票和出海看海豚的渔船费或快艇费，其他的旅游消费收入并不是确定的，所以三

娘湾唯一能做的就是提高三娘湾景区在北部湾海域的整体形象，提高其知名度，吸引更多的游客前来消费。

2. 景区管理体制不健全

管理体制不健全首先表现在景区门票管理不够规范，三娘湾的门票对于三娘湾里面渔村的居民是免费的，这保护了渔民的利益，但这种做法又给很多想投机取巧的人有机可乘。这主要体现在很多人想不花门票钱旅游，有的会扯谎说自己的亲戚是居民，或者找当地的居民带入景区。另外一点管理不健全的就是景区后门处，景区只在正大门处设立售票处，但后门却无人守，有的散客就直接从海水浴场经过后门进入景区。针对这个问题，应该在景区大门处设立一个专门的入口，让买票进入的散客或者旅游团能快速地进入景区，而不是拥挤在门前。现在的管理显得很不规范，买票旅游的游客不能很快地进入，这不仅浪费了游客的时间，还给很多游客很不好的印象。

3. 依托的城市功能不完善

在过去的快速发展中，北部湾沿海地区旅游主要依靠桂林——北海和北海——越南下龙湾旅游线路，北海银滩年接待游客量超过100万人次，是广西滨海旅游业的王牌，北海作为全国十大旅游热点城市本身具有相当的吸引力，但钦州作为北海周边地区，虽然拥有三娘湾这样的优秀旅游景点却未能做到借势而上，主要还是因为所依托的城市规模较小、经济实力较弱、基础设施还相对薄弱。同时景区在旅游开发和创新上不够，使得旅游资源开发深度不够、层次较低。要想解决这个问题，就必须先把钦州市发展起来，只有所依托的城市快速发展了，景区才能够借势而上。

4. 景区内的基础设施落后和服务质量较低

景区里面的基础设施不够完善，很多沿海的海滨旅游都会在沙滩上摆着很多桌子、椅子，供游客们休息时所需，但这些在三娘湾景区需要另外收费的。另外，景区内的这些有偿供游客休息的桌椅台凳，没有规范摆放，影响景区整体美感。

目前三娘湾景区没有专业的导游人员，对于景区资源特色、渔村文化、中华白海豚等景区特色亮点没法向游客及时讲解介绍，既影响了游客的观赏效果，同时也会丧失游客回头率，难以开拓景区潜在市场。

（三）三娘湾景区所面临的机遇（Opportunity）

1. 旅游业发展快速，前景充满希望

经过几十年的发展，我国已迅速成为世界旅游大国，再加上经济的快速发展，使得旅游业成为我国国民经济中发展速度最快的行业之一，旅游业将成为中国经济的支柱产业。从大的方面来看，我国入境旅游人数在逐年增加，所创造的外汇旅游收入也同比在增加；国内旅游方面，人们也由于经济能力的增长和闲暇时间的增多而发生的旅游次数也在增加。由此可见，旅游业的快速发展必将给各个旅游景区带来不可估量的发展，三娘湾就应该努力抓住这样千载难逢的机会，趁势迅速发展。

2. 城市化进程加快，景区发展动力十足

北部湾经济圈的建设使得钦州与周边的北海、防城港之间的联系更加密切，同时为构建成功的北部湾，他们的合作空间在逐渐扩大。西部大开发的号召使得城市化的脚步慢慢向边缘比较贫困的农村靠近，北部湾经济圈的提出更是加快了钦州城市化的发展，三娘湾景区可以把旅游业与城市化的建设结合起来，以旅游来带动城市化的建设，同时以城市化作为契机促进当地旅游业不断向前发展。2010年9月，钦州市被确定为第七届中国——东盟博览会中国"魅力之城"，这也是一个很好的发展契机。

3. 政策支持力度大，景区知名度不断提升

为了加快旅游业的发展，钦州市委、市政府将开发建设三娘湾旅游度假区列为市重点工程。在2009年三娘湾旅游区实行企业经营管理、政府监督的模式，让有经济实力的企业来经营管理，政府则起到监督管理的作用，这样能使景区在企业的经营下发展得更快，在政府的监督下也不至于违反相关规定，使整个景区正确快速的发展。

为了使三娘湾景区有更大的知名度，在每年的6、7月份，市政府在三娘湾举办品牌项目"中国·钦州三娘湾观潮节"，至2012年，已成功举办了7届观潮节。与此同时，在2012年钦州又举办

了一项重大的节庆活动——中国·钦州(国际)蚝情节,旨在打造"中国大蚝之乡"的品牌,达到"以蚝会客、以蚝传情、以蚝促钦"的目的。这一做法使得三娘湾在区内甚至全国更多的旅游爱好者所知,吸引了更多的游客前来游览。

(四)三娘湾景区要接受的挑战(Threat)

1. 区域竞争日益激烈

近年来,区域之间市场竞争日益激烈,由此积极整合旅游资源,延伸旅游产业链条,吸引游客从传统的一日游向多日游转变将成为今后的旅游趋势。同在北部湾海域,如果人们选择多日游首先考虑的是住宿问题,只有解决好这个问题才能安心旅游。为此,修建三娘湾度假村,解决游客在景区的食宿问题,将会大大提升景区的旅游接待能力。

2. 旅游需求的多样化

随着互联网的普及、移动互联网应用的兴起,越来越多的年轻人不愿受限于旅游机构设计的传统跟团线路,对出游时间、行程、具体的酒店、餐厅、特定景点都有了自己的想法和要求,如今年轻游客的出游需求越来越多样化,对目的地酒店、住宿、餐饮的需求越来越自主。据资料显示,年轻人对旅游的喜爱程度远远高于其他年龄层的群体,为了适应大群体的旅游需求,打破传统的产品模式,自由搭配行程元素,将成为今后旅游市场的主流方向。为了满足占最大比重的旅游者的需求,就必须得创新。

三、三娘湾旅游景区发展的战略思考

(一)三娘湾的旅游产品策略

1. 产品策略

产品是市场营销组合中最重要也是最基本的因素,产品策略是整个营销组合策略的基石,直接或间接影响到其他营销组合因素的管理。

目前,三娘湾景区主要以"海滩+出海看海豚"的形式为主,为游客提供简单的餐饮服务,本质上三娘湾的经营模式和服务项目跟其他滨海旅游没什么区别,换句话说,三娘湾的旅游产品是单一

71

的、缺乏核心竞争力的。针对这种情况，更新升级三娘湾的旅游产品，优化产品组合结构，形成差异竞争优势，有利于三娘湾旅游发展的良性循环。三娘湾最具特色、最具核心竞争力的还是中华白海豚，这是很多著名的海边景点都无法复制的，因此，不管其如何增加或升级旅游品，都不能脱离"海豚"这一主题。

2. 品牌产品塑造

三娘湾目前虽然在当地有一定的知名度，但影响力有限，没有形成品牌效应，很多外来旅游者只知道北海银滩，根本不知道和北海临近的钦州有一个不仅可以游泳，而且还可以出海看海豚的三娘湾，因此三娘湾当务之急是塑造好品牌、包装好品牌、传播好品牌，建立自己良好的品牌形象。

品牌塑造其实有很多种方法，但总结归纳下来主要有内部和外部塑造两种。根据上文 SWOT 分析，三娘湾在做品牌塑造时主要应该从以下方面着手：（1）旅游从业人员品牌意识的培养与提高。不断提高从业人员业务素质和综合素质，这可以在每年钦州导游人员年检时进行，加深导游人员的品牌意识，培养一支能够创造品牌、维护品牌的从业人员队伍。（2）提高旅游服务质量，为品牌的发展奠定基础。服务质量的提高是成功塑造品牌的关键，游客写旅游评价时导游服务质量的影响是占很大比重的，良好的服务可能会促使其进行再次旅游或者宣传，这部分隐藏的潜在游客将会是景区的另一大笔财富。

(二) 三娘湾的价格策略

1. 基本定价策略

现今，三娘湾正处于开发成长阶段，正在为构建国际滨海旅游地而努力着，对于定价方面应该根据产品的各种不同性质而选择不同的定价策略。三娘湾作为附近海域中唯一出现中华白海豚的海域，这是它拥有的绝对优势，因此可以采用竞争性定价策略中的率先定价法。

2. 价格随机调整

同周边的类似景区相比，北海银滩、防城港金滩和白浪滩都是对游客免费开放的，景区内资源相对比，哪里都有阳光、沙滩、三娘湾唯一的优势就在于其海域内拥有中华白海豚。对此，景区可以实现季节性折扣策略，对于淡季或海豚不出没的时节，门票是可以稍降低一些的，或者对前来游览的游客实行相应的折扣，以此来吸引人们简单的观光游。对于旅游旺季和海豚常出现的季节，游客必定增加，此时门票和出海看海豚的船票都可以做适当的提高，同时为了吸引更多团队或者自驾游前来旅游，可以实行门票买几送几的战略，这种价格折扣手段是会吸引很多团体旅游的眼球的。

（三）三娘湾的销售渠道策略

1. 销售渠道策略

对于三娘湾旅游景区来说，可以实行以旅行社为中间商的分销模式，一方面，旅游者分布很广，而旅行社可以帮助组织旅行者并从旅游景区中得到较低的团体价，并且旅行社熟悉当地情况，在旅游过程中提供导游支持，可以提供安全保证，通过旅行社可以有效拓宽和保持客源。另一方面，旅行社与游客是最接近的，旅行社了解游客的需求，能针对不同的游客用不同的方法进行沟通，并说服旅游者购买旅游产品。对于三娘湾旅游景区来说，除了通过旅行社来进行销售外网络营销这种直营模式也是可以行得通的，毕竟现在是网络迅猛发展时期。

2. 销售渠道管理

对于以上的销售渠道分析，旅行社这种有中间商的营销模式，中间商的选择是非常重要的，选择实力强、运营能力强、信誉好的旅行社会使得合作事半功倍，对分销商采用高额回扣的方式，依照不同的销售数量给予不同的回扣，有助于分销商的战斗积极性。另外，对于网络营销来说，网络可以快速有效的宣传旅游产品，是现今不可或缺的一种宣传手段，但是想要在网络营销方面获取更大的收益就必须加大网络营销的基础设施，加大旅游网站的建设，完善网站的内容，让网络浏览者能找到他想在网上找到的关于景区的一切信息。

（四）三娘湾的促销策略

1. 促销策略

旅游促销是旅游景区通过各种手段，利用各种工具和渠道，将本旅游景区的产品介绍给旅游者，使他们产生兴趣，愿意购买或者向外推销。由于消费者对旅游景区的产品缺乏了解，加之旅游市场竞争激烈，所以旅游促销是旅游景区向外界展示自己、激发潜在旅游者的购买欲望，最终导致购买行为发生的有效手段。

2. 促销手段改进

对于三娘湾的促销策略可以利用广告和宣传册来宣传，广告对于旅游业来说是一种非常有效的促销工具，它可以把信息传递给较大的目标市场，而且成本很低，当前，三娘湾景区的广告促销就有广告牌，但要树立和强化旅游地形象，电视公益广告的效果会比较明显，直观、使人印象深刻，同时需要注重旅游广告的连续性和时效性。

另外一种促销手段就是宣传其产品和服务的宣传册了，我国的宣传册主要使用在一些旅游机构、宾馆饭店、高档餐厅和旅游景点等处，可以在国内外著名的旅游指南、旅游宣传书籍、画报、海报等媒体上显示。北京的一些旅游景点的门票除了副券外就是一张明信片，旅游完景点后，如果游客觉得此景点值得旅游，他会把明信片寄出去，这也是一种向外推销方式，三娘湾的门票可以考虑这种形式，作出一些适当的改变。

三娘湾海可以结合现在钦州举办的各种文化节活动来进行促销，观潮节、蚝情节、海豚文化节这些都是可以借助的节庆活动，毕竟这些活动的开展都源于三娘湾的资源。

结　语

三娘湾景区作为北部湾海域的后起之秀，因为拥有得天独厚的地理位置和独特的旅游资源而迅猛发展，这些即给景区带来了机遇，同时也使之面临更为激烈的竞争。

通过对三娘湾旅游景区实际调研，运用 SWOT 分析法对三娘湾的发展现状、存在的主要问题、所面临的各种机遇进行了综合的分析。景区只有不断改进自身存在的不足，化劣势为优势，提升综合竞争实力，才能实现北部湾一流旅游景区的目标。

第五节　德天瀑布景区游客满意度调查研究

一直以来，旅游景区都是出售一种旅游的经历，因此游客对旅游过程中的印象以及对旅游的满意程度无形中也大大影响了景区的形象和声誉。游客满意度是游客对目的地的期望和到目的地后的实际感知相比较后，所形成的愉悦或失望的感觉状态，它会影响到游客对旅游目的地的选择、旅游产品和服务的消费、是否重游、是否推荐给亲朋好友等方面。在日益激烈的市场竞争条件下，没有满意的游客就没有稳定的规模化游客流，就没有旅游景区的核心竞争力。因此，加强旅游景区游客满意度研究具有重要意义。

一、游客满意度内涵

迄今为止，关于满意度内涵认识不一，大多学者是根据期望感知差异模型对其进行定义。笔者认为游客满意度是在旅游当中，游客对旅游目的地的期望与在当地进行实地访问后的感受之间对比产生的结果。则有，游客满意度＝实际体验值–游前期望值，当结果大于 0 时，游客是满意的；当结果等于 0 时，符合预期所想，游客基本满意；当结果小于 0 时，游客不满意。由此得出公式(2.1)：

$$M_t = M_{实际体验} - M_{游前期望} \qquad (2.1)$$

其中，M_t 表示游客满意度，$M_{实际体验}$ 表示游客游后实际体验值，$M_{游前期望}$ 表示游客游前期望值。

游客满意度受诸多因素影响，影响满意水平因素不尽相同，笔者认为影响游客满意的因素有，游客的自身情况，和景区的住宿、餐饮、景色、可进入行、购物、娱乐活动和社区环境等。在对德天瀑布景区游客满意的调查中需要好好考量这些影响因素。

二、德天瀑布景区游客满意度调查分析

(一)调查目的

游客满意度是衡量游客到德天瀑布景区旅游是否满意以及景区服务质量的重要标准。它将会影响景区旅游形象、声誉甚至盈利水

平。开展德天瀑布景区游客满意度的调查，旨在通过调查了解德天瀑布景区的旅游服务质量的基本情况及游客满意度情况，收集足够的、真实的和有效的信息，掌握众多旅游者对旅游服务的消费需求，查找游客在餐饮、住宿、交通、游览、旅游购物、娱乐活动等几个方面存在的问题并提出对策，以期为当地旅游的建设实践提供有价的参考依据与意见，促进当地旅游的持续、健康发展。

(二)调查方法

1. 问卷设计

问卷的设计共有 21 道题目，主要分成 2 个部分，基本采用单选的形式提问。第 1 部分是对游客人口学特征和出游属性的调查；第 2 部分是对游客期望和满意情况的调查以及后续影响意愿的调查。其中游客人口学特征指的是游客的一些基本信息，包括性别、来源地区、年龄、学历、职业、收入 6 个方面，出游属性中包括旅游者获取旅游信息的渠道、旅游动机、停留时间；游客满意情况的调查是从餐饮、住宿、交通、游览活动、旅游购物、娱乐活动及社区环境 7 个方面让游客给出评价，共包括 35 个评价因子；后续影响包括游客总体满意度、重游意愿、推荐意愿以及建议。建议是指游客对德天瀑布景区旅游各方面给出的一些看法和意见，由游客自由填写。

游客满意度测评运用的是 5 级李克特量表的形式设计，要求受测者用"很满意"、"满意"、"一般"、"不满意"、"很不满意"的等级来表达对德天瀑布景区各方面的满意程度，用"很高"、"高"、"一般"、"低"、"很低"的等级来表达对德天瀑布景区各方面的期望。为方便统计分析，这 5 个等级分别赋 5 分、4 分、3 分、2 分、1 分。即：

$$M_{实际体验/游前期望} = \sum X_{ab} \cdot Y_{ab} \qquad (2.2)$$

$$M_{ab} = \sum X_{ab} \times Y_{ab} \qquad (2.3)$$

$$M_a = \sum M_{ab}/j \qquad (2.4)$$

其中，$M_{实际体验/游前期望}$ 表示游客的实际体验/游前期望值，M_{ab} 为各因子游客满意度，X_{ab} 表示分值，Y_{ab} 表示给予该分值的游客人数占样本游客总人数的权重，M_a 表示游客满意度值，自变量 j 的取值根据各项目的因子个数而定。

2. 问卷发放

此次调查研究共发放问卷 300 份，分为 2 种形式调查：（1）景区内随机发放。笔者于 2016 年春节假期 11 月 28 日至 2017 年 2 月 3 日在德天瀑布景区内随机发放问卷 150 份。（2）采取"滚雪球"的发放形式，利用网络发放问卷给以前笔者带团接触的游客填写。本次调查回收问卷 292 份，其中有效问卷 284 份，有效回收率 94.67%。

（三）结果与分析

1. 基本属性分析

（1）性别情况

男性比例占全部游客比例的 46.48%，女性比例占 53.52%，女性游客比例略高于男性游客比例，但差距较小，总体持平。

（2）地区来源

从数据显示上看，德天瀑布旅游的游客主要来自广西区内及区外，共占比 98.03%，分别占比 51.27%、46.76%，来自国外的游客则仅仅占比 1.97%。

（3）游客年龄结构

德天瀑布景区游客以青壮年为主，主要集中在 18～35 岁，共占比 55.28%，其中，55 岁以上年龄所占比重又相对较大，占比 25.35%，这可能与年轻人有活力，精力充沛有关系；18 岁以下占 10.56%，随同朋友家长出行是原因之一。

（4）受教育程度

到德天瀑布景区旅游的游客以大专和本科及以上学历最多，分别占 32.39%、43.66%；此外，高中及中专学历占 19.01%，这说明旅游者受教育的学历水平总体较高。

（5）职业

根据调查，德天瀑布景区接待的游客中，学生群体所占比重较大，达到了游客的 35.92%，这可能与正值寒假时期有关；另外，来德天瀑布景区游玩的旅客中，有商务管理人员、机关干部、个体经营户及其他职业的游客，说明游客职业日益向多元化发展。

(6)月收入情况

调查结果显示，来德天瀑布景区的游客月收入集中在 2000 元以下，共占比 42.61%；其次是 3501~5000 元，占比 16.20%。由调查结果可以看出，来德天瀑布景区的游客中，主要还是低收入层，但中、高收入层也占有一定比例。

2. 出游属性分析

(1)游客的旅游信息来源

从调查结果看出，游客获得旅游信息主要来自网友博客及其他信息来源(旅游网站网页、旅游 APP 等)，合计占比 81.70%；其次是亲朋好友的介绍宣传，这说明信息时代的发展，网络媒体成为最主要的宣传手段。

(2)旅游动机

根据调查数据显示，大多游客到德天瀑布游玩是因为被旅游地内优美的景色所吸引，这部分游客占总人数的 81.55%。

(3)停留时间

调查数据显示，来德天瀑布旅游的游客在景区停留的时间大多是在 1 天甚至半天，停留 2 天及 3 天及以上的游客共占 26.70%，主要原因是这些游客还有其他行程，加上景区内旅游资源有限，规模不大，活动比较单一，故此游客停留的时间不长。

3. 游客满意度测评分析

构成德天瀑布景区游客满意度评价的一级指标有 7 个，分别为景区住宿、交通、餐饮、购物、景区游览、娱乐项目以及社区环境。据统计，在 284 份有效问卷中只有 151 人选择在景区住宿，仅占总人数的 53.17%。133 人没有选择在景区留宿，占比 46.83%。有 247 人选择在景区用餐，占人数的 86.97%。37 人不在景区用餐。经统计，游客对德天瀑布景区一级指标的游前期望和实际体验如表 2.4 所示。

表2.4 德天瀑布景区游客满意度测评表

	很高/满意		高/满意		一般/满意		不高/满意		很不高/满意		总人数
	人数	比例	人数	比例	人数	比例	人数	比例	人数	比例	
住宿总体期望	29	19.23%	62	42.31%	55	36.54%	3	1.92%	0	0.00%	151
住宿总体体验	9	5.88%	30	19.61%	69	45.10%	30	19.61%	15	9.80%	151
交通总体期望	40	14.08%	136	47.89%	95	33.45%	7	2.46%	6	2.11%	284
交通总体体验	34	11.97%	68	23.94%	127	44.72%	49	17.25%	6	2.11%	284
餐饮总体期望	48	19.43%	103	41.70%	91	36.84%	4	1.62%	1	0.40%	247
餐饮总体体验	27	10.93%	75	30.36%	105	42.51%	33	13.36%	7	2.83%	247
购物总体期望	45	15.84%	128	45.07%	106	37.32%	5	1.76%	0	0.00%	284
购物总体体验	58	20.42%	132	46.48%	92	32.39%	2	0.71%	0	0.00%	284
游览总体期望	30	10.56%	72	25.35%	136	47.89%	46	16.20%	0	0.00%	284
游览总体体验	42	14.79%	132	46.48%	103	36.27%	7	2.46%	0	0.00%	284
娱乐项目总体期望	52	18.31%	136	47.89%	86	30.28%	6	2.11%	4	1.41%	284
娱乐项目总体体验	26	9.15%	58	20.42%	134	47.18%	58	20.42%	8	2.82%	284
社区环境总体期望	37	13.03%	148	52.11%	88	30.99%	8	2.82%	3	1.06%	284
社区环境总体体验	26	9.15%	86	30.28%	110	38.73%	52	18.31%	10	3.52%	284

根据公式(2.1)(2.2)可计算出游客对德天瀑布景区主要指标满意度。

(1)住宿方面

根据公式(2.2)计算出游客的体验值和期望值:

$$M_{实际体验1} = 5.88\% \times 5 + 19.61\% \times 4 + 45.10\% \times 3 + 19.61\% \times 2 + 9.80\% \times 1$$
$$= 2.9216$$

$$M_{游前期望1} = 19.23\% \times 5 + 42.31\% \times 4 + 36.54\% \times 3 + 1.92\% \times 2 + 0.00\% \times 1$$
$$= 3.7885$$

运用公式(2.1)得出游客满意值:

$M_{t1} = 2.9216 - 3.7885 = -0.8669 < 0$

(2) 交通方面

以下同理计算，有：

$M_{实际体验2} = 11.97\% \times 5 + 23.94\% \times 4 + 44.72\% \times 3 + 17.25\% \times 2 + 2.11\% \times 1$
$= 3.2638$

$M_{游前期望2} = 14.08\% \times 5 + 47.89\% \times 4 + 33.45\% \times 3 + 2.46\% \times 2 + 2.11\% \times 1$
$= 3.6934$

$M_{t2} = 3.2638 - 3.6934 = -0.4296 < 0$

(3) 餐饮方面

$M_{实际体验3} = 10.93\% \times 5 + 30.36\% \times 4 + 42.51\% \times 3 + 13.36\% \times 2 + 2.83\% \times 1$
$= 3.3317$

$M_{游前期望3} = 19.43\% \times 5 + 41.70\% \times 4 + 36.84\% \times 3 + 1.62\% \times 2 + 0.40\% \times 1$
$= 3.7811$

$M_{t3} = 3.3317 - 3.7811 = -0.4494 < 0$

(4) 游览方面

$M_{实际体验4} = 14.79\% \times 5 + 46.48\% \times 4 + 36.27\% \times 3 + 2.46\% \times 2 + 0.00\% \times 1$
$= 3.736$

$M_{游前期望4} = 10.56\% \times 5 + 25.35\% \times 4 + 47.89\% \times 3 + 16.20\% \times 2 + 0.00\% \times 1$
$= 3.3027$

$M_{t4} = 3.736 - 3.3027 = 0.4573 > 0$

(5) 旅游购物

$M_{实际体验5} = 20.42\% \times 5 + 46.48\% \times 4 + 32.39\% \times 3 + 0.71\% \times 2 + 0.00\% \times 1$
$= 3.8661$

$M_{游前期望5} = 15.84\% \times 5 + 45.07\% \times 4 + 37.32\% \times 3 + 1.76\% \times 2 + 0.00\% \times 1$
$= 3.83$

$M_{t5} = 3.8661 - 3.83 = 0.0361 > 0$

(6) 娱乐活动

$M_{实际体验6} = 9.15\% \times 5 + 20.42\% \times 4 + 47.18\% \times 3 + 20.42\% \times 2 + 2.82\% \times 1$
$= 3.1263$

$M_{游前期望6} = 14.08\% \times 5 + 47.89\% \times 4 + 33.45\% \times 3 + 2.46\% \times 2 + 2.11\% \times 1$
$= 3.6934$

$M_{t6}=3.1263-3.6934=-0.5671<0$

(7)社区环境

$M_{实际体验7}=9.15\%\times5+30.28\%\times4+38.73\%\times3+18.31\%\times2+3.52\%\times1$

$\qquad =3.232$

$M_{游前期望7}=13.03\%\times5+52.11\%\times4+30.99\%\times3+2.82\%\times2+1.06\%\times1$

$\qquad =3.7326$

$M_{t7}=3.232-3.7326=0.5006<0$

由以上计算数据可以看出游客对德天瀑布景区的各主要方面满意的有，景点游览及景区购物。不满意的有住宿、娱乐活动、社区环境、餐饮、旅游交通。影响游客满意度的指标由高到低的排序依次为住宿、娱乐活动、社区环境、餐饮、旅游交通。根据笔者实地带团经验，游客到德天瀑布景区游玩后对景区的景色很满意，但对景区的一些基础设施不是很满意，如餐饮、住宿等。

4. 后续影响分析

(1)总体满意度

统计结果显示(如表2.5)，游客在对德天瀑布景区满意度评价中，有20.07%的游客对德天瀑布景区的总体体验持"很满意"的观点，而有45.77%游客持"满意"观点，这两项合计说明德天瀑布景区给65.84%的游客留下了"满意"或"很满意"的印象。此外，持"一般"、"不满意"、"很不满意"态度的游客共占比34.16%。

表2.5　游客对德天瀑布景区游前整体期望和实际整体体验一览表

	很高/满意		高/满意		一般/满意		不高/满意		很不高/满意		总人数
	人数	比例	人数	比例	人数	比例	人数	比例	人数	比例	
对景区的总体期望	38	13.38%	100	35.09%	84	29.47%	62	21.75%	0	0.00%	284
对景区的总体体验	57	20.07%	130	45.77%	91	32.04%	5	1.76%	1	0.35%	284

结合期望数据，运用公式(2.2)计算游客体验值、期望值：

$$M_{实际体验} = 20.07\% \times 5 + 45.77\% \times 4 + 32.04\% \times 3 + 1.76\% \times 2 + 0.35\% \times 1$$
$$= 3.8342$$

$$M_{游前期望} = 13.38\% \times 5 + 35.09\% \times 4 + 29.47\% \times 3 + 21.75\% \times 2 + 0.00\% \times 1$$
$$= 3.3917$$

根据公式(2.1),有:

$$M_t = 3.8342 - 3.3917 = 0.4425 > 0$$

由此可以得出,因德天瀑布景区自身的资源优势,游客对德天瀑布景区整体是呈现满意的,但仍然有的方面不尽如人意。

(2)重游意愿

根据调查,在这些游客当中,11.27%的游客表示不会再到德天瀑布景区重游,持不确定态度(可能不会、可能会)的游客分别占比21.83%、29.58%,合计51.41%,超过被调查总人数的一半;持"会"、"肯定会"到此地重游态度的游客分别占比22.54%、14.79%,共计37.33%,表明游客的重游意愿不高。

(3)推荐意愿

数据表明,54.93%到访过德天瀑布景区的游客愿意将此目的地推荐给他人,20.42%的游客则表示不愿意推荐,剩下24.65%的游客则持中立的态度。结合重游意愿数据说明,即使游客因为一些原因而不愿意到此地重游,但这并不影响他们的推荐意愿。由此也可得出另一个结论:游客的推荐意愿成为宣传德天瀑布景区旅游的一种非常重要的手段。

三、景区满意度不高的原因分析

(一)游客不满意的主要方面

构成德天瀑布景区游客满意度的一级指标有7个,这7个一级指标又可细分为35个二级指标。根据公式(2.3)和(2.4)可得出游客对德天瀑布景区各指标的满意度数值。如表2.6所示。

表2.6　　游客对德天瀑布景区各指标满意度数值一览表

一级指标 M_a	二级指标 M_{ab}	很满意		满意		一般		不满意		很不满意	
		人数	比例	人数	比例	人数	比例	人数	比例	人数	比例
景区住宿 3.0752	环境 3.0196	6	11.76%	9	17.65%	21	41.18%	10	19.61%	5	9.80%
	价格 3.2353	10	19.61%	10	19.61%	19	37.25%	6	11.76%	6	11.76%
	设施设备 2.8627	5	9.80%	9	17.65%	18	35.29%	12	23.53%	7	13.73%
	类型 2.9804	5	9.80%	11	21.57%	19	37.25%	10	19.61%	6	11.76%
	特色 2.902	4	7.84%	13	19.61%	19	37.25%	13	25.49%	5	9.80%
	安全 3.451	9	17.65%	63	25.49%	21	41.18%	8	15.69%	0	0.00%
景区交通 3.238	道路状况 3.2465	28	9.86%	56	19.72%	164	57.75%	30	10.56%	6	2.11%
	道路畅通度 3.2324	26	9.15%	58	20.42%	162	57.04%	32	11.27%	6	2.11%
	交通指示牌 3.3275	27	9.51%	100	35.21%	103	36.27%	47	16.55%	7	2.46%
	景区通达度 3.257	29	10.21%	65	22.89%	144	50.70%	42	14.79%	4	1.41%
	公共交通 3.1268	25	8.80%	58	20.42%	138	48.59%	54	19.01%	9	3.17%
景区餐饮 3.2409	种类 3.0445	17	6.88%	40	16.19%	134	54.25%	49	19.84%	7	2.83%
	价格 3.2672	25	10.12%	59	23.89%	125	50.61%	33	13.36%	5	2.02%
	卫生 3.2958	19	7.69%	61	24.70%	126	51.01%	22	13.36%	8	3.24%
	口味 3.2024	27	10.93%	64	25.91%	130	52.63%	22	8.91%	4	1.62%
	特色 3.3563	19	7.69%	52	21.05%	136	55.06%	34	13.77%	6	2.43%
	服务人员态度 3.3968	35	14.17%	59	23.89%	126	51.01%	23	9.31%	4	1.62%
购物 3.2876	种类 3.0387	26	9.15%	55	19.37%	120	42.25%	70	24.65%	13	4.58%
	价格 3.2394	34	11.97%	54	19.01%	146	51.41%	46	16.20%	4	1.41%
	口味 3.2394	36	12.68%	56	19.72%	138	48.59%	48	16.90%	6	2.11%
	代表性 3.2465	33	11.62%	66	23.24%	127	44.72%	54	19.01%	4	1.41%
	商家诚信 3.3239	30	10.56%	76	26.76%	140	49.30%	32	11.27%	6	2.11%

续表

一级指标 M_a	二级指标 M_{ab}	很满意		满意		一般		不满意		很不满意	
		人数	比例	人数	比例	人数	比例	人数	比例	人数	比例
景区游览 3.2942	建筑特色 3.3908	31	10.92%	83	29.23%	142	50.00%	22	7.75%	6	2.11%
	景区环境 3.2887	26	9.15%	78	27.46%	138	48.59%	36	12.68%	6	2.11%
	门票价格 3.334	36	12.68%	74	26.06%	128	45.07%	40	14.08%	6	2.11%
	游览路线 3.1901	26	9.15%	70	24.65%	128	45.07%	52	18.31%	8	2.82%
	景区安保设施 3.2676	24	8.45%	78	27.46%	140	49.30%	34	11.97%	8	2.82%
娱乐 3.1135	丰富程度 2.9577	26	9.15%	52	18.31%	108	38.03%	80	28.17%	18	6.34%
	吸引性 3.1831	24	8.45%	72	25.35%	130	45.77%	48	16.90%	10	3.52%
	参与程度 3.0563	26	9.15%	68	23.94%	102	35.92%	72	25.35%	16	5.63%
	地方特色 3.257	29	10.21%	80	28.17%	121	42.61%	43	15.14%	11	3.87%
社区环境 3.235	商业化程度 3.2711	22	7.75%	93	32.75%	118	41.55%	42	14.79%	9	3.17%
	居民态度 3.4225	36	12.68%	92	32.39%	118	41.55%	32	11.27%	6	2.11%
	旅游服务人员态度 3.2394	28	9.86%	70	24.65%	132	46.48%	50	17.61%	4	1.41%
	基础服务设施(公车、公厕等)3.007	25	8.80%	54	19.01%	114	40.14%	80	28.17%	11	3.87%

从表 2.6 可以看出，游客对德天瀑布景区满意度并不高。7 个一级指标满意度数值均在 3~4，低于满意水平，由高到低排序依次是游览、购物餐饮、交通、社区环境、娱乐、住宿。

(1)住宿方面。有过住宿体验的游客在对景区住宿游客满意度二级指标的评价中，各因子的数值参差不齐，有三个指标介于 3~4，三个指标介于 2~3。其中，类型、特色、设施设备满意度排名靠后。德天瀑布景区供游客住宿的地方挺多的，但基本基本都是以家庭旅馆为主，房间设施设备比较简单，卫生情况做不到位。主题酒店、度假酒店鲜有，更没有挂牌星级酒店。每到节假日景区住宿，供不应求。

（2）交通方面。五个二级指标满意数值相差不大，公共交通满意度最低。据笔者了解，由外进入德天瀑布景区的主要干道为县道X532及延边公路，单项一车道，道路狭窄，每逢节假日黄金周都会遇到大堵车，车辆无法进出。从南宁出发没有直达的旅游专线，需要到大新县城转乘景区公交。景区内没有停车场，从售票窗口到检票口有8公里需要乘坐景区环保车，很多游客表示政府的强制收费，无法理解。

（3）餐饮方面。大部分游客认为德天瀑布景区的餐饮条件一般。不满意的五个一级指标中餐饮满意度第二，说明现阶段德天瀑布景区餐饮方面相对来说做得比较好，既有壮族风味也有越南特色。餐馆也只是家庭作坊式，所出的菜品大多是家常菜菜系，没有高消费餐馆，类别相对较少。

（4）购物方面。游客对购物满意度相对较高，游客可以在德天瀑布买到来自异国的商品及特产。

（5）游览方面。德天瀑布景区优美的风景及边关风情使得游客对其满意度最高。但游览路线这一指标的满意水平最低，21.13%的游客不满意于他们所游览的路线，景区相对较小，景区内游览线路单一。

（6）娱乐方面。对于新一代旅游者来说，走马观花式的旅游方式已经不能满足他们的旅游需求了，大家都怀着一颗参与其中热忱的心。除了春节、三月三、、国庆节这些重大节日之外，德天瀑布景区上娱乐项目活动少有甚至于没有。平时能亲身体验的娱乐活动只有归春河竹排、骑马等。娱乐活动项目单一，这会让游客感觉在旅游过程中很单调。

（7）社区环境。拉低社区环境游客满意水平的二级指标主要是景区的基础服务设施。反映比较强烈的是公厕问题。景区门口停车场没有卫生间，很多游客从景区出来后想上厕所然后返程，可苦于停车场没有卫生间。另外，旅游服务人员素质有待提高。

（二）原因分析

1. 基础设施简陋，环境卫生较差

德天瀑布景区的食、宿、交通等各方面基础服务设施尚处于弱势地位，餐馆少而小，都是老百姓自建餐厅管理不规范，旅馆过于简陋缺乏舒适酒店，交通繁琐而费时。内部条件陈旧，环境卫生较差，特别是公共厕所卫生。值得一提的是，从游客停留时间上看，大多数的游客是到德天瀑布景区一日游或者半日游。住宿会选择在景区周边的民宿，条件有限，很多酒店没有电梯，卫生不到位，热水供应不足。节假日很多游客选择到附近县城住宿如大新县，靖西市。

2. 产品单一，特色不明显

目前，德天瀑布景区旅游仍是观光游、休闲游为主。由表 2.6 可以看出景区游览、餐饮、购物、住宿的二级指标特色及种类满意度都不高于 30%，满意度较低。旅游活动类型单一，特色不明显，景区没有利用好自身区位优势，利用好少数民族风情及边关文化，缺少娱乐休闲活动，游客娱乐性体验不强。

3. 旅游购物市场薄弱

旅游购物方面，销售商品的场所环境简陋，都是老百姓自行摆摊，乱摆乱放缺乏有效的管理。并且销售的商品不同，摊位价格不一。游客购买旅游商品质量得不到保障。

4. 旅游人力资源缺乏

据笔者了解，德天瀑布景区内没有景区讲解员及定点介绍导游，景区内的工作人员，大多都是由当地居民充当，服务意识不高，缺乏专业的旅游从业服务人员。从调查来看，当地的旅游从业人员素质不高，缺乏专业素养。不管从经营管理、开发还是服务层面上，都需要一批旅游人才来建设德天瀑布景区。

四、提高景区满意度策略

（一）完善基础设施，优化旅游环境

要想提升德天瀑布景区游客满意水平，首先要从景区旅游基础服务设施抓起。要发挥政府主导作用，强化政府管理职能，正确运用国家对旅游业的相关优惠政策和资金支持，加大对德天瀑布景区资金投入，加强对景区住宿、景区餐饮等各项硬件设施的改造力度，切记修旧如旧的原则，不盲目改造。完善公路交通，拓宽道

路。对于景区厕所不干净、环境差的问题，进行"厕所革命"，并安排专人专责保持厕所清洁。不断改善各项旅游服务设施，优化旅游环境。

（二）开展具有地方特色活动

开展旅游活动首先要注意保护景区生态环境，与越南合作达成合理利用归春河协议确保瀑布一年四季不断流，保持自然美丽宜人的环境，才能实现景区的可持续发展。其次，结合当地特色，越南风情和壮族文化推出旅游娱乐项目，增加娱乐休闲方式，丰富旅游活动内容。使游客在德天瀑布景区有多种娱乐方式，使其旅程不感到枯燥无味，丰富游客旅游体验，满足游客的休闲娱乐需求，加深旅游印象，进而提升景区旅游质量，为景区增添附加值。

（三）加大旅游商品挖掘力度

德天瀑布景区特产不少，如咖啡、果干、腰果、拖鞋、糖果等，一方面德天瀑布景区对其特色资源挖掘力度不够，另一方面没有专门的旅游购物商场，不少游客因此而放弃了带特产回家的念头。景区旅游商品在特色和种类方面明显存在不足，游客购物欲受到极大抑制导致满意度降低。所以，要加大旅游商品挖掘力度，丰富产品种类。

（四）加强旅游人才建设，促进产业科学发展

加强旅游人才队伍的培养对景区发展旅游业来说至关重要，德天瀑布景区旅游的开发、经营管理、服务都需要专业人员来建设维护，高层次的旅游人才对德天瀑布景区游客满意度提升作用较大。据调查结果来看，来德天瀑布景区旅游的游客大部分学历水平较高。从而得知单纯的游览观赏已经不能满足这部分游客的旅游需求了，他们渴望汲取知识，了解景区的历史、民宿风情等。这一点说明德天瀑布景区对专业的导游人才求贤若渴。导游人才的培养可以"就地取材"，比如，归春荷竹排是游客在德天瀑布景区比较青睐的娱乐项目，如果对船夫进行适当的培训，使其掌握当地的历史知识和故事传说，充当临时导游的角色，游客在乘船过程中便有机会接触当地特色，丰富体验，提高满意度。

结　语

文章在问卷调查基础上对德天瀑布景区游客满意度进行研究发现，德天瀑布景区因其自身优美的风景和独特的边关风情，使游客对德天瀑布景区整体持满意态度。但游客仍然对有的方面不满意，如住宿、娱乐活动、社区环境、餐饮、旅游交通等。德天瀑布景区要可持续发展必须不断提高游客满意度，不断招商引资改善旅游基础服务设施，优化旅游环境；利用好自身资源及区位优势开展具有地方特色活动；加大旅游商品挖掘力度，树立自我品牌；加强旅游人才建设，促进产业科学发展。

第三章 旅游人力资源发展研究

第一节 导游人员职业倦怠现状分析与对策研究

现阶段，旅游业竞争越来越激烈，旅行社间大打价格战，其利润空间越来越小，甚至出现"零团费""负团费"等畸形现象。为了降低经营成本，导游成为了旅行社的"牺牲品"。面临着强大的社会生存压力，高强度的工作压力，复杂的人际关系压力等，导游人员容易出现工作态度懈怠、工作缺乏积极性以及不能进行长期的职业规划等现象，导致旅行社人才流失率高，经营成本增加，无形资产流失等后果，从而影响旅游业的发展。本研究将从导游人员、旅行社及行业环境等方面找寻产生导游职业倦怠现象原因，探索消除职业倦怠的方法，以促进钦州市旅游业的发展。

一、钦州市导游从业人员现状

近年来，随着钦州市旅游业的发展，导游队伍不断扩大。根据钦州市旅游局 2011 年统计数据，钦州市导游人员共有 150 名，包括登记在册与在职导游员，在职导游员 60 名。其中大部分为钦州市两所高校即钦州学院、英华职业技术学院毕业的旅游管理专业的学生。钦州市导游人员队伍呈现如下特点：首先导游人员性别构成中女性占绝对优势，女性在旅游事业中发挥着越来越重要的作用，钦州市导游从业人员中女性占 70%，性别比与全国导游性别比例基本持平。其次是导游人员队伍呈年轻化的特点。钦州市导游从业人员中，以 18～25 岁年龄为主。再有，整体学历复杂化，等级结构低，语种结构单一。钦州市导游从业人员学历分布较广泛，低到中专文化，高至大学本科文化，其中 90% 是由钦州学院培养的旅游管理专业人才。纵观钦州市导游级别构成，严重缺乏中、高级别导游员，导游员基本上只拥有初级职称。从业人员多数为普通话导游员，有极少数的外聘外语导游员。四是持证人数多，上岗人数少。导游员基数逐年增加，等级在册导游与在职导游不成正比。(表 3.1)其中也说明了导游从业人员流动率高。

表 3.1　　　　　近五年钦州市导游从业人员增长数据　　（单位：人）

年份	2007	2008	2009	2010	2011
登记在册人数	94	100	122	136	150
在职人数	28	30	35	49	60
导游增加基数	17	14	14	28	27

注：数据来源于钦州市旅游局。

二、导游职业倦怠表现形式

1. 不良情绪突出，负面效应大

体力劳动与脑力劳动高度结合的工作特点，使得导游人员在长期的高压工作中容易产生暴躁易怒的不良情绪，把不良情绪带入生活中，则会使导游与家人、同事、朋友的关系恶化，加剧了人际冲突从而导致导游生活方式与行为习惯发生改变，甚至会引发不良的生活习惯，如抽烟、酗酒、赌博等，造成生活质量下降。长期的带团工作，造成饮食不规律、消化不良、睡眠不足等问题，给导游留下了重大健康隐患。

2. 工作效率低，满意度下降

导游人员职业倦怠的产生，在行为上表现出：减少与游客的正面交流，工作中消极怠工，冷漠对待游客的合理要求等。一旦出现这种现象，就会影响服务质量，从而降低导游对旅行社的满意度与忠诚度，服务成本提高，工作效率降低。

3. 缺乏成就感

导游在工作中因为得不到得游客以及旅行社的认同，而缺乏成就感。一方面，失去工作热情，失去游客对自身的信任，同时丢失对整个游客团队的掌控力，从而增加与游客发生摩擦与矛盾的可能性。另一方面，诱发导游产生职业高原。职业高原是指个体职业生涯中的某个阶段，个体获得晋升的可能性很小，是个体职业生涯的峰点。钦州市现在拥有 20 家旅行社，其中国际社 15 家，平均每家旅行社拥有工作人员仅为 5 人，包括高层管理者、计调、财务、导游等，规模以中小型旅行社为主，导游的晋升空间小，发展机会少。对自身工作不满意，难于在现有的工作岗位上实现自我价值，而旅行社给予的发展平台较小，导游就会作出"跳槽"或者转行的选择，甚至抛弃或者退出旅游行业。

三、钦州市导游产生职业倦怠现象原因分析

职业倦怠的产生主要有外因性与内因性之分（如图 3.1 所示）。所谓内因性，是指个人需要从自身出发寻找问题所在。外因性是指从个人所处的外部环境，包括旅行社因素及社会因素。

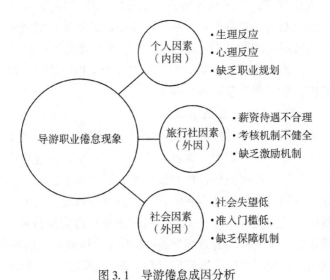

图 3.1　导游倦怠成因分析

（一）导游从业人员自身因素

1. 导游员的生理、心理倦怠

导游服务是一项脑力与体力高度结合的服务性工作。在服务过程中，导游需要消耗大量的体力。导游持续工作时间长，容易产生工作负荷现象。导游接团通常不分上下班，工作时间长达十几个小时。就钦州市团队游客出行方式而言，国内游分为区内游与区外游。区内游通常情况下由钦州市组团社采用全包价驾车游方式。目的地多为桂林市，大新县，巴马县等地，每团平均乘车时间达 7 小时。区外游多采用双卧室火车游，目的地多为云南、北京、湖南、华东地区等省市，每团平均乘车时间为 21 小时以上。长时间或者不间断的乘车，使导游容易产生腰椎疾病的职业病。如果是旅游旺季，导游通常持续工作 20 多天。特别对于女导游而言，这样超负荷的工作严重影响了生理机能，身体倦怠是病变积累的开始。工作时间长、强度大、环境恶劣，导致导游人员严重缺失工作成就感与归属感。

2. 职业发展规划不当

导游员成几乎都为"三无人员（无最低工资，无保险，无合同）"。在钦州市，大多数导游员认为导游工作年限为 3~5 年，并未把导游职业当作终身职业。如果导游员缺乏明确规划或者只把导游职业当做短期的职业"跳板"，那么导游员就会消极怠工，没有奋斗目标，扩大消极态度的影响力，逐渐产生挫败情绪，甚至厌倦导游工作，最终产生职业倦怠现象。

（二）旅行社运行机制不健全

目前，旅行社与导游合作关系中存在着诸多矛盾，其中最主要的矛盾集中在利益分配上。旅行社认为导游在带团的过程中存在频繁的违规行为，不仅使旅行社利益受损，还破坏了旅行社的社会形象；而导游则认为旅行社现有的管理机制存在弊端，其中不公平的薪酬制度致使其支付与收益失衡。钦州市平均每家旅行社拥有 1.3 名专职导游，其余的均为兼职导游（多为大学毕业生或者在校生）。基于钦州市的实际情况，本研究对与专职导游与兼职导游不作具体区分。钦州市导游月均收入分布如图 3.2 所示。

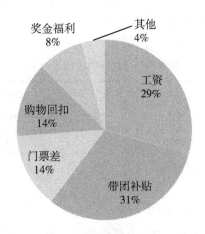

图 3.2　钦州市专职导游月均收入分布图

1. 薪酬待遇不合理

国外导游员的收入由三部分构成：旅行社支付的导服费，游客的小费和商家的促销佣金。欧洲各国导服费日收费一般 100～200 美元；日本导服费日收费平均 289 美元；美国导游日均收费 160～200 美元。钦州市导游员的薪资构成为：（1）旅行社对专职导游发放平均每月 700 元的基本工资，兼职导游没有基本工资。（2）带团补贴，旅行社的专职导游与兼职导游有所差别：专职导游每天的出团补贴 15～50 元不等，兼职导游出团补贴 50～100 元。（3）门票差价、购物回扣及其他，同时也被称为灰色收入。这部分收入具有极大的偶然性，主要取决于游客的购买欲望与购买力。不被游客接受但是被行业默许，并形成一定的行规，即全陪、司机、地接三者按 2：4：4 或者 3：4：3 的比例分成。由此可见，导游员的收入具有极大的不稳定性。

通过对广西各市外聘导游市场（表 3.2）的横向比较得出，钦州市整个旅游行业的导游服务补贴水平明显偏低。带团补贴是钦州市导游员收入的主要组成部分之一，这样低水平的收入，促使导游员把更多的精力花费在自费景点、换点与购物上，最终使"导游"变成了"导购"。劳动付出与薪酬收入不均衡，薪酬水平与钦州市社会经济发展水平不一致，保障机制不完善，是钦州市导游职业倦怠现象产生的重要因素之一。

表 3.2　　　　　　　广西各市外聘导游价格汇总表　　　（单位：元）

导游服务费	钦州市	南宁市	桂林市	玉林市
最低价	50	100	100	80
最高价	100	200	150	150

数据来源：广西旅游网。

2. 考核机制与激励机制不健全

钦州市的旅行社以中、小规模为主，拥有与其他行业的中、小企业的共同特点——管理方式人治大于法治。旅行社对于导游的态度仅仅属于"走过场"，对导游的知识水平，业务水平，技能水平，服务水平从未实行严格的考核。导游只要按行程带团，没有违规行为，就能顺利获得带团补贴，不与导游的服务质量相挂钩。一旦导游出现违规行为，旅行社就会把责任全部推卸给导游，并对导游进行严厉的处罚，导游将自行承担所有的责任。然而导游出色的工作及优质的服务，却从未受到旅行社或者旅游行政管理部门的褒奖。

现有的等级制度与学历水平，既没有与导游的收入挂钩也没有与导游的荣誉相联系。钦州市导游员基本上为初级导游，旅行社未曾为导游提高自身等级提供动力。钦州学院为钦州市提供大量的大专、本科学历人才，但是高学历人才未突显就业优势。激励机制与保障机制不健全，导致旅游行业高流失率。就导游而言，缺乏对旅行社的信任，对旅行社工资期望低。在工作期间，宁可只达到期望值的最低水平，而把时间白白浪费掉；对于旅行社管理者而言，整个公司尚未制定明确的绩效制度，并与导游间存在价值冲突。导游在旅行社扮演"导游、计调、外联员"等多重角色，但实际付出与回报难成正比。由于旅行社发展的局限性，导游员缺少晋升的空间，所以多数导游不会把其作为终身职业，并且做好了随时离开的准备。

（三）导游从业人员发展空间较窄

1. 导游员的社会声望低

曾经作为"民间大使""城市名片"的导游，现在的社会地位十分低，并且得不到社会的认。一些导游想方设法诱导游客购买回扣高的质次价高商品或者推销自费景点获取门票差价，导游变成"导购"的现象时有发生，给社会大众留下了"坑、蒙、拐、骗"的不良印象。加之，媒体过多诸如"黑导""野导""旅游业黑幕"之类的负面曝光，导游的职业魅力急剧下降。导游成为社会谴责的焦点，职业声望受到严重的损害。游客对导游的态度发生转变，不信任导游，甚至侮辱导游。面临着巨大的社会压力，导游的社会地位不断边缘化，在一定程度上阻碍导游职业进程。

2. 低准入门槛，权益保障不完善

2000年，国家旅游局将导游资格考试权限下放到省级行政部门以后，导游准入门槛骤然下降。钦州学院近3年来，平均每年向社会输送120名本、专科学历旅游人才，导游人数大大超过了钦州实际需求数，出现了饱和局面。（表3.3）不少毕业生，选择兼职导游作为毕业实习工作，兼职导游的人数增加，势必对老导游形成不小的心理压力，职业竞争日趋激烈。

表3.3　　　　　钦州学院近3年导游资格考试统计表　　（单位：人）

年份	2009	2010	2011
报考人数	146	131	81
通过人数	132	110	42
通过率	90.4%	83.9%	51.8%

注：数据来源于钦州学院资源与环境学院。

随着旅游业的发展，游客的权益得到不断的强化，但是导游的权益却没有得到应有的重视和加强，如无偿加班，淡季隐形失业，缺少基本的医疗保障。特别对于女性导游而言，一旦怀孕，将近两年无法工作，却无法享受生育保险，甚至失去经济来源。钦州市导游队伍组织化程度低，处于分散状态，面对这些情况，导游往往缺乏话语权和必要的维权渠道。根据社会交换理论中的相互交换原则，由于家庭给予的诸如温情、亲情的支持和组织付出的报酬、责任以及社会给予的尊重、赞许之类的情绪利益将换来个体对组织和社会的高承诺和努力的工作。导游与旅行社、旅游行政主管部门的谈判中处于明显的弱势，一旦缺乏社会的尊重和理解以及肯定，导游就会产生逆反行为，对自身行为不负责，对所从事职业缺乏成就感，对组织缺乏归属感，从而加剧了导游职业倦怠的倾向。

四、克服导游职业倦怠对策

(一)提高自身素质，学会自我调适

导游应明确的认识、了解导游职业。导游具有巨大的发展空间，拥有丰富的带团经验，渊博的知识，能够为游客提供更优质的服务质量，能够满足不同层次游客的知识需求。导游可利用旅游淡季时间，通过网络视频或者函授方式，做好知识储备，养成写工作日记的习惯，作为积累工作经验的手段；另一方面可以利用互联网手段与同行进行交流沟通，提高业务水平。另外，导游要做好自我调适，学会释放压力。可以通过合理饮食、正常作息、加强锻炼、培养兴趣爱好等方式促使自己保持良好的精神状态，确保以饱满的热情投入工作中。

(二)旅行社内部应对措施

1. 完善的薪资体系，提高导游薪酬福利待遇

钦州市导游面临着"生存—道德"的困境。为了避免导游产生获取回扣和灰色收入的动机，应满足导游的基本生活的需求，解决生存问题。建立合理的薪资体系，制定与本地经济发展水平相一致的薪资福利待遇。基本工资是导游的基本生活保障，可分为旅游旺季和淡季给付。淡季团量少，导游面临着隐形失业的危机，在这段时间，可以相应的增加固定工资。其次，根据本地经济发展水平，提高差旅补贴，缩小与广西其他城市的差距。导游工作经常超时、超量，很难区分上下班时间，可以根据工作时间的长短，给予加班补贴或者超时补贴。同时，在工作期间会产生大量的通信费用，旅

行社应给予通信补贴或者配工作电话。最后，旅行社依据出团合同与购物点间建立长期合作关系。对旅游纪念品保质保量，其利润按一定的比例返还给导游。

2. 健全旅行社人力资源管理制度

首先，加强培训。旅行社可针对自身经营规模和导游特点制定培训模式。针对新导游，加强岗前培训；制订切实可行的培训计划，加强服务意识的培养，重视团队合作意识与企业文化建设，从而增强员工对企业的认同感与归属感；加强心理素质培训，增强抗压能力，学会正确的方法释放压力。其次，健全激励制度。对于不同的阶段给予不同的满足。比如：一般情况下，对 20～30 岁的员工提高工作待遇，给予发展空间。对 30～45 岁的员工给予医疗保险、养老保险等福利奖励。采用内部晋升的手段激励员工，给予导游物质与精神的肯定。年终时，通过绩效给予物质奖并融合精神奖励，制定客观、公正、标准化的奖惩制度，完善管理，严格执行。

3. 充实旅游品牌，树立旅行社良好形象

旅行社管理的真正目标在于创造并保持顾客。游客在选购旅游产品时，很大程度上依赖对品牌的熟悉程度，即购买过程的服务质量。导游的优质服务能为旅行社带来忠诚的客户群体，在无形中创立旅游品牌，"价值服务链"作用也随之产生。所以旅行社应大力创造自身的品牌为导游提供发展的空间，降低优秀导游流失率，减少职业倦怠现象的产生。

(三)加强管理，营造良好的外部环境

1. 优化队伍

提高导游考试门槛和入职门槛势在必行。从招生环节抓起，通过面试与考察的方式择优录取，招收性格、外形及具有发展潜力的人才。另外建立导游实习制度，培养导游后备人才。实习导游由钦州市旅游局统一考核发证，以钦州学院旅游管理专业在校生为对象，按照教学计划进入景区或者旅行社观摩学习，并协助导游从事服务工作。毕业离校实习导游证将自动取消。这样有利于改善职业环境，规范旅游市场，平衡供求关系，为旅游业提高人才的同时减轻导游就业压力。

2. 创造宽松的舆论环境

为了旅游业的健康发展，应该建立一个宽松的社会舆论环境。有必要呼吁社会各界给予导游多一些理解与支持。实际上，有许多导游坚守在自己的工作岗位上兢兢业业，并承受着不为人知的工作压力。新闻媒体应客观的宣传旅游文化，正面的报导导游的工作，深入了解导游的工作环境，听取导游的心声，宣传优秀导游的先进事迹，引导社会客观的看待与评价导游。改善公众对导游的态度，帮助导游塑造社会新形象，消除社会对导游工作的歪曲误解，从而帮助导游重拾职业自豪感，为其工作提供外部环境支持，为消除职业倦怠情绪提供外部发展环境。

结　论

导游职业倦怠现象是旅游业发展不成熟所存在的问题之一，具体表现出：不良情绪的产生、工作效率低、满意度下降、缺乏成就感等，其中产生的根源不仅仅与导游自身有关系，还涉及旅行社及社会环境等外部因素。包括：导游的心理及生理的倦怠，职业发展规划不当，旅行社的薪酬机制与管理机制不健全，社会舆论压力大等原因。这种现象的出现，不仅影响导游身心健康，还给旅行社带来经济损失，甚至影响旅游业的发展。为此，导游应从自身开始调适与改变，学会释放压力；旅行社应提高薪酬福利待遇，完善管理制度，保障导游的合法权益；社会宽容地看待与理解导游。通过广大导游的共同努力，旅行社科学合理人性化的管理以及社会各界的大力支持，旅游业将会健康快速的发展，实现人才竞争优势的充分发挥。

第二节　旅行社员工激励存在的问题及对策探讨

从全球旅游业的发展趋势来看，加快旅游业发展已成为很多国家的战略决策。广西作为全国旅游资源最富集、最具潜力的省区之一，具备建设旅游强区的资源优势和基础条件。未来十年，作为旅游产业中重要组成部分且最具代表性的旅行社的发展，将会拉动经济的增长。

人作为企业中最重要的资源要素，已经越来越被许多专家学者所认可。现代企业人力资源管理中，已把如何有效激励员工纳入重要的管理工作中，企业只有拥有其发展所需的人才，才能在激烈的市场竞争中为企业的持续发展提供强有力地保障。随着旅游业的加速发展，我国旅行社的发展也将面临激烈竞争。从整体上来说，我国旅行社管理较为落后，旅行社中人力资源管理没有得到重视。

一、南宁中国旅行社发展现状

1995 年 11 月，南宁中国旅行社正式成立，公司经过 1999 年的全面改制后，确立了"以人为本，追求卓越"的经营理念，引进先进人才，在管理上采用新理念技术，追求科学管理、规范运作下的高效率，不断提高服务质量，突出个性化服务，积极开拓旅游业务。2001—2003 年，公司连续三年被评为南宁十强旅行社，而 2003 年的业绩比改制之初的业务收入增长了 20 倍，取得了超常规的发展。在 2009 年的广西旅行社质量评星活动中，被评定为五星级旅行社。

公司总部设置了办公室、质量监督管理、财务部职能部门，建立了旅游接待中心、票务部、国内各大区专线、出境一部、出境二部、出境三部及出境四部等业务经营部门，并在南宁市市内及周边县成立了 8 个门市部，以及在南宁江南区、柳州市、桂林市等 7 个地级市及巴马县、天等县等 8 个县开设了 16 个分社。

截至 2013 年年底，南宁中国旅行社旅共有员工 318 人。其中总部 120 人，包括高层管理者 5 名，中层管理者 15 名，行政人员、计调人员以及外联人员共 66 名，专职导游人员 36 名，后勤人员 6 名等。南宁中旅营业门市部及各地分社 188 人，包括各门市部及分社经理，行政人员，销售人员，导游人员等。其员工的性别、年龄、学历、岗位等人力资源情况参见表 3.4。

表 3.4   南宁中旅现有人力资源情况表

项目	性别		年龄					学历				岗位			
	男	女	20岁以下	21~30岁	31~40岁	41~50岁	50岁以上	初中及以下	中专及同等	大专及同等	本科以上	导游	计调	外联	其他
比例（%）	40	60	2	23	45	20	10	4	18	50	28	29	16	38	17

注：数据来源于南宁中国旅行社。

笔者通过调查该旅行社各年度的统计数据得知，近几年来，旅行社人才流失也较为严重，而辞职人数多为 30~40 岁之间的销售、计调、导游人员，他们拥有较为丰富的工作经验和客户资源，是旅行社的中坚力量，他们的离开也使得旅行社利益遭受较为严重影响。此外还发现，南宁中旅员工内部晋升和培训制度还存在一些问题。近 5 年来，晋升人数少之又少，而且在员工培训方面，旅行社每年只为为数不多的中层管理人员提供诸如职业经理人岗位培训等，对于计调、导游、销售人员等员工并没有提供相关的培训课程，这样看来，旅行社员工的内部活力还有待提高，长此以往，员工往往会丧失工作的积极性，而员工的职业技能和专业知识也会在激烈的市场竞争中逐渐丧失原有的竞争力。

二、南宁中国旅行社员工激励现状

1. 薪酬激励

南宁中旅员工薪酬结构包括底薪、奖金、福利和补贴。计调人员薪酬结构：底薪+奖金（提成）+福利；导游人员通常没有基本底薪；外联人员的薪酬结构是：基本工资+奖金（提成）+福利。行政人员的薪酬结构是：工资+福利+奖金。

底薪。外联销售人员、计调人员的底薪是 1500 元/月。

补贴。主要是导游人员的带团补贴。补贴数主要与所带的旅游团性质有关，一般是每人每天补贴 300 元。

奖金。一种是业务奖金，各部门每个季度完成旅行社下达的经营目标或超额完成，公司按照约定及比例发放到各部门经理手中。第二种是年终奖金，每年度末企业按照员工本年度所做贡献给予员工不封顶的奖励，是对一年来的工作业绩的肯定。

福利。旅行社按照国家规定的社会保险缴费比例为员工缴纳五险(包括养老、医疗、生育、工伤及失业保险)。每逢重要节假日发放过节费或者礼品以及每年都有一次带薪年假。

据笔者调查，该旅行社专职导游并没有底薪，而是按出团天数300元/天结算，大多数员工都是从事导游兼计调工作；而关于社保及公积金方面，公司仅帮总部部分员工缴纳80%的社保，没有公积金；而其他福利方面，员工享受法定节假日，每年有5天年假及一次出国旅游的待遇。

2. 员工的激励需求以及对激励机制满意度调查

为了了解南宁中旅员工的激励需要以及对激励机制的满意度，笔者向旅行社的总部部分工作人员以及部分门市部、分社人员发放调查问卷100份，收回95份，其中89份有效。该调查问卷根据马斯洛的需求层次理论设计相关问题。调查问卷数据统计参见表3.5。

表3.5　南宁中国旅行社员工激励需要及满意度调查统计表

维度	题号	各项所占百分比(%)				
		A	B	C	D	E
生理需要	1	7	55	30	8	—
	2	8	20	50	15	7
	3	12	45	38	10	5
安全需要	4	4	43	5	18	30
	5	4	35	11	30	20
	6	5	20	35	36	4
感情归属需要	7	40	30	15	10	5
	8	2	5	28	18	47

续表

维度	题号	各项所占百分比(%)				
		A	B	C	D	E
受尊重需要	9	35	48	12	5	—
自我实现需要	10	2	10	5	15	58
	11	5	20	48	19	8
综合	12	65	5	15	7	8
	13	38	25	4	30	3

如表3.5所示,南宁中旅员工激励需要排序为:生理需要>安全需要>自我实现需要>尊重需要>感情和归属需要;表中第2题、第5题、第6题、第10题和第11题分别调查了员工在薪酬、保险、福利、培训和自我实现方面的满意度。从表中数据中可以得出员工对于激励不满意度排序:安全需要(保险)(61%)>福利(59%)>自我实现需要(培训、晋升)(45%)>生理需要(薪酬)(30%)。综上所述可以看出,南宁中旅员工激励方面在员工保险需要、福利需要和自我实现方面是最需要改善的。

三、南宁中国旅行社员工激励存在的问题及原因分析

(一)激励体系单一,缺乏有效的精神激励措施措施

在调查研究过程中我们发现,南宁中旅员工激励措施主要依靠薪酬激励(即物质激励),并没有相应的精神激励措施与之配套,员工激励措施较为单一。造成这一现象的原因无疑是精神激励措施没有受到旅行社高层的重视,他们只专注于物质激励,在调查中,旅行社大多数员工希望能在工作上得到领导肯定,在员工的需求日趋多元化的现代企业中,员工越来越看重自我价值以及自我发展的实现。激励理论告诉我们,当员工的生理需要与安全需要得到满足后,他们会进一步追求感情归属、受到尊重和自我实现需要的满足。因此,作为旅行社的管理者,南宁中国旅行社在制定员工的激励制度时应该丰富多元化,根据员工的自身需要灵活地制定

相关激励措施，单一的激励方式无法满足员工需要的多样性和复杂性。

（二）间接薪酬不合理，缺乏基本的安全保障

安全需要是人的第二层次需要，俗话说"安居乐业"，这种需要主要体现为人们需要生命、财产安全有保障，生病、养老有保证。在薪酬激励中，南宁中旅主要是直接薪酬激励，即按底薪+提成+奖金的形式激励员工，但是在间接薪酬激励中尚不完善。在问卷调查中，有85%的员工认为福利项目太少，10%的员工认为一般，这可以看出员工对于福利方面满意度是很低的。笔者在走访中了解到，南宁中旅在福利方面，项目较少，这与旅行社目前经营的业绩及自身的市场发展是极其不符的。员工除了一年有5天年假及一次出国旅游的机会外，在节假日时期，并没有为员工提供过节费或者是发送礼品等福利，而且公司只为总部的部门员工缴纳"五险一金"，有60%的员工无法享受此项福利，这使得公司部分员工缺乏基本的安全保障。

（三）导游人员薪酬不合理

导游作为旅行社的重要组成部分，作为旅行社对外的重要门脸，导游服务质量的高低对旅行社的经营业务起着至关重要的作用，而旅行社对于导游的激励措施在企业发展中也显得尤为重要。旅行社中，导游的薪酬问题一直处于非常尴尬的位置。我国2013年10月1日实施的《旅游法》中第38条明确规定：旅行社应当与其聘用的导游依法订立劳动合同，支付劳动报酬，缴纳社会保险费用。而我国导游管理实行的是导游人员等级评定制度，导游员被分为初级、中级、高级和特级导游，这是国家激励导游员的方式之一，鼓励导游在取得初级资格证书以后，积极报考中级，并争取申报高级甚至特级导游，但是从现实情况来看，目前这种导游等级和导游的薪酬、福利并没有直接的联系。

笔者在访谈中了解到，南宁中旅并没有为专职导游人员购买社会保险，这不符合相关法规。而各等级导游拿到的导游补贴并没有差别，高级导游和初级导游拿着同样的出团补贴金，这造成了导游员没有得到相应的激励，这极大挫伤了导游人员考更高级别导游证

的积极性，制约导游员对自身发展，反过来也会影响旅行社服务质量的提升，使得旅行社的利益在一定程度上受到打击。

(四)员工职业技能更新缓慢，旅行社缺乏完善有效的培训机制

调查数据显示，南宁中旅有 75% 的员工没有参加过旅行社组织的培训，导游人员只有参加旅游行政部门组织的 IC 卡年审培训机会；而这些参加培训的员工认为培训内容与实际需要知识技能不符，这反映出了南宁中国旅行社对于员工培训方面还不够重视，没有充分利用员工培训这一激励手段，造成员工没有充分享受培训福利，使得员工的专业技能，综合素质在一定程度上适应不了社会发展需求及岗位要求。

究其原因主要旅行社高层并没有足够重视员工培训；此外，在实施培训过程中，没有对员工进行有效引导，采取强制性或命令性，导致员工对培训抱有抗拒心态，积极性不高，在增加的旅行社的经营成本的同时，也使得整个培训过程没有达到预期效果。

(五)忽视员工自身成长和职业发展

有调查显示，在南宁的导游队伍当中，导游对旅行社的忠诚度并不高。从业 1~2 年的导游的职业流动性很大，其中有放弃转行、徘徊观望及伺机跳槽的占大多数；从业 3~4 年的导游中有 14.55% 对职业感到很厌烦，想转行；而从业 5 年以上的导游中有近 1/5 的也感到职业怠倦，但迫于生计只能继续从事。这主要在于旅行社没有对员工进行职业规划。据调查，有 5% 员工希望旅行社关心其自身成长发展，而有 30% 的员工认为旅行社没有做到，这反映了旅行社在关心员工成长和职业发展方面做得不到位，这样最终导致员工消极怠工以致选择跳槽。

四、完善南宁中国旅行社员工激励的对策

随着我国旅游业的快速发展，广西旅游也凭借着其特有的旅游资源得到了蓬勃发展。从广西旅游局官网旅游数据统计中得知，如表 3.6 显示。

表 3.6   广西近年来相关旅游数据统计表

项目 \ 年份		2009		2010		2011 年上半年	
入境人数 （万人次）	同比增长率（%）	209.85	4.39	250.24	19.2	132.67	23.22
旅游总收入 （亿元）	同比增长率（%）	701	31.3	952.95	36	——	——

数据表明，广西旅游业在近年来得到了快速发展，不论入境人数还是旅游总收入都在明显增长；而在这样的机遇下，旅行社要想分得大一点的蛋糕，就必须提供优质的旅游产品和服务，才能在竞争中拔得头筹。而优质的服务来源于旅行社员工，旅行社在这样的市场环境中首先要注重员工的发展，只要快乐的员工，才会产生高质量的服务。因此，南宁中旅可以通过以下几种方式的实施完善员工激励机制。

（一）完善员工激励机制，物质激励与精神激励相结合

根据上文南宁中旅员工激励现状分析得出，该旅行社目前的激励措施主要是靠的薪酬激励与其他物质激励，基本上很少涉及更深层次的精神激励方面。根据马斯洛的需求层次理论我们得知，人类的需求是多方面多层次的，当基本的需求（如生理需要，安全需要）得到满足后，人们会更加追求更高层次如精神方面的需要（感情归属需要、受尊重需要和自我实现需要）。而激励我们常常也分为短期激励和长期激励，而基本需要的满足只能是解决当前人们的需求，但是却不能保证人们长期需求的发展。因此，只有做到长短期激励相结合才能达到理想效果，故企业在满足员工基本需要即物质需要的同时，还要关心员工在精神层次方面的需要，这样才能在员工激励方面得到长期的保证。根据这一理论分析，笔者设计了南宁中旅员工激励体系模型，如图 3.3 所示。

（二）构建完善的员工福利保障体系

完善的员工福利和社会保障制度对于吸引高素质人才和保留骨

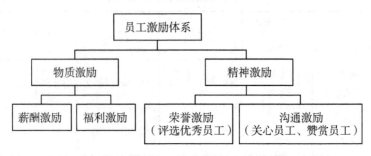

图 3.3　南宁中国旅行社激励体系模型

干员工具有非常重要的作用。福利项目设计与发放得好坏，直接影响了员工对企业的忠诚度。南宁中旅需要在福利薪酬方面做到：

（1）为员工购买社会保险。除了使员工获得合理的报酬之外，旅行社还应根据相关法律法规为员工提供相应的福利薪酬，如购买社会保险，解除员工的后顾之忧，为旅行社的持续发展不断提供动力和源泉。

（2）完善福利的实施方式。同样的福利，收到的效果会因不同的发放方式而有所不同。因此，旅行社应当充分考虑要如何发放福利才能最大限度地发挥其激励作用。如可通过等级福利制度与自助餐式福利来发放，即建议南宁中旅可以根据职务、工龄等不同级别设定不同的福利待遇，或者是根据员工自身需要，满足员工的多元化需求，推行"自助餐式"的福利模型。

（三）建立合理公平的导游人员激励制度

我国《旅游法》的实施，切实维护了导游人员的利益。而在对南宁中旅的导游人员的薪酬调查中，导游人员除了出团补贴并没有底薪以及相应的社会保险等，而各级导游得到的薪酬几乎是一样的，而相同的薪酬往往会降低导游人员的工作积极性和提高自身专业技能的主动性，影响旅行社旅游业务的利益。

笔者建议南宁中旅应根据我国《旅游法》的相关规定与导游人员签订劳动合同并支付合同规定的劳动报酬及购买社会保险；根据导游等级的不同设计不同的带团补贴，这样不仅能激励较高级别的导游人员积极工作，也能促使较低级别的导游人员不断向更高级别努力，这样能更大限度地提高整个旅行社导游人员的素质，促进旅行社社会形象的提高。

(四)加大旅行社培训投入，丰富培训方式

根据调查数据显示：南宁中旅的员工培训在满意度调查中是较低的，员工对培训感到不满意主要体现在：培训机会很少，培训设计不合理等。南宁中旅要转变观念，加大对人力资本投入的强度和对人才资源开发的力度，根据不同的情况采用相关方法，对旅行社员工需求以及员工自身各方面进行系统的分析，制订不同的员工培训方案。

(1)内部培训与外部培训相结合。内部培训主要包括针对新员工的岗前培训、在职员工的在岗培训以及发展性培训。面对着旅游业快速发展的现状，从业人员的知识需要及时更新，员工需要不断地学习来补充适应行业发展需要的新知识、新技能和新观念。而外部培训可以闲暇时，旅行社可以与同行之间或者与学校之间联合起来进行培训，可以做到校企合作，达到资源共享的效果。

(2)注重培训效果的评估与反馈。效果评估既是上一阶段培训效果的检测，也为改善下一阶段的培训提供重要依据。南宁中国旅行社可通过以下方式实施培训评估：通过结业考核来了解培训效果；通过问卷调查获访谈等形式了解受训者和上级主管人员对培训的评价。此外，还要将培训评估效果反馈给员工，使其看到自身不足，并进行改正。

(五)关注员工可持续发展，帮助员工制订职业发展规划

针对整个南宁市导游对旅行社忠诚度不高，流动率较大的现状，作为旅行社的管理者应该都要树立"以人为本"观念，关注员工的自身发展。人们总认为从事旅游业是"吃青春饭"的，这使许多员工产生了消极怠工行为，极大地影响了旅行社的发展。而南宁中旅要想充分利用员工的智慧，提高和发挥员工的积极性和创造性，就必须重视员工的职业发展，帮助员工制订适合自身发展的职业规划，促进员工与旅行社的共同发展。

(1)建立良好的沟通方式。加强与员工主动的良性沟通，站在

员工的立场上为其着想，了解员工的优缺点以及他们的兴趣爱好，在关怀中指导员工制定与之相吻合的发展模式。

（2）实行工作岗位轮岗制。同一岗位工作时间过长会使员工产生厌烦心理，而适当地轮换工作岗位可以使员工产生一种新鲜感，使员工不断接触新知识，从而提高员工自身的综合技能，充分挖掘员工潜在能力。笔者为南宁中旅设计了一种基于增加工作经验的员工换岗模型，见图3.4。

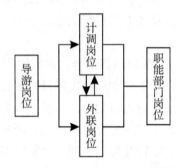

图 3.4　南宁中国旅行社员工岗位轮换模型

导游工作可以看作是了解旅游活动的开始，从事旅游行业的新员工可以通过导游工作来了解旅行社经营，锻炼员工的协调组织能力和独立解决问题的能力，经过一段时间的工作，可以将其轮换到计调和外联岗位。

结　语

随着广西旅游业的快速发展以及在建设旅游强省的有力政策条件下，广西旅行社的发展也面临着巨大的机遇和挑战。在国家颁布《旅游法》颁布之后，旅行社的发展将面临全面转型的需要，面对未来激烈的行业竞争，旅行社只有树立"人才就是生产力"的思想，加强人力资源管理，运用相关激励理论知识，从员工切身实际出发，制定适合本旅行社发展需要的激励措施，为旅行社的持续健康发展不断吸引优秀人才，这样才能在激烈的旅游市场竞争中立于不败之地。

第三节　酒店人才流失分析及对策研究

在经济快速增长和国际国内市场需求的拉动下，酒店业获得了突飞猛进的发展，钦州星级酒店发展也步入了快速发展的轨道。有关数据显示，2009 年钦州市旅游接待总人数为 404.17 万人次，2010 年上升到 477.8 万人次，同比上涨 18.19%①。钦州旅游市场不断完善，带动了酒店业的发展。从钦州第一家、广西第十二家五星酒店白海豚国际酒店，到正在建设中的希尔顿阳光酒店、钦州光大·北部湾国际大酒店，正在改建的金湾大酒店，这表明了钦州酒店业近年发展脚步在不断加快。然而酒店在发展过程中人力资源管理相对滞后，导致酒店人员流失率的出现，这给企业带来诸多问题，影响酒店的正常经营。据调查，钦州酒店业对基层员工的需求十分迫切，酒店留不住人的现象比比皆是，因此如何有效的对现有人力资源进行开发管理是值得潜心研究的一个问题。

一、钦州市星级酒店人力资源现状及其影响

(一)钦州市星级酒店的基本情况

根据国家旅游局 2005 年修订的《旅游酒店星级的划分与评定》注释，星级酒店是指经过具有相应职权的星级评定委员会评定的，能够以夜为单位向旅游客人提供配有餐饮及相关服务的住宿设施。

2009 年钦州市旅游接待总人数为 404.17 万，2010 年上升到 477.8 万人次，同比上涨 18.19%，2010 年旅游入境人数 24367 人；旅游市场的兴旺带动了酒店业的发展。截至 2010 年，钦州市共有星级酒店 20 家，其中五星 1 家，三星 12 家，二星 7 家，具体星级酒店如表 3.7 所示，酒店增长情况如图 3.5 所示。全市星级酒店共拥有客房数 2256 间，床位数 3970 张②。

---

① 数据来源：钦州市旅游局。
② 数据来源：钦州市旅游局。

表3.7 钦州市各星级酒店一览表

二星	广美商务酒店、钦州宾馆、金花茶饭店、钱庄大酒店、红树林大酒店、金都宾馆、新东园酒店
三星	金湾大酒店、正元大酒店、泉城大酒店、恒商大酒店、幸福大酒店、鑫兴大酒店、六峰宾馆、高岭商务酒店、嘉园酒店、财富大酒店、颐豪大酒店、诚义大酒店
五星	白海豚国际酒店

由表中可以看出，钦州市目前星级酒店呈梭形发展状态，高星级与低星级少，主要以中端的三星级酒店为主。

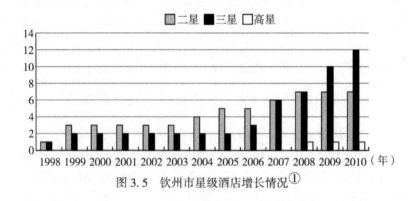

图3.5　钦州市星级酒店增长情况①

从图3.5可以了解到近几年钦州星级酒店的发展势头迅猛，2007年前都是以二、三星级酒店为主，2008年开始出现五星级酒店且三星级酒店发展较快。十二届区运会于2011年11月在钦州举行，期间将迎来大批运动员、教练员、各省市级嘉宾及观众游客等，接待人数将在16000人以上②。为进一步提升钦州整体接待能力，市政府出台了一套服务区运会宾馆饭店设施更新改造扶持暂行

———————

① 数据来源：钦州市旅游局。

② 国家旅游局. 中国旅游统计年鉴2009. 北京：中国旅游出版社，2009(11)。

办法，加快推进钦州宾馆饭店项目建设的步伐。政府出资 860 万元作为补助资金，鼓励钦州各酒店宾馆进行更新改造。2010 版新标显示：钦州在建五星级酒店 3 家，有意向在滨海新城建设五星级酒店 4 家①。钦州星级酒店中，独立设置人力资源部门的较少且人力资源管理相对落后，存在很多不足之处。

(二)钦州市星级酒店人才流失现状及影响

1. 钦州星级酒店人才流失现状

截至 2010 年，全市星级酒店直接从业人员 7878 人。基层员工大多是高中、中专及初中学历，中高层员工主要为大专生。钦州星级酒店员工学历较低，如白海豚国际酒店 423 名员工中，本科占 18.9%，大专占 61%，高中及高中以下学历占 20.1%，而高岭商务酒店 98 名员工中本科比例只有 5.1%，中专 15.3%，初中 79.6%②。

笔者通过对钦州市具有代表性的星级酒店进行现场走访和实地工作，初步了解到钦州市星级酒店人员流失率较高，如嘉园酒店现有员工 123 名，2011 年第一季度，离职人数 50 名，离职率高达 40%③。钦州市星级酒店人才流失率在 20% 左右，呈现出流失人员多、离职现象突出的特点。从层次上看，基层员工流失过快，中层留不住人，高层管理人员流失慢。由于酒店从业人员的学历水平普遍较低，因此具有高学历的员工就成为了酒店的支柱，但是，接受过高等教育的旅游管理专业的学生毕业后就职留任于酒店的较少。钦州学院是广西沿海唯一一所本科院校，据笔者了解，钦州学院 2009 届旅游专科毕业生中从事酒店工作的只有一人。2011 届旅游本科毕业生 111 名，其中酒店管理方向有 37 人；专科毕业生 34 名。据笔者了解，有意愿从事酒店行业的学生较少，酒店只作为毕业前的就业跳板，只因毕业前的有很多事务需要办理，而且学生认为酒店行业员工流动性最大，就业容易，离职也容易，因此他们选择钦州星级酒店作为暂时栖息地；把酒店作为终身职业的学生都会

---

① 根据国家旅游统计数据整理。

② 数据来源：根据白海豚国际酒店和高岭商务酒店提供的数据整理。

③ 数据来源：根据嘉园酒店提供的数据整理。

选择发达地区的高星级酒店发展。就离职类型来说，离职员工多为主动辞职或不续签劳动合同。

2. 钦州星级酒店员工流失的影响

保持适度的员工流动性能为酒店带来新活力，提高酒店工作效率，创造出新的价值。灵活性和适应性的提高酒店人员流动，会给在职员工产生一种无形的压力，从而增加其对工作的主动性和积极性。但是，过高的员工流动，无形中就变成了高人才流失。员工流失率过高，会带来一系列的问题，会影响钦州市星级酒店的核心竞争力的提升。酒店人员高流失率所带来的消极影响如下：

（1）经营成本增加。美国《财富》杂志曾研究发现：一个员工离职后，重新应聘，从应聘到顺利工作，替代成本就高达离职员工年薪的 1.5 倍。酒店在雇员离职后，为了补充空缺，要重新招聘雇员，这就要求酒店支付组织招聘的费用。据人力资源门户的网站 HR. com 的调查，招聘新人的人力资源成本大约是挽留雇员费用的 2 至 3 倍，而招聘一名雇员的人力资源成本与该雇员的职位及薪水高低成正比关系。招聘成功后，要对新员工进行培训，钦州市星级酒店在员工入职前的培训都是脱产培训，因此在培训期间，酒店支付工资，但员工对酒店不产生利益。

（2）服务质量波动。酒店员工，特别是优秀员工，他们在服务技能和服务意识上要比新员工强。一旦他们离职，新员工很难快速进入角色，服务技能和老员工有一定差距，达不到服务要求，服务质量必然下降。据观察钦州星级酒店员工在离职前，会怠慢工作，进而影响酒店的整体服务水平。钦州市星级酒店内部员工不足，当有大型宴会时，就会从钦州高校招聘临时工，他们不具备酒店相关工作经验，整个服务质量将大打折扣。

（3）客源流失。技能娴熟、服务意识和服务态度好的员工总会给顾客留下良好的印象，在平时的服务中与顾客建立友情，他们的离职很可能会影响顾客数量。酒店销售人员的离职，有可能带走一批顾客。

（4）酒店品牌损害。酒店的信誉是在长期的服务过程中形成的，酒店员工的服务态度、文化素质与稳定状况直接给社会公众及顾客带来整体的印象和评价。员工流失，服务质量不稳定，就会打破顾客对酒店的原有印象和评价。

二、钦州市星级酒店人才流失原因

(一)外部环境因素

国家提倡人才的合理流动，并采取一系列措施以促进人才合理流动。目前东部沿海城市群成了广东之外的又一个就业地选择。酒店业的发展为跳槽提供了经济基础和客观条件，酒店容量是决定人员流动的客观基础。现在全国各地每月都有新饭店开业，并且高档次、高星级、高薪酬的饭店也在不断增加，这就从客观上为人员流动提供了物质条件，这是人员高比例流动的根本原因。钦州的酒店业近几年来发展迅速，从第一家五星级酒店，到正在建设中的北部湾国际大酒店、希尔顿阳光酒店，正在改建的金湾大酒店。新酒店开业，职位空缺，造成行业之间竞争越来越激烈。

(二) 酒店内部因素

(1)职能部门不健全。据笔者调查，目前钦州市星级酒店中独立设置人力资源管理部门的较少，部门配备不齐全。在人员流动方面较少统计，人员招聘方面，缺乏规划性。

(2)员工薪资福利待遇较低。在钦州酒店业中，不同规模、档次的酒店之间差距较大，酒店之间、酒店和其他行业之间的劳动报酬存在差异。许多酒店员工把工资作为衡量自身价值的砝码，因此，一旦有较高工资职位，就会有离职的可能。钦州市福利待遇比不上发达城市，扣除五险一金后，工资在800~1000元。

(3)工作环境较差。酒店的硬环境和软环境会影响员工工作情绪，进而导致员工流失。酒店的装饰环境不好，员工面对着自己不满意的环境，就会产生厌烦情绪，久而久之就会因不满而要求离职。软环境，即酒店内部员工之间所创造的工作氛围。工作氛围好，团队合作协调，员工更愿意且会更卖力工作。

(4)激励机制不合理。钦州市星级酒店里的领班、主管大多是本地人，都满足于现状，因此基层员工晋升的空间就相对较少了；酒店管理职位有限、晋升空间不大，在一定程度上限制了具有较高学历和较强能力的员工的发展。加上岗位工作强度大，加班时有发生，而酒店并未有适当的加班补助做激励，挫败员工积极性。再有，钦州星级酒店的人才培训计划匮乏，员工职业生涯规划缺失。笔者曾经在钦州某家酒店任过职，通过亲身经历及向同事了解，酒店几乎没有给员工做过系统全面的酒店培训，没有特定的培训专员。从笔者走访的钦州具有代表性的星级酒店看，钦州星级酒店几乎都没有给员工进行职业生涯规划；特别是刚毕业出来的大学生，他们富有激情、能力和学识，可是酒店没有给他们进行职业生涯规划，没有以储备干部身份给予培养，且钦州的基础设施不齐全，很难留住人才。

(三) 个人因素

员工的流动和他们所要追求的人生理想、生活方式等密切相关，在一个单位得不到预期的发展，他们就会寻找更合适的岗位。30 岁后的员工，因为家庭原因，虽然薪资福利比不上发达地区，但易于满足现状，因此，酒店流失员工主要在 20~30 岁。

(1) 观念所致。人们觉得酒店业是伺候人的工作，低人一等，是吃青春饭的行业。酒店行业必须从基层做起，大学生觉得重复做简单繁琐的事情，与自己的学历等级不相符。在一家星级酒店从基层员工做起，凭自己的实力升到中层经理级，至少需要 5 年以上时间，他们觉得升职过程长。

(2) 谋求更好的发展空间。钦州市酒店业蒸蒸日上，随着经济的发展，高星级酒店不断涌现。新开业的酒店所有的设施设备都是崭新的，所以工作环境相对较好。"跳槽"的员工积累的工作阅历，还成为在新的星级酒店谋得"加官晋爵"的筹码。

三、钦州市星级酒店人员流失的应对措施

(一) 健全人力资源管理机制

(1) 做好人力资源规划和人才招聘。钦州星级酒店招聘没有计划性，只要能胜任本职工作就行，特别是在人员缺乏的时候，就会形成病急乱投医。星级酒店要制作详细的岗位职责说明，要根据酒店星级标准来招聘相应人才。钦州市高星级酒店目前仅白海豚国际

酒店一家，人才招聘这块可把重点放到两所高校。酒店在招聘时，应秉着双选原则。因此，人员招聘时，不但要了解应聘者的各方面条件，还要让应聘者了解其岗位的具体信息，在应聘者考量各种薪酬福利待遇及未来发展方向后，才对其进行聘用。

（2）加强理论知识和技能的培训。对在职员工进行培训是一种双赢策略，它是调动员工工作积极性、改变员工观念、提高酒店对员工凝聚力的一条重要途径；对员工而言，在培训中他们可以学习掌握新知识、技能，提高个人的管理水平，利于个人的职业发展。钦州市 2010 年开展的酒店服务技能大赛，恒商酒店代表在大赛中获得冠军，通过比赛，带动服务员提高自身技能，员工内部不断竞争发展。

（3）做好薪酬福利管理。美国心理学家赫茨伯格的双因素理论认为，保健因素能安抚员工、维持现状；要想调动员工积极性，激励员工，必须改善激励因素，只有这样才会增加员工的满意感。钦州市星级酒店都有五险一金，可是很多员工由于本身工资低所以不愿意购买保险。因此，我们要保障员工的其他方面的福利，据了解，钦州各酒店间员工饮食住宿存在很大差异。笔者在钦州市高岭商务酒店工作时，饭菜质量较差，早餐还有限制分量的情况。酒店应该在改善员工的饮食住宿条件，调动员工的积极性。

（5）帮助员工制定职业生涯规划。钦州市星级酒店都没有给刚入职的员工做职业生涯规划。刚毕业的大学生，希望在自己的事业上有所成就，需要职业生涯规划来指明事业生涯发展道路和努力的方向，减少职业选择和中途职业转向的盲目性。

（6）时常与员工进行沟通交流。人力资源部应该时常与员工进行心灵的沟通，了解他们对工作和生活方面的看法和需求，酒店要建立有效的内部多渠道沟通制度。追求和谐的组织氛围，有了满意的员工，才会有满意的顾客。

（二）酒店员工自觉提升综合素质

酒店员工面对激烈的市场竞争，要勇于跳出世俗观念，服务行业并不是吃青春饭的行业；只要努力工作，加上自身能力，社会阅历、工作经验越丰富，工龄越长，工资福利待遇越高。作为酒店员工，要遵守职业道德并且要不断提高自身职业素养与能力，把自己打造成综合型人才，从而得到级别晋升，薪酬待遇自然上涨。

(三)钦州星级酒店减少人员流失的辅助措施

(1)建立人才库。不断了解本行业人才供给情况，确定未来人才需求量。笔者走访钦州星级酒店后了解到酒店对人才学历层次进行"盘点"的较少。建立人才库能够了解酒店从业人员的学历层次和能力，了解哪些具有可塑性，对以后培养上层管理者有一定的帮助。同时欢迎优秀职员随时归队。有些员工离职后，因种种原因愿意重返酒店工作，酒店应热烈欢迎他们归队，使他们获得较强的归属感。

(2)实行一对一的师徒制度。新员工入职时虽经过岗前培训，但还不能马上适应，因此，需要一个老员工来带领，直到新员工能独立完成任务为止。师傅在带领学生时，言传身教，让企业文化通过潜移默化来转到他们身上，让他们感受到企业文化，促进员工与组织的发展。在钦州，笔者发现员工进入酒店之初，都得自己摸索，不懂的就自己向老员工请教，没有专门的老员工来带领，自己摸索上手较慢。

(3)做好离职前的沟通交流。员工离职从操作层面来说是员工离职管理的工作内容，从职能角度讲是企业员工关系管理的一个重要内容。

(4)加强校企合作，共同培养人才。酒店的非正式员工中很多是实习生，但实习时间较短，生员还未真正进入角色就返校了，从而成了酒店服务质量不稳定的因素。钦州市旅游管理专业学生选择实习单位时都舍近求远，因此，钦州星级酒店要建立稳定的酒店人才输送渠道，得实行酒店与学校合作，培养战略型人才。

结　语

随着钦州市经济的不断发展，各种高规格酒店不断涌现，酒店需通过加强内部的管理来降低员工流失率，同时应树立危机意识，认识到人员流失给酒店带来的不利影响，随时关心员工的身心健康和心理动态。当然，由于笔者对酒店业了解有限，掌握的数据不够全面，因此，对钦州星级酒店人才流失率的研究分析尚待深入，希望有识之士指点。

第四节　酒店实习生心理问题分析及对策研究

一、高校大学生酒店实习意义

改革开放三十多年来，我国旅游业取得了长足的发展，据世界旅游组织的预测，2020 年，我国预计接待 1.3 亿外国游客，将成为世界第一旅游接待国；中国入境过夜旅游者将达到 1 亿人次，国内旅游者将达到 28 亿人次。面对如此庞大的旅游市场，酒店业也将产生更大、更高的人才需求。旅游管理专业学生进入酒店实习是应用型人才培养的重要方式，是高校教学中必不可少的环节，是提高学生应用能力、创新能力的重要途径。

然而，学生在实习过程中，由于对专业实习的认识不够，往往会出现不同程度的焦虑、挫败感等心理问题。而这些问题在很大程度上也影响了学生的实习效果，也给学校以及酒店对实习生的管理带来了不少的困难。

二、学生在酒店实习不同阶段的心理问题及原因分析

本书采取了问卷调查法与访谈法的方式对钦州学院旅游管理专业 2010 级的 84 位去酒店实习的同学进行调查研究，在实习前、实习中、实习后发放调查问卷，以了解不同时期学生的心理变化，其中在钦州恒商酒店、高岭商务酒店、白海豚国际酒店实习的同学有 15 位，在北京北大博雅酒店、万寿宾馆等五家酒店实习的同学有 69 位，共发放了问卷 84 份，回收 80 份，有效问卷 80 份，回收率 95.24%。同时还通过面谈、网络联系等方式了解学生的实习动态，在此基础上分析学生在实习过程中出现的心理问题及原因。

（一）实习前的准备阶段

实习前的准备阶段主要是指学生知道了实习的安排，并且参加用人单位的面试，与实习单位进行双向选择并确定实习单位这一时

间，一般是在准备实习前的一两个月。在这一时间里，学生的情绪是复杂的，主要表现在：

1. 对实习地和工作产生向往但过于理想化

在学校由于学生和社会接触较少，对外面的世界充满了好奇，特别是选择了去北京实习的学生，大多数学生表现出强烈的向往之情，迫切地想去大城市见世面。在调查中，实习生在得知要去北京实习后，72%的同学表示出一种兴奋与期待状态，18%的同学表示无所谓的态度，10%的同学表示不想去。多数学生在实习前，对于酒店的了解仅限于课堂或一些电视剧等，对酒店没有真正、客观、全面的了解。由于电视剧的渲染，学生往往也只看到了酒店光鲜靓丽的一面，希望一进酒店就能进入管理岗位，对酒店和自己的期望值都过高，对基层工作的辛苦，对当地人的生活习惯，对酒店严格的规章制度等都没做好心理准备。

2. 对即将去陌生的城市产生焦虑

由于学校联系的大多数是北京的实习单位，2010级92位旅游管理专业的同学中75%的学生选择了去北京实习，很多学生都是第一次远离父母、亲人、朋友到一个陌生的环境，和一群陌生的同事生活。对于当地的气候、饮食、生活习惯等都有着不同程度的担忧。

3. 对自己的专业知识掌握不牢产生担心

在调查的学生中，当问及要去星级酒店实习最担心的问题时，76%的学生表示对专业知识掌握不牢固，不能很好对客服务表示担忧，究其原因，一方面在课堂上学生所学的星级酒店管理的知识对工作的每个细节都是有着很严格的要求，学生担心不能很好地把课堂知识充分应用其中。另一方面学生在学校学的都是理论知识，相比高职高专的学校，进行实际操作的课程较少，而酒店的很多实习生都是专科生或者高职生，对于技能性的东西都比本科生要擅长，学生担心受到他们的歧视与嘲讽。

(二) 实习前阶段

实习前期阶段是指学生到达实习单位进行岗前培训、分配岗位、初步上岗实习这一过程，一般为在实习单位的第一、二个月。

在这一过程中，学生的情绪最容易受到外界刺激，这一时期对于初次上岗的学生来说，在体力与心理上都要经受巨大的挑战。在这一阶段中学生的心理问题主要表现为：

1. 对角色的转变不适应

在酒店实习期间，学生要扮演者员工、服务员、下属、学生等多重身份。这与在学校时的学生、受教育者角色有很大的不同。他们往往会以学生的角度来要求自己和对待工作，以学生的思维方式来观察和分析事物，例如，在学校时，大多数学生都习惯了踩点去上课，而到了酒店各部门工作，如北大博雅酒店、好苑建国酒店等都要求员工至少要提前十分钟打卡到岗，下班推后十分钟打卡。学生在校时有迟到、旷课现象，而在酒店都有严格的考勤制度，无故缺勤都会受到处罚。在万寿宾馆还有着对员工行走时两人成排，三人成列的规定等。对于这些变化，很多学生都表示无法忍受，从而带来适应上的困难。

2. 对职位期望值高而被认同度低产生心里落差

酒店是独立的经济实体，以盈利为最终目的，因此酒店在对实习生的岗位分配上，往往根据外貌、身高等外在条件将学生分配到不同的岗位，而不是根据学生自身的能力、特长、意愿来分配岗位。这种分岗方式让实习生产生强烈的失落感与自卑感。据调查，大多数学生都选择去前厅部、客房部。而当问及是否去了自己理想的岗位时，只有35%的学生获得了自己理想的岗位，65%的学生表示没有得到自己的理想岗位。而在与同事的慢慢相处过程中，学生们也发现，很多上司或者同事的学历都比自己低，年龄也比自己小，却对自己"发号施令"，感觉大学白读了，一下子从天堂掉进了地狱，因而自信心动摇，对前途丧失信心，产生挫败感。

3. 对酒店复杂的人际关系感到不适应

大多数学生以前都是在家庭和学校里度过，在家里或者学校的时候，大多数学生都习惯性地把自己的委屈或牢骚向家人及同学倾诉，而到了酒店后发现，同事之间关系不好相处，时时得谨言慎行，刚开始到社会的学生都表现得无所适从。

（三）实习中期阶段

实习中期阶段是指学生从开始被单独分配工作并可以独立完成工作到通知实习结束前这一时间，一般是学生实习期的第三到第五、六个月。在这个过程中学生往往容易出现浮躁情绪，可能产生对工作的抵触心理。在这一阶段中学生的心理问题主要表现为：

1. 难以承受酒店的工作压力

在调查中我们发现当学生能够真正自己独立工作的时候正处于九月、十月份，而这段时间正是旅游的旺季，各大酒店也正处于比较忙碌的季节，学生的劳动强度必然会加大，如在北京唯实国际文化中心西餐厅实习的同学就普遍反映在酒店缺人手的时候一个得顶两个使，女的当男的使，加班也是家常便饭，还得经常承受领班或者主管的批评，他们的身体和心理上都承受着较大的压力。调查数据显示：只有5%的学生觉得自己的工作是轻松的，绝大多数的学生反映自己的工作很累，特别是在北京好苑建国酒店客房部实习的同学，在最忙碌的时候，一天工作量达到了十五间房，严重超出了自己所能承受的工作限度。

2. 对单调重复的工作性质产生厌倦

酒店工作规范化程度高，其提供的服务内容有较高的相似性。当学生工作流程逐步熟练后，学生们会发现酒店服务工作是一种机械的、枯燥无味、高强度的体力劳动，酒店员工加班加点、持续工作也是家常便饭。而酒店许多管理者也认为，人才培养是学校的事，酒店只是人才的使用者，无需花费太多的人力、物力、财力进行人才培养，加之酒店的人员流动性大，就算培养出来的人才也只是"为他人做嫁衣"。据调查，86%的学生都反映自己的工作是枯燥无味的，只有14%的学生觉得自己的工作是新鲜有趣的。而这14%的学生也基本上分布在万寿宾馆的销售部，唯实国际文化交流中心的前厅部，北京大学博雅国际酒店前厅部等相对轻松的部门。随着实习的进一步深入，学生对于实习的期望值得不到满足，工作热情和责任心也受到了影响，进而对实习工作产生了松懈与怠慢，甚至失去了对工作的热情及个人未来发展的信心。

（四）实习后期阶段

实习后期阶段是指学生即将结束自己的酒店实习，返回学校这一阶段。在这个阶段中学生对实习、对酒店业、对社会有了更深入的认识，对金钱观念也发生了一定的改变。主要表现在：通过实习，大多数学生表示，自己在动手能力、人际交往能力、为人处世能力等方面都得到了很大的提高。学生对酒店业都有了自己的看法与认识。只有 5% 的同学愿意毕业后留在实习单位工作，72% 的同学选择不愿意，23% 的同学选择视情况而定。而当问及毕业后是否愿意从事酒店工作时，只有 23% 的同学表示愿意，52% 的同学表示视情况而定。究其原因，首先，在北京实习的大部分学生表示，北京离家太远，毕业后想在离家近一点的地方找工作，在钦州实习的大部分学生则觉得自己本身毕业后也不打算从事酒店工作，完成实习任务就够了。其次，北方的气候、生活、文化差异确实与南方有很大的不同，大多数学生还是比较习惯南方的生活。再次，学生本希望通过专业学习自己能在高星级酒店的管理岗位上大显身手的，但是在实习过程中因各种原因没有得到自己理想的岗位，如果想继续从事酒店业，去自己想去的酒店部门发展，学生又必须从头开始，从基层的服务员做起。时间成本的再投入让他们做出了另谋职业的打算。

三、调适酒店实习生心理问题的对策

（一）从学校角度

1. 实习前加强对学生的心理教育与引导

实习前，学生对初入社会可能遇到的种种困难、问题以及不适是缺乏很好的了解与心理准备的，这也是造成学生实习时心理问题产生的重要原因之一。因此，学校要注意做好实习前对学生的心理辅导与教育工作，把解决学生实习适应问题与他们终身适应社会问题结合起来，引导学生从人生发展的深层意义上理解适应环境与超越环境的辩证关系。

2. 科学安排实习计划，注重培养学生的动手能力

酒店在联系实习酒店时，尽量选择在实习管理、培训方面经验

的丰富的酒店的合作。此外，在学校教学计划中，也可以适当地穿插一些实践教学，如与当地一两家酒店合作，在每个学期中有一两周实习课，让学生在酒店不同的岗位进行免费的工作、学习，或者鼓励学生利用寒暑假的时间在这些酒店进行勤工俭学等。这样一方面不仅能检验学生对课本理论知识的掌握程度，另一方面也能为今后外出实习做好心理准备。

3. 定期去看望学生，对学生进行积极地疏导

在实习过程中，学校应多联络、多关心、多疏导学生并定期地去看望学生。在调查中，70%的学生都希望老师能定期地去看望学生。在问及学生最希望老师多久来看望一次的时候，大多数学生都希望老师能每个月或每两个月去看他们一次。老师作为学生的坚强后盾，定期地去看望学生能发挥老师的"亲情"作用，让学生感受到老师的关怀，倾诉自己心中的不满与痛苦。同时，老师在与实习生的交流过程中，也要及时的发现问题，了解实习生的心理状态，并及时地与实习单位沟通，切实解决学生在实习中生活与工作中遇到的困难。

4. 及时总结典型案例

学生实习中所经历的事情是很好的教育材料，实习结束后，实习老师可以要求实习学生把实习过程中的感想、体会、见闻等写成总结，并从中抽取典型的案例汇编成册，进行经验交流，通过交流总结，能提高学生对实习问题的心理承受能力，有利于下次实习工作的顺利开展。同时，通过积累，把历次实习学生的经历汇编成册，成为以后参加实习学生的教材，为今后更加科学制定专业实习管理对策提供了重要的依据。

5. 利用同伴教育，做实习生的榜样

学校已经有了很多届外出实习经验的毕业生，发挥他们的作用也是解决实习生心理问题的有效途径之一。学校可以建立一个旅游管理专业的交流群，学生在群里可以结识与自己同专业的师兄师姐。一方面，毕业生作为师兄、师姐，会非常乐意用自己的亲身经历告诉实习生如何有效的度过实习期。另一方面，实习生对毕业生怀有亲切感、信任感，同时也能从毕业生身上看到自己的未来你的

职业发展方向。

(二)从酒店角度

1. 重视入职培训

酒店的入职培训对实习生的思想教育起着非常重要的作用。及时、规范、有效的入职培训是提升实习生自信心的一个重要的环节。它可以缓解实习生刚开始的焦虑与困惑情绪。一个轻松愉快的入职培训能让实习生快速地进入角色，融入企业，让实习生更容易吸收与了解酒店的文化与管理特色。

2. 改善管理方式

在实习生的管理方面，首先，酒店应给予实习生更多的尊重与关爱，多鼓励、多沟通，为实习生营造良好的人际关系环境，满足实习生的心理归属感。并定期的召开座谈会，帮助实习生解决生活及工作中遇到的一些困难。其次，酒店要端正对本科实习生的认识。目前一些酒店管理者认为本科生与高职、高专的学生相比，动手能力普遍较差，认为本科生的想法较多，不好管理。其实本科生接受的都是较系统、较全面的教育，专业知识方面的理论知识比较扎实。学习能力强、能够举一反三。因此，酒店应该用积极的态度去看待实习生，对本科实习生多加鼓励，让他们更大的发挥特长。

3. 为实习生提供良好的发展平台

酒店应及时了解实习生的需求，对有留职意向的学生，应根据他们的个人情况，尽量为他们提供发展空间。为实习生制订初步的职业发展规划，如实施轮岗制和职位见习制等。让能力突出，表现优秀的实习生担任见习领班或主管等，还可以让表现优秀的实习生提前转正，这不仅可以锻炼实习生的管理能力，也能很大程度的激发实习生的工作热情，增强学生毕业后留在实习酒店就业的决心。同时，酒店通过对学生实习期的磨合与观察，可以发现一些有培养价值、有发展潜力的梯队骨干，为企业储备管理人才。

(三)从学生角度

1. 提升身心方面的素质，做好吃苦耐劳的准备

现代企业对学生的沟通能力，组织协调能力、团队合作能力、独立处理工作能力，处理突发事件的应变能力、文字处理能力、语

言交流能力等都有着很大的要求。因此，学生在学校期间就应该有意识地加强这些方面的培训与锻炼，对自己严格要求，利用课余时间多参加一些课外活动及兼职，多接触社会，虚心求教，踏踏实实从基层做起，不断总结经验与教训，提高自己的心理素质。同时也要多加强体育锻炼，做好吃苦耐劳的准备。

2. 转变角色，提高自己的适应能力

学生在酒店实习中，应明确自己学生与员工的双重身份，尽快完成角色的合理转化。并要不断地调整自己的心态，不要患得患失，因小失大，要学会忍耐。同时也要严格要求自己遵守酒店的各项规章制度，向周围的领导及同事学习处理各种事情的方法，尽快融入到酒店基层员工这一角色中。

3. 要有长远目光，不要只看眼前利益

学生应端正对酒店业的认识，要有长远的目光，正确认识自己实习生的地位，要以学习和锻炼为主要目的，重视实践、重视阅历和经验，不要太在意现在的薪酬与福利的高低。

(四)从社会家庭角度

虽然现在很多经济发达地区对酒店从业人员的偏见有所改变，但在不发达地区，人们仍把服务员与低素质人员联系起来。许多家长都不愿意让自己的孩子从事酒店的工作。目前社会上对于酒店业的报道很多也都是负面性的，喜欢把酒店与黄赌毒联系起来。因此，政府在对酒店行业进行整顿的同时，也应积极地对酒店业行业的正面宣传，在政府的带动下，在媒体的宣传下，逐步改善社会大众对酒店业的偏见与认识。

结　语

学生在酒店实习期间出现的各种心理问题是普遍存在的，学生在酒店实习所出现的各种心理问题的调适，需要学生、学校、酒店、社会各方面的共同努力。如在学生实习期做好预防工作，在实习中做好疏导工作，在实习后做好分析总结工作。就可以将学生在酒店实习期间出现的心理不适降到最低，使之养成良好的心理素质，树立正确的职业观，为今后的职业发展打下坚实的基础。

第四章　旅游景区生态环境研究

第一节　旅游景区生态旅游环境容量的探讨

一、八寨沟景区生态旅游环境容量评价指标体系

八寨沟景区位于钦州西北五十多公里的十万大山腹地的贵台镇洞利村境内，$21°55'56''N \sim 2°08'58''N$，$108°09'13''E \sim 108°41'41''E$，南北长 11 km，东西宽 9 km，总面积 3262.22 hm²。该景区内有全新的沟谷景观、茂密的原始森林景观、河石景观与桂南地区的民风民俗等景观，而且空气清新，空气中负氧离子含量高达 16.2 万个/立方厘米，是城市中心区的几十倍，具有"天然氧吧"的盛名，非常适合开展生态旅游，是名副其实的生态旅游景区，2007 年 7 月被评为国家 AAAA 级旅游景区。

八寨沟是亚热带雨林、竹林，山涧、瀑布清澈生动，大小泉潭分布有致，有独特的原始森林、稀有的砂页岩山涧地貌、名贵的动植物物种。景区内有八公里长的砂页岩山涧地貌，八十多个大小各异的泉潭，九曲十八弯的人造月亮湖和松虬藤缠、兽走鸟鸣、遮天盖地的原始森林，还有猴子、野猪、果子狸、穿山甲、蟒蛇，以及各种飞鸟、各色各样的蜻蜓等昆虫类的动物资源，以及格木、紫荆木、铁棱格、观光木等植物资源。

本章针对八寨沟景区，运用综合推测法，从旅游生态环境容量、旅游空间环境容量、旅游设施环境容量、旅游社会环境容量 4 个方面来分析其旅游环境容量，并制定了八寨沟景区生态旅游环境容量评价指标体系，如表 4.1 所示。

表 4.1　　　八寨沟景区生态旅游环境容量评价指标体系

一级指标	二级指标	三级指标
旅游生态环境容量	生物组分环境容量	—
	非生物组分环境容量	大气环境质量 水环境质量 固体废物环境质量 声环境质量
旅游空间环境容量	景区游览环境容量	可游览面积 游览线路长度 每日开放时间 游人平均游览时间
旅游设施环境容量	旅游基础设施容量	停车场面积 交通设施 住宿设施 餐饮设施
	旅游公共服务设施容量	公厕 景观亭
旅游社会环境容量	旅游者心理承载量	游客投诉率 景观美度
	当地居民心理承载量	当地居民对旅游认知水平
	当地文化环境容量	旅游活动对当地文化习俗的冲击率旅游活动对当地生活方式的改变

二、八寨沟景区生态旅游环境容量的估算与分析

（一）旅游生态环境容量

由于生物组分环境容量的很难进行具体量化，而且八寨沟景区

内生态环境良好，植被丰富，各名贵植物都立有保护牌，游客游览几乎不会对景区内植物植被和具有观赏性质的山石造成影响和破坏，所以采用非生物组分环境容量对其旅游生态环境容量进行评价，主要包括旅游地大气环境质量、旅游地水环境质量、旅游地固体废物环境质量、旅游地声环境质量。

1. 大气环境质量

根据环保部门的测定，旅游区的八寨沟、万寿谷一带 SO_2 的浓度小于 0.007 mg/m^3，氮氧化合物的浓度小于 0.015 mg/m^3，大气污染物浓度达到国家大气质量一级标准；区域内空气细菌含量低，空气清洁度高，部分地区为无菌区；旅游区南部森林植被生长茂盛，森林覆盖率高达 91%，森林小气候特征明显，空气清新，经测定空气含负离子含量高达 65000/cm^2 个，空气环境质量优良，为一处天然氧吧；目前，旅游区境内和附近没有污染严重的厂矿企业，境内的空气环境没有受到污染，旅游区核心区域的空气环境质量达到了环境质量功能一类区的要求。虽然旅游区内有一定的农业生产活动，居民的生产生活对大气环境有一定的影响，但由于森林的净化能力很好，环境稳定，以目前的发展情况不足以对该景区大气环境产生威胁。

2. 水环境质量

旅游区内有八寨沟、万寿谷两条沟谷山涧和洞利河等比较大型的地表水系，其源头均位于十万大山的密林中，常年有水，水质优良。万寿谷、八寨沟两条溪涧沟谷位于旅游区南部，污染源少，森林植被茂密，自净能力很强，水质良好，常年流水潺潺，冬暖夏凉，水色清亮。经环保部门测定，其溶解氧的饱和率大于 7.5，高锰酸盐指数小于 2，COD（化学需氧量）≤15，BOD5（五日生化需氧量）≤3，NH3-N（氨氮）≤0.15，P（总磷）≤0.02，N（总氮）≤0.2，无重金属元素污染，水环境质量达到 GB3838—2002《地表水环境质量》的 I 类标准，水源未受污染，可直接饮用，是很好的源头水。另外，景区内建有两座地理式污水处理设施，各服务设施产生的废水通过埋藏在地下的排污管道排放处理，所以目前水环境质量不会影响其旅游业的发展，不会影响环境容量。

3. 固体废物环境质量

八寨沟游客一般只在景区内游玩观光，极少会选择在景区内住宿，所以产生的污染物主要是垃圾。景区内在固定点设有垃圾收集桶，垃圾定时由专人收集运送。但是游览过八寨沟的游客应该会发现，沿着景区内的游览步道分布的垃圾收集设备越往山顶方向就越少，甚至有些地方出现一公里找不到一个垃圾收集箱的尴尬局面，致使难免会有一些游客随手乱扔垃圾，且有些路段有垃圾长时间得不到处理，随地堆放的现象出现，久而久之，难免会成为该景区环境容量的瓶颈因素。

4. 声环境质量

旅游区内几乎无声环境污染，多为虫鸣鸟叫，有一定的居民生活噪音，还有部分交通噪音和农作噪音，但影响不大；区域内没有工矿企业和学校等噪声较大的单位。环境噪声均符合《城市区域环境噪声标准》（GB3096—2008）的一类标准。

综上，八寨沟景区的旅游生态环境容量的大小主要取决于其固体废物环境质量，但是目前还没造成污染的局面，只要景区稍加强管理即可解决该问题。

(二)旅游空间环境容量

1. 空间环境容量估算方法

考察空间环境容量的方法一般有线路法、面积法和卡口法。八寨沟景区大多为山林景观，虽然面积较大，但受到地形条件限制，许多地方游客无法涉足，只有少数几个石潭容纳少数人戏水，大多数景点游客只能沿游道游览。所以，八寨沟空间环境容量以游道测算法为主进行计算。游道测算法可以分为完全游道测算法(环行游道，无须原路返回)和不完全游道测算法(游客游玩结束必须沿途返回)。

2. 调查过程与结果

根据八寨沟景区游览路线分布情况，景区可分为上景区和下景区。笔者实地调查以景区或游道为单位，测量游道的长度，并详细记录正常情况下，行走各景点所需的时间及观景时间、沿途的休息时间，以游客数量居多的中青年游览速度和观景时间为参考，统计调查的具体结果见表 4.2。

表 4.2　　　　　　　　　景区空间环境容量调查统计

景点		游道长度/m	徒步时间/min	中途休息、观景时间/min	Σ/min
上景区	入口—孕子树	2360	40	20	60
	孕子树—入口	2300	35	15	50
下景区	孕子树—瑶池	3030	60	35	95
	瑶池—孕子树	3030	50	10	60

景区开放时间 8:00—17:00(共 9 小时)

3. 八寨沟空间环境容量计算

由于八寨沟上景区可不沿原路返回,为完全游道区,下景区目前只有一条主游览步道,是典型的不完全游道型景区,故上景区采用完全游道测算法,下景区采用不完全游道测算法进行测算。

完全游道测算法计算公式为:

$$日容量:C = M/m \times D$$

不完全游道测算法计算公式为:

$$日容量:C = [M/m + (m \times E/F)] \times D$$

$$年容量:An = \sum C \times A$$

式中:C——日空间环境容量(人次);

M——游道全长(m);

m——每位游客占用合理游道长度(m·人$^{-1}$);

D——周转率[D=景区全天开放时间/游客平均需要的游览时间(h)]

E——沿游道返回所需时间(min);

F——游览完景点所需时间(min);

An——为游道年空间容量(人次);

A——全年可游天数。

表4.2中的时间计算以min为单位，各游览时间取10位青年游览所需时间的平均值，30 s以下时间忽略不记入。由于游客占用合理游道长度(m)的变数较大，会在一定程度上影响环境容量预算测值，从而影响到生态环境保护。为减少此种因素对计算结果的不良影响，参考我国一些山岳风景区旅游环境容量计算时的取值类型，八寨沟景区旅游环境容量计算时人均占有有限长度取值为5m/人。由于游客游至孕子树已需60 min，从孕子树返回入口需50 min，所以下景区开放时间可认为是9:00—16:00共7小时。根据计算公式计算得上景区旅游空间容量为4575人/日，下景区旅游空间容量为1641人/日，排除季节天气原因，按年可游天数240天进行计算，得景区年空间容量约为149万人次。由于景区内有些地方可供游人下水游玩，所以实际年空间容量应该大于149万人次。

(三)旅游设施环境容量

1. 交通设施容量

八寨沟景区位于钦州市钦北区，距钦州市53 km，距南宁机场约100 km，上思至大寺的二级公路(20214国道)穿过旅游区，崇左到钦州的高速公路也横穿旅游区中段，交通区位优势明显，对外联系方便。但有些路段特别是接近景区的约10 km的路段有些太窄，只有5~6 m宽，车辆难以相向交错行驶，难以应付节假日车辆高流量的需求，成为景区交通的咽喉。

就停车场而言，景区门口处有一大型停车场，停车场面积约10000 m²，能满足旅游大巴、中巴和私家车等停车问题。按每辆车平均占用25 m²进行计算，综合考虑自驾车和旅游车载客量，各类车辆的平均载客量按15人计，最大周转率按3计，则日单向运输能力为18000人次。但是目前去该景区主要以私家车和旅游大巴为主，而每天由钦州市发往景区的公共汽车只有四趟且间隔长，有时还会碰上有去无回的尴尬场面，不能满足闲散游客的要求，大大限制了景区的游客量。

2. 住宿餐饮设施容量

据调查，八寨沟景区内目前床位数只56张，餐饮业营业面积约为300 m²，日接待旅游人数仅为150人次，接待游客容量较小。

但是来八寨沟旅游的游客一般不会选择在景区内住宿就餐，且距离钦州市较近，所以目前住宿餐饮设施不是影响八寨沟设施环境容量的限制因子，其接待能力远远大于住宿餐饮的条件要求。

3. 公共服务设施容量

根据调查，目前八寨沟公共服务设施严重不足，比如在有些较险峻的地段，道路只有 1~1.5 m 宽却没有安装安全防护栏，也没有设立安全标识牌，或设立的安全标识牌已模糊不清，没有及时进行更新；在整个游览过程中只有 3 座景观休息亭，休憩凳 10 多处，游客一般休息只能是席地而坐；景区门口处设有大型旅游公厕一座，约能同时容纳 70 人使用，但是在景区内只有正规小型旅游公厕 1 座，且分布在上景区，在下景区则没有设置公厕，远远不能满足游客的现实需要。故公共服务设施容量过小，成为旅游设施容量评价的制约性因素。

(四) 旅游社会环境容量

旅游业是八寨沟地区重要产业之一，根据调查了解，多数居民对旅游发展持支持和乐观态度。虽然由于八寨沟吸纳游客数量不大，如 2011 年、2012 年游客量分别为 10.3 万、11.6 万，旅游业并不能有效地提高当地的人均收入，改善人民的生活水平，但是居民对旅游者的接纳程度较高，可以认为，目前乃至今后较长一段时间居民心理承容量将不会构成八寨沟生态旅游发展的瓶颈。另外，该旅游业的发展并没有对八寨沟的文化环境造成严重的冲击，但是根据调查过程中采访的一些游客及游览过八寨沟的网民对八寨沟的态度则不容乐观，统一反映景区内旅游产品单一且旅游设施落后，管理水平有待提高，但表示景区环境质量好，对它的发展前景看好。

(五) 八寨沟风景区生态旅游环境容量分析

对于一个旅游区来说，最基本的要求是对空间容量和设施容量进行测算，对生态环境容量和社会环境容量进行分析。但是当旅游设施容量处于不能满足游客需要的情况下时，也就没有必要对其进行测算。生态环境容量的确定是一件复杂的事，如依据对景区污染物的处理能力，现有客流量早已超过景区生态环境容量；依据景区目前的污染水平和环境影响范围、程度，则现有客流量应还未达到饱和。生态环境容量的大小更多地受到人为管理水平及可接受的环境影响程度决定，在人数上具有很大的伸缩性。社会容量也具有同样特点。由于固体废物质量不达标、旅游者对景区不满意的态度等也主要是因为景区内旅游设施不足，所以根据八寨沟生态旅游环境容量的综合分析得出，八寨沟景区的旅游环境容量的综合值主要是由旅游设施容量决定的，得出其生态旅游环境容量偏小的结论，如表 4.3 所示。

表 4.3　　　　　　　生态旅游环境容量分析

生态旅游环境容量	生态容量	空间容量	设施容量	社会环境容量
结果分析	固体废物质量不达标	大于142 万人/年	公共服务设施不足	经济增长速度、景区管理水平等欠佳

三、八寨沟景区生态旅游环境容量问题及调控对策

虽然由于旅游设施容量偏小造成景区整体环境容量偏小，但目前八寨沟景区的游客年接待量都在 20 万人以下，远远没有达到空间环境容量阈值，所以在景区空间环境容量范围之内，应该完善旅游设施建设，并继续增加游客的接待量，以增加当地居民的收入，促进当地经济发展。

（一）完善旅游设施建设

加强景区内游览步道的安全防护措施，使游客能安全游；完善旅游设施建设，如增设公厕、景观亭等，使游客能舒适游；提高景区的垃圾处理能力，使游客更自觉地参与环保行动。另外，因为景区森林资源丰富，游客置身其中时有时手机没有信号，如遇突发事件时难以寻以支援求救，所以应增加景区的管理人员，或建设一定的服务站，服务游客。

（二）提高交通运输能力

增加周边居民进入景区的交通工具，多增设钦州市或贵台镇到

八寨沟的公共汽车路线，提高景区的可进入性。另外，建议景区修建环型游道，提高游客的分流速度。

（三）开发特色旅游产品和路线

开发新的旅游产品，打造特色旅游产品，是未来景区免遭淘汰、吸引游客的有效途径。如可调查游客对八寨沟景区旅游产品的需求状况，建造一些生态型旅游项目，让游客能真正参与到其中，使旅游从观光型向观光度假型转变。另外由于景区为山林景观，受地形条件影响和限制，许多地方游客无法涉足，游客只能沿着游道游览或观景，因此在景区内可适度开发游道支线，以增加景区的可观赏性。

（四）加大旅游产品市场营销力度

八寨沟景区应利用其优越的区位优势，其良好的生态旅游环境，采取有效措施，充分利用网络、电视等多媒体手段开展全方位的宣传促销工作，提高整体旅游形象和知名度。同时，应让当地居民更多地参与到旅游业的发展中来，如办一些特色的家庭旅馆，餐饮馆，专卖商店等，发挥当地居民的积极作用，营造更宽松的旅游环境。

另外，景区客流量时间分布差异过大，比如 2010 年"十一"的 5 天假期景区就接待游客近 4 万，超过了空间环境容量的合理值，但是该年全年的游客量却不足 11 万。所以在努力吸引游客的同时，也要注意游客的季节分流，比如采取门票预售的方式来控制一定时间内的游客数量，注意经济增长与环境的关系，不能以牺牲环境为代价来发展经济。

结　语

本研究通过实地考察、与有关部门沟通获得需要的相关数据，在大量阅读参考文献的基础上，通过对比分析最终确定了生态旅游环境容量研究的指标体系，并针对八寨沟景区的特征选用综合推测法对其环境容量的进行分析，得出八寨沟景区的空间环境容量大设施容量严重不足的结论。然而由于时间、能力等原因，有些数据精度还不够高，分析水平也有待提高。

第二节　旅游活动对旅游风景区土壤
生态环境的影响初探

　　党的十八大以来，"既要金山银山，也要绿水青山，绿水青山就是金山银山"的理念深入人心，在以往"可持续发展战略"的基础之上再一次对环境问题做出了新的阐释。随着我国经济水平越来越高，人们在追求物质生活的时候也会想要追求精神文化生活更上一个层次，这样一来，这个观念的转变就像是引擎一样给了旅游事业发展带来了动力，旅游产业一下子就变成了现下的第一大产业，所以旅游活动对环境的影响也随着时间的增加而愈演愈烈。土壤是生态系统的重要组成部分，同时也是对干扰反映极度敏感的环境因子，而且土壤性质的优劣程度对于在它上面生活着的生物有着重要的意义，从而也对周边环境甚至是一个区域范围里面的生态系统有着不可磨灭的影响，所以，环境的受影响程度的检测和环境生态系统可持续发展相关对策的提出也显得尤为重要，而本次的研究着手于实现上述的意义。

一、八寨沟风景区概况

　　八寨沟风景区地理位置为广西壮族自治区钦州市贵台镇洞利村境内，是钦州西北方向五十公里左右的十万大山腹地，地理坐标为108°26′E，21°11′N，同样也是钦州大寺江的源头河之一，属于十万大山支脉大龙岭北麓分水岭水系，北面与邕宁接壤，西北面与上思县、防城毗邻。景区在西东方向上跨地 9 km，北南方向上跨地 11 km，全部的占地面积达到了 3262.22 公顷。八寨沟景区里的植被基本是属于原生态的原始灌木林，分布了很多种类的稀奇树种和数百种珍贵的中草药，还有生长在酸性土壤上的马尾松林。八寨沟的气候属于亚热带季风气候，年平均气温在 21.3~22.4℃，最低温的月份为 18~19℃，最高温月份在 26.1~26.5℃；年降水量在 1800 mm左右，据资料年均相对湿度 82%，年平均日照时数 1783 小时。

二、研究方法

(一)研究内容

1. 研究旅游活动对土壤理化性状的影响

本研究以八寨沟为研究对象，采用室外取样调查的方法，对八寨沟风景区内主要游览步道的 5 个间距大致相等的样区进行土壤样本采集，对风景区近步道土壤环境的理化性状影响程度作出一定的分析。

2. 研究旅游活动对土壤重金属污染的影响

利用上述方法所采取的土样进行实验研究，得出八寨沟风景区内近步道的土壤中重金属含量的多少受旅游活动影响程度的大小进行分析。

(二)方案设计

八寨沟风景区为旅游山体，有游览所用的游人行走通道，每组土样的采取在沿着游览步道的两侧或景点垂直方向设置样区开始的采样(从游览步道算起，严格沿垂直方向取样，每个样区相隔约)，然后依照采样的每个样区如图 4.1 所示:

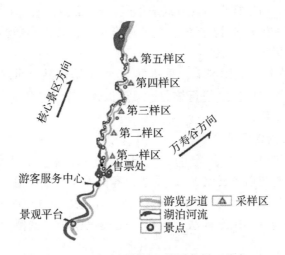

图 4.1　八寨沟风景区土壤采集样区分布

(1)样区中一共有 3 个不间断的 2 cm×3 cm 的小样方(样方长和步道保持呈水平),然后把挨着步道的样方标为 1 号,接下去的各个样方分别按照顺序标为 2,3 号。

(2)将与步道相邻的样方记为 1 号,其他依次为 2、3 号。再沿样区垂直步道方向,在未受干扰地(离 3 号样方 10 m 以内,没有踩踏土壤的痕迹并且没有植被的损毁)设置 2 m×1 m 的对照样方(样方长和步道保持呈水平)。如图 4.2 所示:

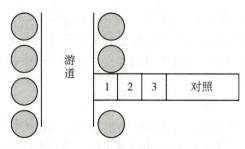

图 4.2　对照样设置方法示意

(3)每个样点采土深度,按照 20 厘米采样。因为地块大而地力不均匀,所以样点布设方式采用棋盘式(五点法)。

(4)每个样方用五点法,采取混合土样,装入小塑料袋,里外分别贴上标签。

(5)在每个取样区上,采集共 20 个土壤样品,回到实验室之后把土样按"四分法"进行缩分,最后保留 1 千克左右的混合样品,当做 1 个土样。

(三)测定方法

本研究中需要测定的值有土壤的 pH 值、阳离子交换量(CEC)、有机质含量(OM)、质地、容重以及重金属值,所使用的测定方法依次是:pH 值——电位法、有机质含量(OM)——稀释热法、质地——比重计法、阳离子交换量(CEC)的测定——氯化钡法等。

1. 土壤水分、容重、孔隙度的联合测定

采用环刀取土烘干的方法,在样区选择取样点,将环刀垂直压入土壤，等到环刀底孔有土壤出现即可用铁锹挖去环刀周围的土壤并用小刀削平环刀两端的残留土壤使环刀口的土壤与之齐平。盖上前后盖，在 105~110℃ 烘至 6~8 小时，称恒重。

2. 土壤有机质的测定

采用稀释热法，准确称取 0.5000 g 土壤样品于 500 mL 的三角瓶中，准确加入 1 mol·L^{-1}（1/6K$_2$Cr$_2$O$_7$）10 mL，转动瓶子使之混合均，然后加浓 H$_2$SO$_4$ 20 mL，将三角瓶缓缓转动 1 min，促使混合以保证试剂与土壤充分作用，并在石棉板上放置约 30 min，加水稀释至 250 mL，加 3~4 滴邻啡罗啉指示剂，用 0.5 mol·L^{-1}FeSO$_4$ 标准溶液滴定至近终点时溶液颜色由绿变成暗绿色，逐渐加入 FeSO$_4$ 直至生成砖红色为止。同时做空白。

3. 土壤质地的测定

采用比重计法，称取过 20 目孔径筛的风干土壤样品 50 g 于 250 mL 烧杯中，加少量蒸馏水湿润，然后用量筒 40 mL 0.5 mol/L NaOH 分散剂，先加约 20 mL 的分散剂入烧杯中，用带橡皮头的玻璃棒研磨 30 分钟，再将剩余的 20 mL 分散剂倒入烧杯中，继续研磨 1 分钟后倒入 1000 mL 沉降筒中，用蒸馏水少量多次的冲洗烧杯，定容至刻度 1000 mL，量取温度。塞盖后摇动悬液 1 分钟（上下各 30 次），然后立即开始记录精置时间读取比重计数据时，必须提前完成 15~20 秒，将比重计轻轻的放入悬液中。静置时间一结束，立即读出比重计数据。实验摇动悬液过程中易产生气泡，影响比重计刻度观测，可加滴数滴 95% 乙醇除去气泡。根据卡庆斯基相关原理，确定质地种类。

4. 土壤 pH 值的测定

采样电位法，称取通过 1 mm 筛孔的风干土 10 克两份，各放在 50 mL 的烧杯中，一份加无 CO$_2$ 蒸馏水，另一份加 1 mol·L^{-1} KCl 溶液各 25mL（此时土水比为 1:2.5，含有机质的土壤改为 1:5），间歇搅拌或摇动 30 分钟，放置 30 分钟后用酸度计测定。

5. 重金属的测定

采样原子吸收分光光度法，王水+高氯酸消解，原子吸收分光光度计测定。

6. CEC 的测定

采样氯化钡-硫酸交换法称，称取 60 目的风干土壤样品 2 g，放置到 100 mL 的离心管中，沿离心管管壁慢慢加入少量事先用按照 1：1 稀乙酸 pH 调节为 7.0 后稀释至 1 L 的 1 mol/L 乙酸铵溶液。用带橡胶头的玻璃棒搅拌 3~5 分钟，使悬液均匀，呈现泥浆状。然后再加入 1 mol/L 乙酸铵溶液至总体积 30 mL，用带橡胶头的玻璃棒再次搅拌均匀，用 1 mol/L 乙酸铵溶液洗净玻璃棒，溶液收入离心管中。以 3000 转/分钟的转速离心至下层土壤紧实，上层清夜弃去，再用 1 mol/L 乙酸铵溶液处理 3 次，重复上述操作。然后向离心管中滴加约 30 mL 的无水乙醇清洗残渣，离心；按上述操作反复清洗 4 次。接着将离心后的残渣用蒸馏水转移到 150 mL 的凯氏瓶中，悬液体积控制在 50~80 mL。最后向凯氏瓶中的悬液加入 1 g 氧化镁，加热蒸馏至 100~125 mL。用事先按每升水中加入 0.8 mL 浓盐酸，充分混合后用碳酸钠标准溶液标定配置好的 0.01 mol/L 的盐酸标准溶液滴定蒸馏液。同时做空。

三、结果与分析

(一)研究游人活动对土壤理化性状的影响

1. 旅游活动对土壤容重的影响

土壤的容重的数值表示土壤紧实程度，容重的数值大，土壤的紧实程度也大，八寨沟风景区近步道的土壤容重在受到旅游活动干扰的情况下变化不显著(如图 4.3)，以第三样区和第四样区表现突出，除开游人少这个方面以外，土壤容重的大小还受土壤含水量、孔隙度、海拔高度等影响，在多重因素的综合作用下，对于土壤容重的定义是较为困难的。

2. 旅游活动对土壤孔隙度的影响

本次实验中土壤孔隙度的测定结果是较为明显的，八寨沟风景区的土样孔隙度随着距步道的距离增大而增大，在近步道的采样点受到的踩踏、攀爬等旅游活动干扰强度大于远步道点。从图 4.4 中可以看出，每个样区在的土壤孔隙度大致上都呈现为随着距步道的距离变远而增大，以第五样区变化最为显著，从土样 1 的 58.9%到

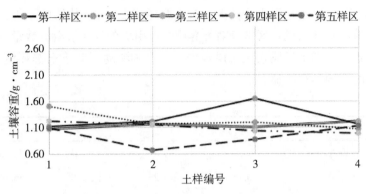

图4.3　不同取样点土壤容重

土样4的74.7%。虽第五样区整体大于其他四个样区的数值，但其他四个样区依然存在不同程度的增大现象。

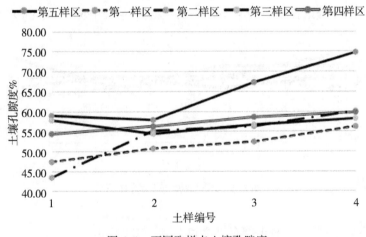

图4.4　不同取样点土壤孔隙度

3. 旅游活动对土壤酸碱度的影响

从图4.5分析可知，各取样点土壤的 pH 值显示均为强酸性土（pH<4.5），各个土样的 pH 值变化程度细小，数值在3.5上下浮

动。根据本次研究的土壤样例可看出 pH 值受旅游活动影响的表现不显著，这不是因为旅游活动对土壤环境中的 pH 值影响不大，而是由于八寨沟风景区本身对外界旅游吸引力的缺乏，游客数量相较于黄山、泰山等风景区来说很少，故旅游活动所对于土壤环境 pH 值的影响不算明显。

	1	2	3	4
容重/g/cm³	1.50	1.16	1.19	1.16
孔隙度/%	43.40	56.23	55.09	56.60
黏粒%	8.35	12.55	27.91	56.22
有机质/mg/kg	44.25	51.28	74.86	74.53
pH	3.5	3.6	3.6	3.6
CEC/mg/kg	6.71	10.91	10.14	12.46

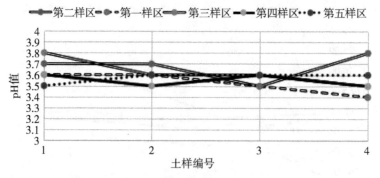

图 4.5　不同取样点土壤 pH 值

4. 旅游活动对土壤有机质和土壤 CEC 的影响

土壤中的有机质所指的是存在于土壤中的含碳有机物质，它的来源十分广泛，如枯萎凋落的植被、动物死亡以后的残体和微生物等。而土壤有机质属于土壤的重要组成成分之一，虽然它的占有百分数不大，但是它对于土壤生态环境情况的反应起着重要的作用。土壤的阳离子交换量（CEC）基本上代表了土壤保肥能力的高低，也就是土壤可能保持的养分数量，可对比所测得的有机质含量来看，两者变化趋势相似，越远离步道的土样受旅游活动影响越小而且植物生长茂盛所能提供的有机质越多，故阳离子交换量越高。土壤的阳离子交换量（CEC）可以对应土壤有机质来看，两者的变化趋势大致相似，同样都是随着土样离步道距离增大而增大。以第五样区的变化尤为显著，第五样区位于各样区中海拔最高处，其变化显著除开常规因素之外或还受到海拔高度的影响，有机质含量最高达 74.53 g . kg^{-1}，CEC 最高达 21.89 cmol（+）/kg。据图 4.6 所显示来看，无论是在哪个样区，有机质含量的大体趋势都是随着距步道的距离增大而增大，增幅在取样点 1 和 2 的变化不是很明显，而在土样 3 到对照样 4 的变化明显。由于样区挨近步道，因游客踩踏攀爬等破坏活动，使得土壤表面的腐殖质层逐渐变薄甚至消失，而且近步道的植被数量也在减少，土壤中有机质也随之减少。对照样 4 在较为远离步道的区域，受旅游活动的影响较小，而且乔木层生长繁茂，所产生的枯枝落叶能够提供的有机质也多于近步道的。

5. 旅游活动对土壤质地的影响

土壤质地可用土壤的黏粒子质量百分数来作分析，通过对近步道样区和远步道样区土壤黏粒的百分数进行对比可得出土壤黏粒百分数的变化大致上是距离步道越远的土样黏粒的百分数越大。由图 4.7 可知，大致趋势为远离步道的土壤采样点的黏粒百分数更大，第三、四、五样区的变化显著。

（二）旅游活动对土壤重金属污染的影响

	1	2	3	4	广西土壤背景值
锰/mg/kg	788.00	314.30	43.53	43.30	172.57
铅/mg/kg	18.69	10.35	8.96	8.88	24.00
镉/mg/kg	2.48	2.47	1.40	1.42	0.267

本次研究中所测定的土壤环境中所含的重金属有铅、镉和锰。在所采取回的土样中，进行混合后所得混合样共 20 个，对土壤环

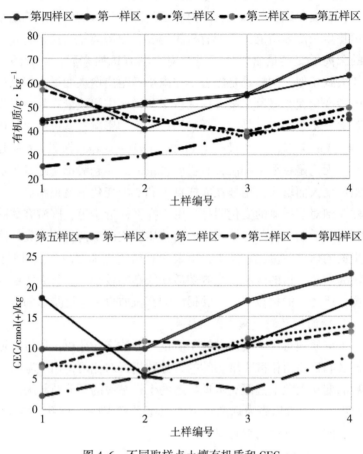

图 4.6　不同取样点土壤有机质和 CEC

境中重金属镉和铅的测定显示，两者分别有 11 个土样未检测出含量，而在对 20 个土样中锰含量的检测后显示结果为 20 个图样中都检测出锰含量，并且最高值高达 1743.76 mg/kg。铅的非自然来源中人来活动为主要的指标，旅游景区中多为游人活动所带来的塑料、废旧电池的分解进入土壤中，八寨沟风景区的 20 个土壤样本的检测为其中 11 个土壤未检测出重金属的含量，这表明土壤中铅含量受游人活动的影响不显著。而镉含量的检测与铅含量的检测大致上相同，在 20 个土样中共有 11 个未检测出镉的含量，证明镉含

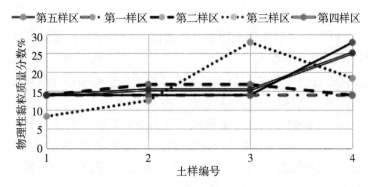

图 4.7　不同取样点土壤黏粒质量百分数

量受游人活动影响同样不显著。此外，在检测到铅和镉的土样中两者含量很小。但是在对锰的检测中发现，每个土样均检测出锰，并且数值非常大在对相关文献的查阅中发现，广西壮族自治区内锰的背景值相当高。广西是我国锰矿资源大省（区）之一，已探明资源储量 2.56 亿吨，保有储量达到 2.23 亿吨，占全国的 39.8%，居全国之首。广西锰矿平均品位低，矿石中磷、铁、硅等杂质含量较高，其中富锰矿（氧化锰矿石 Mn30%，碳酸锰矿石 Mn25%）的资源储量仅占全区总资源储量的 3.75%，比全国的平均比例 6.7% 还低。从而可以知道，八寨沟风景区的锰含量数值偏高与该区域内锰背景值密不可分。

四、结论

通过对八寨沟游览步道的土壤环境进行取样调查，测定其容重、孔隙度、pH 值、有机质、质地、阳离子交换量和重金属含量可知旅游活动对八寨沟风景区的土壤生态环境产生了消极的影响，有如下结论：

（1）在研究范围内土壤的孔隙度受旅游活动的影响较为显著，其大小随着距离步道的距离增大而增大，游人的踩踏攀爬等对近步道的土壤孔隙度造成了严重的破坏。

（2）在研究范围内土壤中酸碱度随离步道距离的变化而改变的

幅度较小，而是八寨沟风景区整体的旅游活动并不剧烈，故而对土壤环境中酸碱度产生影响较小。

（3）在研究范围内土壤中有机质以及阳离子交换量随着距离步道的距离增大而增大，不仅因为受到旅游活动的影响较小，而且远离步道处的乔木层生长繁茂，所能够供给的有机质也相应增多，也大大提升了土壤所可能保持的养分数量。

（4）在研究范围内土壤质地可用土壤的黏粒子质量百分数来作分析，通过对近步道样区和远步道样区土壤黏粒的百分数进行对比可得出土壤黏粒百分数的变化大致上是距离步道越远的土样黏粒的百分数越大。

（5）在研究范围内土壤容重的变化呈现不规律性，该项指标的影响因素较多，如含水量、孔隙度、海拔高度等，若需找出具体的规律，还需进行更深入的研究。

（6）在研究范围内土壤中重金属含量有多出未检测出，可以表明目前的旅游活动强度还不是很大。因为八寨沟风景区本身的知名度不高，故对外旅游吸引力不是很大。

五、讨论

通过本次研究发现八寨沟景区旅游活动对游览步道的土壤生态环境存在程度较小的影响，这是因为八寨沟风景区对于省外游客来说知名度不高，游客数量的多少直接影响到旅游活动的程度，但就目前情况看来，游客数量虽相较于泰山、长白山等著名的风景区来说较小，但30万人次的年接待游客数量也使得风景区步道由于游客的踩踏让步道两侧土壤变得紧实，而且近步道的植被也在减少。

在八寨沟风景去的不断扩建，其知名度不断提升的情况下游览步道周围的土壤环境保护是十分必要的行为，除了对游览步道的合理布局之外，还应对游览步道进行定期的检查并及时维护，还可以对游览步道安设围栏或安置警示标语来减少游客旅游活动对步道外缘土壤生态环境的破坏，真正意义上达到保护、改善生态环境，实现社会和经济的发展和自然的和谐统一。

此外，本研究只是在某一固定的时间对八寨沟的土样进行采样分析调查，故其特征的代表性不强，若要取得更加具有准确性的数据，更为对八寨沟风景区旅游产业有建树性的结论，则要进行长期的观察采样并建立模型去分析。

第三节　旅游景区不同海拔对土壤理化性状的影响探析

土壤是一种珍贵的和有限的自然资源，是各种成土因素综合作用的产物，是在特定环境条件下形成的，对自然植被的分布和演替、全球大气变化和热量平衡、降水在水陆的重新分配以及岩石圈的保护的影响很大。不同的成土环境造就不同的土壤类型，使土壤的理化性状产生不同差异，在分布上呈现出规律性。海拔高度主要是通过水分和热量条件的变化来影响土壤的理化性状，使其具有空间异质性。因此，很有必要的对其进行研究，了解土壤的分布规律，为土地资源的合理开发利用和生产发展提供参考。

文章采用实地调查、采集土壤样品和室内实验相结合的研究方法，定性和定量化描述土壤理化性状受海拔因素影响呈现的分异规律，为了解不同海拔的土壤理化性状、植物类型的分布，保护水土资源提供参考。

一、研究区

八寨沟景区位于钦州市西北面，距离钦州市约 50 公里，地理坐标为经度 108°15′26.1″N、纬度 22°06′25.8″E，最高峰海拔约500m，属于低山丘陵地貌，是十万大山北面延伸出来的一条支脉。该地属于南亚热带季风气候地区，受海洋和地形因素的影响，年平均气温为 21.3~22.4℃，最低温的月份在 18~19℃，最高温月份在26.1~26.5℃；年降水量 1203~2820 mm。该地花岗岩和页岩分布广泛，酸性红壤为该地区的地带性土壤。该地植被茂密、种类丰富，是桂东南植被保护得较好的地带，植被类型属于亚热带常绿阔叶林。

二、研究方法

(一) 野外调查与室内分析相结合

1. 野外调查

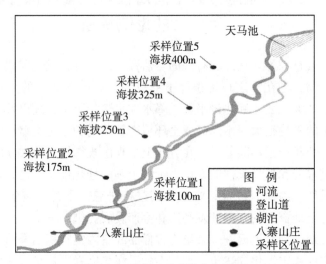

图 4.8　研究区及采样布点情况

野外调查采用望、闻、问、切相结合的调查方法，仔细观察与分析研究区域土壤的颜色、质地、结构、干湿度、紧实度、母岩、母质和植被状况等基本特征情况，对研究区域的土壤特性进行初步的判断。土壤样品的采集需要在实地调查、掌握研究区域土壤基本现状的基础上，根据土壤发生学和土壤垂直分异规律，并结合研究区域的特点，在 100~400 m 海拔高度范围内按照每升高约 75m 设置一个采样区域，并在每个采样区域内利用 100 cm³ 的环刀、环刀托、小铁锤、小土铲、削土刀、土壤袋、海拔仪等工具采集 0~20 cm 土层 4 个环刀原状土壤样品并记录每个采样区域的海拔高度。并以每个环刀土采集点为中心，利用梅花点法采集混合土壤样品 4 个留下约 500 g，装入土壤袋贴好标签，带回实验室进行处理。

2. 测定方法

(1)土壤容重、含水量和孔隙度的联合测定(环刀烘干法)

取从研究区采集回来的环刀原状土壤样品,称其湿重,并放入烘箱内在 105±2℃下烘 6～10 小时,冷却后称其恒重,去除环刀里的干土,环刀用滤纸擦拭干净,称重量,根据相关的计算公式即可计算出结果。计算公式如:

土壤容重=横重/环刀体积(g/cm^3)

土壤含水量(%)=[(湿重-恒重)/(恒重-环刀重)]×100

土壤孔隙度(%)=(1-容重/密度)×100

(2)土壤质地的测定(比重计法)

称取过 20 目孔径筛的风干土壤样品 50 g 于 500 mL 烧杯中,加少量蒸馏水湿润,然后用量筒 40 mL 0.5 mol/LNaOH 分散剂,先加约 20 mL 的分散剂入烧杯中,用带橡皮头的玻璃棒研磨 30 分钟,再将剩余的 20 mL 分散剂倒入烧杯中,继续研磨 1 分钟后倒入 1000 mL 沉降筒中,用蒸馏水少量多次的冲洗烧杯,定容至刻度 1000 mL,量取温度。塞紧瓶塞后摇动土液 1 分钟(上下各 30 次),打开沉降筒盖子,计时,离测定还有 1 分钟,加入去泡剂,沉降时间一到,放入比重计,迅速读数。根据卡庆斯基土壤质地分类表(表 4.4),确定质地种类。

表 4.4　　　前苏联的卡庆斯基制土壤质地分类标准

质地名称		物理性黏粒(<0.01 mm)含量/%			物理性黏粒(>0.01 mm)含量/%		
		灰化土类	草原土及红黄壤类	柱状碱土及强碱化土类	灰化土类	草原土及红黄壤类	柱状碱土及强碱化土类
沙土	松沙土	0～5	0～5	0～5	100～95	100～95	100～90
	紧沙土	5～10	5～10	5～10	95～00	95～90	95～90
壤土	沙壤土	10～20	10～20	10～15	90～80	90～80	90～85
	轻壤土	20～30	20～30	15～20	80～70	80～70	85～80
	中壤土	30～40	30～45	20～30	70～60	70～55	80～70
	重壤土	40～50	45～60	30～40	60～50	55～40	70～60

质地名称		物理性黏粒(<0.01 mm)含量/%			物理性黏粒(>0.01 mm)含量/%		
		灰化土类	草原土及红黄壤类	柱状碱土及强碱化土类	灰化土类	草原土及红黄壤类	柱状碱土及强碱化土类
黏土	轻黏土	50~65	60~75	40~50	50~350	40~25	60~50
	中黏土	65~80	75~85	50~65	35~20	25~15	50~35
	重黏土	>80	>85	>65	<20	<15	<35

（3）土壤酸碱度的测定（电位法）

称取过 20 目孔径筛的风干土壤样品 25.0 g（精确至 0.1 g）放入 50 mL 小烧杯中，利用量筒量取 25 mL 事先准备好沸腾后冷却至室温的蒸馏水和 1 mol/L 的氯化钾溶液加到烧杯中，用玻璃棒间歇搅动土液 30 分钟，让土粒充分解散；静置 30 分钟（静置过程中要注意防止土液被氨气或挥发性酸的污染），最后用酸度计测定土壤的酸碱度。

（4）土壤有机质的测定（重铬酸钾-浓硫酸外加热法）

称取过 60 目风干土 0.5000 g，放入干净的 50 mL 三角瓶中，准确加入 10 mL K_2CrO_4，摇匀，加入 20 mL 浓 H_2SO_4 摇匀，置于石棉网上冷却约 30 min，用蒸馏水稀释至 250 mL，充分摇匀后，加入 3~4 滴邻菲啰啉指示剂回滴，用 0.5 mol/L 的 $FeSO_4$ 溶液做回滴，观察溶液颜色由橙黄到绿色再到砖红色变化，颜色开始变为砖红色时停止滴定，记录使用的硫酸亚铁量体积，同时做空白。在测定样品的同时，每个批次做 2~3 个空白试验，取平均值。根据我国第二次土壤普查有机质含量分级表（表4.5）确定土壤有机质级别。

表4.5　　　我国第二次土壤普查有机质含量分级表

级别	一级	二级	三级	四级	五级	六级
有机质(%)	>40	30~40	20~30	10~20	6~10	<6

（5）土壤阳离子交换量的测定（氯化钡-硫酸强迫交换法）

称取经过 60 目的风干土壤样品 2 g，放入 100 mL 的离心管中，沿离心管管壁慢慢加入少量事先用按照 1∶1 稀乙酸 pH 调节为 7.0 后稀释至 1 L 1mol/L 的 CH_3COONH_4 溶液。使用带橡胶头玻璃棒搅拌离心管中的溶液 3 到 5 分钟，使土壤样品与 CH_3COONH_4 溶液混合，呈糊状，然后滴加 1 mol/L 的 CH_3COONH_4 溶液，使离心管中混合液的体积达到 30 mL，再次搅拌。以 3000 转/分钟的转速离心至下层土壤紧实，上层清夜弃去，再用 1 mol/L CH_3COONH_4 溶液处理 3 次，重复上述操作。然后向离心管中滴加约 30 mL 的无水乙醇清洗残渣，离心；按上述操作反复清洗 4 次。接着将离心后的残渣用蒸馏水转移到 150 mL 的凯氏瓶中，悬液体积控制在 50~80 mL。最后向凯氏瓶中的悬液加入 1 g 氧化镁，加热蒸馏至 100~125 mL。用事先按每升水中加入 0.8 mL 浓盐酸，充分混合后用碳酸钠标准溶液标定配置好的 0.01 mol/L 的盐酸标准溶液滴定蒸馏液。同时还要做空白对照实验。其计算公式如下：

$$CEC = [C \times (V-V_0)/(m \times 10)] \times 1000$$

上述的式子中 CEC 表示阳离子交换量；C 表示盐酸的摩尔浓度；V 表示滴定蒸馏液需耗费的盐酸毫升数；V_0 表示滴定空白液需耗费的盐酸毫升数；m 表示土壤样品重量。

(二)海拔高度分布

根据土壤发生学和土壤垂直分异规律原理，经过实地调查，对研究区进行分析，结合研究区的特点，在海拔 100~400 m 范围内，按照海拔高度每升高约 75 m 设置一个采样区域，共设置了 5 个采样区域，其海拔高度分别为：100 m、175 m、250 m、325 m、400 m。

三、结果与分析

(一)野外调查分析

经实地调查发现：(1)研究区域的成土母岩主要以花岗岩和页岩为主，石英含量很高，是在酸性母岩下发育形成的，结合当地土壤 pH 背景值较高的特点，初步判断该地区的土壤偏酸性。(2)随着海拔的升高，人类活动逐渐减少，地表植被的覆盖度也增加，枯枝落叶量增加，土层越厚。(3)海拔越高，受雨水冲刷影响越小，土层越厚。

（二）土壤物理性状分析

文章中土壤的物理性状主要分析土壤容重、含水量、孔隙度以及物理性黏粒这4项指标，经过室内实验测定的结果以及对实验数据进行复样取平均值的处理得到表4.6的结果。

表4.6　　　　　　　八寨沟景区不同海拔高度土壤物理性状

海拔高度/m	容重/g·cm⁻³	孔隙度/%	含水量/%	物理性黏粒质量分数/%
100	1.28	51.62	11.73	13.96
175	1.23	53.68	12.37	15.36
250	1.14	56.70	17.28	16.81
325	1.10	57.18	19.62	17.45
400	0.94	64.65	21.48	17.45

（1）土壤容重

土壤容重是田间自然垒结下单位体积土壤的质量，是土壤的一项很基本的物理性质，一般为 $1.2 \sim 1.4$ g/cm³，太小显得土壤过松，太大就显得过紧。土壤容重关系到土壤中的水分和空气含量，是制约植物根系伸展的重要因素。土壤容重是权衡土壤疏松程度和熟化程度的重要指标。

经过研究可知（表4.6和图4.9），研究区域内的土壤容重在 $0.94 \sim 1.28$ g/cm³ 之间变动，说明研究区域土壤比较疏松，有利于植物根系的伸展和植物的生长，并且受海拔因素影响变化明显，随着海拔高度的升高土壤容重呈现降低的规律，这可能与人类活动因素有关，研究区为旅游山体，经常有游客游玩，这可能会压实土壤，并且海拔越高，游览活动越少，地表植被覆盖度越高，枯落物受破坏的程度减少，有机质含量增加，使土壤容重出现海拔差异。另外，随海拔高度的变化，地表植被覆盖度的增加，土壤细粒物质受流水侵蚀减弱，淋失作用降低，这也是导致土壤容重出现海拔差异的原因之一。

（2）土壤孔隙度

土壤孔隙度作为土壤水分、肥力、空气和热量协调的场所，能

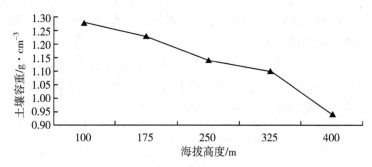

图 4.9　八寨沟景区不同海拔高度土壤容重

够反映土壤的疏松程度和气体的交换程度，是制约土壤通气、透水以及导热性能的关键因素影。土壤孔隙度也被作为评价土壤结构特征的重要指标。

从表 4.6 和图 4.10 可以看出，土壤孔隙度受海拔因素的影响呈现出与容重相反的规律，土壤孔隙度随着海拔的升高而递增，这与土壤容重的分析相吻合，应该是受到人类活动干扰所致。总的来说，土壤孔隙度变化范围为 51.62～64.65%，说明该地土壤较疏松，有利于植物根系的伸展和植物生长。

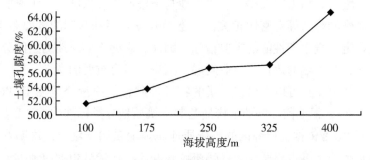

图 4.10　八寨沟景区不同海拔高度土壤孔隙度

（3）土壤含水量

水是植被生长必需的基本物质，土壤水是植被吸收水分的主要来源，土壤养分元素也必须溶于水中通过土壤才能被植物吸收利用，并且土壤酶和微生物只有在一定湿度环境条件下才维持其较高活性。此外，土壤含水量的多少也对土壤发育和熟化、肥力情况以及土壤的自净能力密切相关。

由（表 4.7 和图 4.11），研究区的土壤含水量在 11.73 ~ 21.48%范围内，各海拔高度之间差异较大，受土壤孔隙度的影响，随着海拔高度的升高土壤含水量逐渐增加。

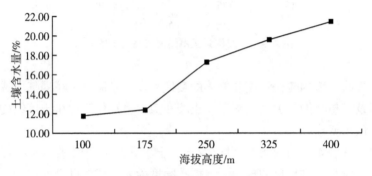

图 4.11　八寨沟景区不同海拔高度土壤含水量

（4）土壤质地

土壤质地是根据土壤的颗粒组成划分的土壤类型，一般分为沙土、壤土和粘土三大类。土壤质地与土壤通气、保肥、保水情况以及耕作的难易等有密切相关，是土地开发利用和管理的重要参考，是评定土壤生产性能的重要指标。因此，掌握土壤质地的空间分异规律，对土壤的改良、农业发展、灌溉等具有重要的意义。

从表 4.6 可以看出，土壤的物理性黏粒的质量分数在 13.96 ~ 17.45%，根据前苏联的卡庆斯基制土壤质地分类标准（如表 4.4 所示）为参考依据，研究区的土壤质地总体上是属于壤土，说明八寨沟景区的土壤水、肥、气、热协调较好，是比较理想的质地类型。

尽管八寨沟景区的土壤质地类型总的来说是壤土，由于受海拔因素的影响，土壤物理性黏粒质量分数有一定的差别，从图 4.12 可以看出，土壤的物理性黏粒质量分数随着海拔的升高呈现微小上升的规律。

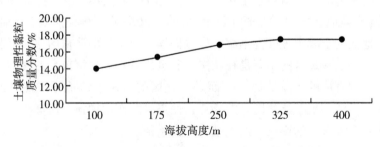

图4.12　不同海拔高度土壤物理性黏粒质量分数

(三)土壤化学性状分析

文章中土壤的化学性状主要分析土壤酸碱度、有机质含量和阳离子交换量这3项指标,经过室内实验测定的结果以及对实验数据进行复样取平均值的处理得到表4.7的结果。

表4.7　　　　　八寨沟景区不同海拔高度土壤化学性状

海拔	pH值	有机质/g·kg⁻¹	阳离子交换量/cmol(+)/kg
100	3.53	34.40	4.73
175	3.68	43.22	9.55
250	3.63	47.50	10.06
325	3.55	54.33	12.77
400	3.58	56.23	14.70

(1)土壤 pH 值

土壤溶液的酸碱度对植物的生长发育,大部分的植物在强酸、强碱的条件下很难正常生长。土壤酸碱度对酶的活性、微生物及植物生存和分布、有机质的分解和转化以及锌、磷、钙、镁、铁等营养元素的有效性等密切相关。在我国,土壤的酸碱度也存在明显的空间分异规律,总体上来讲,南方地区土壤偏酸性,北方土壤偏碱性,从沿海地区到内陆地区土壤由酸性逐渐过渡到碱性。

由表4.7和图4.13可知,土壤的酸碱度值在3.53~3.68范围内,变化较小,受海拔高度变化影响很小。另一方面,每个海拔高度的土壤酸碱度值均小于 4.5，土壤偏酸严重。参照朱鹤健等编著的《土壤地理学》（第二版）第 45 页的《pH 划分土壤类型表》可知，该地区的土壤为强酸性土壤。导致该地区土壤偏酸严重的原因可能为：一是该地区的土壤是在花岗岩和页岩等石英含量较高的酸性岩母质发育成的土壤。另一方面是该地区的气候该地地处亚热带地区，高温多雨、湿热同季的特点，使得淋溶作用加强，盐基离子淋失；南方酸雨的影响，使土壤的酸度增强。

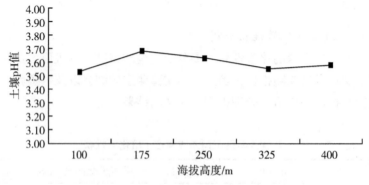

图 4.13　八寨沟景区不同海拔高度土壤 pH 值

（2）土壤有机质

土壤有机质是土壤重要的化学性状，直接反映土壤的肥沃程度。虽然土壤有机质的含量占土壤组成很小，但却对土壤的发育和熟化过程产生巨大作用，影响氮、硫及磷等养分元素的供给及土壤的缓冲能力。研究表明，研究区域土壤有机质的含量在 34.40～56.23%，有机质含量较高，各海拔之间差异显著，土壤有机质含量随着海拔高度的升高呈现增加的规律。

（3）土壤阳离子交换量

土壤阳离子交换量是土壤的一个非常重要的化学性质，其含量可以直接反映土壤的保肥供肥能力以及缓冲能力。因此，土壤阳离子交换量常常被用作土壤资源质量的评价指标，和土壤改良、施肥的重要依据之一。

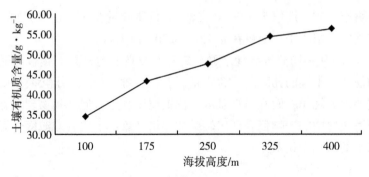

图 4.14　八寨沟景区不同海拔高度土壤有机质含量

由表 4.7 和图 4.15 可以看出，土壤阳离子交换量受腐殖质胶体特性的影响，受海拔因素影响变化显著，与土壤有机质含量呈现出同样的变化规律。土壤阳离子交换量随着海拔高度升高而递增。从总体来看，该地区土壤阳离子交换量在 4.73~14.70 cmol(+)/kg 范围内，差异极大，说明土壤的保肥能力和缓冲能力偏弱，容易受到破坏和污染。

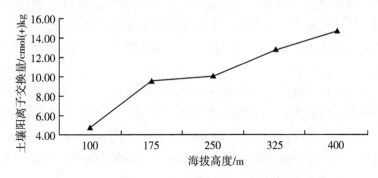

图 4.15　八寨沟景区不同海拔高度土壤阳离子交换量

四、结论与讨论

(一)结论

(1)从八寨沟景区的整体出发，土壤容重在 0.94~1.28 g/cm^3；孔隙度在 51.62~64.65%；含水量在 11.73~21.48%；土壤质地为沙壤土；酸碱度值为 3.35~3.58；有机质含量在 34.40~56.23g/kg 范围内；阳离子交换量在 4.73~14.70% 范围内。

（2）从不同海拔高度来看，随着海拔高度的升高土壤容重递减的规律；土壤的孔隙度、含水量、有机质含量和阳离子交换量则呈现递增的规律；而八寨沟景区总体上属于壤土，但是其物理性黏粒受海拔递增的影响仍表现出轻微的递增现象；土壤的酸碱度受海拔因素的影响变化不大。

（二）讨论

土壤是各种成土因素综合作用的产物，具有明显的空间分布规律。本章所研究的八寨沟景区 100~400 m 范围内土壤的容重、孔隙度、含水量、有机质含量以及阳离子交换量受海拔因素的影响变化显著，土壤物理性黏粒受海拔因素的影响变化较微小，而土壤的酸碱度值随海拔因素的影响无明显变化。文章研究结果与吴鹏等对纳雍珙桐自然保护区以及黄群山等对武夷山的研究等结果相似。

吴鹏等对纳雍珙桐自然保护区土壤理化性状研究的结果表明随着海拔高度的变化，土壤容重呈现降低规律，土壤孔隙度、有机质、含水量随着呈现递增的规律。文章的研究结果与上述结果相似，原因可能是由于八寨沟景区海拔越高处受人为干扰程度越小，地表植被覆盖度越高以及峡谷地形，海拔越低受雨水冲刷越严重等造成。

八寨沟景区的土壤质地总体上也属于壤土，但是物理性黏粒随海拔高度的升高却呈现升高的规律，这一结论与黄群山等研究武夷山的结论略有不同，这与八寨沟景区土壤有机质含量分布以及随海拔高度的升高，地表植被覆盖度增加，土壤细粒物质受流水侵蚀减弱，淋失作用减少有关。

本章对土壤酸碱度的研究结果与魏新等秦岭火地塘不同海拔梯度土壤理化性质研究结果、杨淑贞等对浙江天目山土壤理化性质的海拔梯度格局的研究等许多学者对不同地区海拔高度对土壤理化性状中的酸碱度研究结果不相同。八寨沟景区的土壤酸碱度随海拔高度的变化无明显规律，主要是由以下两方面原因导致的：一方面是该地区的土壤是在花岗岩和页岩等石英含量较高的酸性岩母质发育成的土壤。另一方面是该地区的气候该地地处亚热带地区，高温多雨、湿热同季的特点，使得淋溶作用加强，盐基离子淋失；以及南方多酸雨、土壤酸度背景值高，使土壤的酸度增强。

八寨沟景区土壤阳离子交换量随海拔高度的升高表现出递增的规律，这一结果与朱芳等做旅游活动对武当山风景区生态环境的影响研究结果相类似，是受到人为干扰、土壤有机质含量和土壤物理性黏粒分布等因素影响。

综上所述，八寨沟景区土壤理化性状指标除土壤酸碱度随海拔无明显变化外，土壤容重、孔隙度和黏粒含量等其他6项指标均呈现明显的海拔变化规律，这是多种因素共同作用的结果。因此，海拔因素是影响八寨沟景区土壤理化性状分布规律变化的重要原因，通过对不同海拔高度的系统监测，可以更科学、合理掌握八寨沟景区土壤的空间变异性，为保护八寨沟景区森林生态环境提供科学的参考依据。

第四节　广西北部湾红树林土壤生态环境特征初探

红树林作为浅海上一道亮丽的风景，享有"海水淡化器"、"海上森林"、"海岸卫士"等美誉。作为当今海岸湿地生态系统唯一的木本植物，红树林起到了海岸森林的脊梁作用，具有护岸护堤、调节气候等功能。对于抵御海潮、暴风浪等自然灾害以及维护和改善海湾、河口地区的生态环境具有不可替代的作用，同时红树林为海洋的浮游生物提供了良好的生长，栖息的场所。吸引着大量海鸟、鱼、虾、蟹、贝等生物来此觅食栖息，繁衍后代。另外红树林也为当地旅游业发展提供了极高的科考、观赏、经济等价值。

但是，随着经济的发展以及沿海滩涂的破坏，红树的种类、规模以及健康程度均呈下降趋势，文章以广西北仑河口红树林自然保护区为研究对象，选择土壤理化性状及土壤重金属污染为评价因子，对广西北仑河口红树林自然保护区红树林土壤生态发育进行较系统的分析与评价，对于沿岸红树林的保护具有重要意义。

一、北仑河口红树林生态环境特征研究方法

（一）方案设计

在北仑河口沿着岸边寻找具有代表性的 6 个研究区，每个取样区域距离控制在 150~200 m 范围，其中，研究区 1 和研究区 5 选择在游人观赏位置，目的是为了了解人为干扰对红树林土壤发育的影响。采用梅花形布点法采集 6 个土样，将其放入纸袋之后拿回实验室进行了称重。剔出土壤毛面的同时保留土壤剖面的完整性，土样的采取要由下自上避免污染，而且要将所取的环刀土样与混合土样区分开来，样品不应少于 0.5~1 kg，但是为了提高实验数据精确性，当遇到含大量石块的时候应采样 2 kg 以上。

（二）测定方法

1. pH 值的测定（电位法）

称取 20 目风干土样 25g 放入 50 mL 小烧杯中，再用量筒加入 25 mL 的蒸馏水，随后用玻璃棒间歇搅拌 30 min，静置 30 min 后，最后用酸度计测定。

2. 土壤质地的测定（比重计法）

称取 20 目的风干土样 50 g，放入 500 mL 干净大烧杯中，用少许水湿润，然后用量筒量取 40 mL 0.5mol/LNaOH 分散剂，首先将 20 mL 左右的分散剂加入烧杯中，用带橡皮头的玻璃棒研磨 30 min，其次将剩余的 20 mL 分散剂倒入烧杯，再继续研磨 1 分钟后倒入 1000 mL 沉降筒中定容至刻度 1000 mL，量取温度；塞盖后上下摇动悬液 1 分钟后，静止 5 分钟，然后转入 1000 mL 沉降桶中，用少量蒸馏水洗入沉降桶，最后定容 1000 mL，用温度计量取温度，秒表计算沉降时间，在量取密度前 30s，在沉降桶放入比重计，读取读书，计算悬浊液密度，最后根据卡庆斯基相关原理，确定质地种类。

3. 阳离子交换量（CEC）的测定（氯化钡法）

称取 60 目风干土样 0.5g 放入的离心管中，然后加入 10 mL $BaCl_2$ 溶液中搅拌 4 min，放置于 3000 r/min 的离心机上离心 10~15

min，倒完上层的上清液后再加入 10 mL BaCl$_2$ 溶液，重复上述操作，然后加入 10 mL 蒸馏水搅拌离心，继续倒尽上清液后用天平分别称土重和管重，随后加入 15 mL 0.2 mol/LH$_2$SO$_4$ 溶液搅拌 10 min 后再静置 20 min 离心沉降，最后将上清液移至锥形瓶，加入 5 mL 0.2mol/LH$_2$SO$_4$ 溶液和 1 mL 蒸馏水，再滴入 2 滴酚酞指示剂，用 0.1 mol/L 标准 NaOH 溶液滴定，同时做空白对照组，观察其发生的变化并记录下来。

4. 有机质含量的测定（稀释热法）

称取 60 目风干土 0.5g，放入干净的 50 mL 三角瓶中，必须准确加入 10 mL K$_2$CrO$_4$ 和 20 mL 浓 H$_2$SO$_4$ 摇匀，然后置于石棉网上冷却 30～35 min，再用蒸馏水稀释至 250 mL，充分摇匀后，加入 3～4 滴邻菲啰呤指示剂回滴，用 0.5 mol/L 的 FeSO$_4$ 溶液滴定，观察溶液颜色由橙黄到绿色再到砖红色变化，颜色开始变为砖红色时停止滴定，记录使用的硫酸亚铁量体积，同时做空白对照组。

5. 土壤镉、铅、铁、锰、铜的测定（原子吸收分光光度法）

王水—高氯酸消解，原子吸收光谱法测定。

二、结果与分析

（一）广西红树林土壤发育特点文献调查

经查阅中山大学蒲杨婕编写的博士论文《海南岛红树林群落及其景观格局演变》资料来看可以在表 4.8 得出：木榄林生长的土壤多为壤质—粘质，盐分含量较高，土壤有机质丰富，速效氮，速效磷的含量均高于红海榄纯林，红海榄纯林生长的土壤多为壤质—粘质，盐分和土壤有机质含量比木榄林低，但均高于海榄雌林生长的土坡，桐花树林面积最大，分布最广，土壤为沙质壤土，盐分及有机质含量差异较大，速效氮含量与秋茄树土壤速效氮含量相差不大。秋茄树林生长的土壤多为壤质砂土或沙质壤土，盐分和有机质含量较低，海榄雌林面积也较大，土壤为沙质，盐分、速效氮、速效磷和有机质含与其他四种树种相比最低。

表 4.8 红树林土壤发育特点

土壤养分	海榄雌林	秋茄树+海榄雌林	桐花树+秋茄树+海榄雌林	红海榄纯林	木榄林
有机质(%)	0.699	1.261	1.960	3.924	4.384
全氮(%)	0.015	0.029	0.053	0.138	0.250
速效氮(%)	24.2	46.7	56.8	149.0	220.0
速效磷(%)	2.12	2.51	8.41	12.30	15.90
盐分总量(%)	0.06~1.04	0.28~1.04	0.42~2.04	1.63~1.96	3.57
土壤	沙质土	壤质沙土	沙质壤土	壤土—粘土	壤土—粘土

（二）红树林土壤理化性状分析

红树林生长土壤的显著特点是 PH 较低的酸性土壤，由表 4.9 可以看出研究区土壤平均 PH 仅为 4.16，最高值为 5.04，最低值为 3.43，研究区 2、4、5 土壤 PH 偏高；沙壤土通气性好，透水性强，有利于红树林根系的发展，研究区 1 土粒质量百分比最低，仅为 8.35073%，最高的是研究区 4，为 18.18182% 其他研究区相差不大。

表 4.9 土壤理化性状

采样区	pH	黏粒 /(%)	土壤有机质 （g/kg）	阳离子交换量 （cmol/kg）
采样区 1	3.45	8.35	21.78	5.77
采样区 2	4.78	15.36	37.83	8.04
采样区 3	3.43	15.36	23.53	0.56
采样区 4	4.68	18.18	37.01	4.50
采样区 5	5.04	15.36	19.49	5.30
采样区 6	3.60	12.55	28.07	0.26

土壤有机碳含量平均为 16.22 g/kg，最大值为 21.95 g/kg，最小值为 11.31 g/kg。土壤有机质含量平均值为 27.95 g/kg，最大值为 37.83 g/kg，最小值为 19.49 g/kg。研究区的土壤都属于高肥力

土壤，但是研究区 2 和研究区 3 土壤有机碳含量明显高于其他四个研究区的土壤有机碳含量，说明这两处红树林生长比较茂密，落叶堆积较多土壤中微生物分解成土壤有机质。而研究区 5 土壤有机质含量最低，说明该处红树林生长相对稀疏，落叶被土壤中微生物分解成土壤有机质较少。

土壤中阳离子交换量的多少与土壤肥力高低成正比关系，由表 4.9 可以分析出研究区阳离子交换量平均为 4.07 cmol/kg。其中，研究区 2 阳离子交换量最高为 8.04 cmol/kg，研究区 6 离子交换量最低仅为 0.26 cmol/kg，说明研究区 2 中土壤肥力最高，研究区 6 土壤肥力最低，此外阳离子交换量也与土壤质地的粗细有关，质地越细，交换量越高，由此可以反映出研究区 2 土壤质地最细，研究区 6 土壤质地最粗。(以上重新条理，查阅参考文献)

(三)北仑河口红树林自然保护区土壤重金属现状分析

(1)由表 4.10 可知，在研究范围内北仑河口红树林自然保护区锰的含量普遍偏高，检出范围是 95.86 mg/kg ~ 424.46 mg/kg，对照广西土壤锰的背景值，锰的超标率达到 50%，其中采样区 3、4、5 存在超标现象，最大超标倍数为 2.46，依据采样区的分布，这三个区域分布在人为干扰比较大的区域，这可能与人为干扰有关，锰的超标可能属于外源性输入。

表 4.10　　　　　　　　　**土壤重金属含量现状**

采样区	锰 /mg/kg	镉 /mg · kg⁻¹	铅 /mg/kg	铜 /mg/kg	铁 /mg/kg
采样区 1	95. 86	—	15. 88	0. 6537	56. 02
采样区 2	112. 58	—	24. 83	0. 8768	55. 70
采样区 3	221. 31	—	12. 86	1. 0057	54. 03
采样区 4	163. 94	—	19. 92	1. 3661	56. 63
采样区 5	424. 46	—	14. 72	1. 4689	60. 69
采样区 6	102. 76	0. 35	—	1. 3585	59. 71
广西土壤背景值	172. 57	0. 267	24. 00	27. 80	

（2）查阅有关资料知道广西土壤中镉含量普遍稀少，由表4.10可知，在研究范围内北仑河口红树林自然保护区镉的含量微少，仅在采样区6中检测到极少含量存在，对照广西土壤镉的背景值，镉的超标率只有16.7%，依据采样区的分布，该区域分布在人为活动较少的区域，这可能跟人为干扰无关，可能北仑可口受到重金属镉环境污染甚少。

（3）由表4.10可知，在研究范围内北仑河口红树林自然保护区铅的含量普遍偏低，检出范围是12.86 mg/kg~24.83 mg/kg，对照广西土壤铅的背景值，铅的超标率为16.7%，仅有采样区2存在超标现象，但超标现象不明显，依据采样区的分布，该区域分布在人为活动较少的区域，这可能跟人为干扰无关。

（4）由表4.10可知，在研究范围内北仑河口红树林自然保护区铜的含量普遍偏低，检出范围是0.65 mg/kg~1.46 mg/kg，对照广西土壤铜的背景值，铜的超标率为0，依据采样区的分布，研究区铜含量可能没有外源性输入。

（5）由表4.10可知，在研究范围内北仑河口红树林自然保护区铁含量检测范围是54.03 mg/kg~60.69 mg/kg，研究区铁平均浓度为58.12 mg/L，研究区3铁浓度最低，为54.0269 mg/L，研究区5铁浓度最高，达到60.68 mg/L，采样区土壤铁含量相对其他四种重金属来比较显得分布更平衡。

三、结论与讨论

综上所述，可以得出北仑河口红树林自然保护区的土壤具有以下几个特性：

（1）北仑河口红树林自然保护区的土壤为酸性土壤，研究区平均土壤 pH 为4.16，最高值为5.04，均适宜红树林生长。

（2）研究区北仑河口红树林自然保护区的土壤质地多数是沙壤土，属于壤土，研究区1为紧沙土，属于沙土，北仑河口红树林生长以壤土居多。小于0.01 mm土粒质量比平均为11.63%，多数介于12.5523~18.18182%之间。

（3）研究区北仑河口红树林自然保护区土壤有机质含量平均为

16.22 g/kg,并且都是高肥力土壤,并且北仑河口红树林土壤肥力当地土壤,有机质含量介于 19 g/kg~38 g/kg 之间。

(4)研究区北仑河口红树林自然保护区土壤阳离子交换量平均为 4.07 cmol/kg,阳离子交换量在 0~8.1 cmol/kg,区域之间阳离子交换量相差比较明显。

(5)研究区北仑河口红树林自然保护区土壤重金属锰含量平均为 186.818333 mg/kg,研究区土壤锰含量普遍高,这与广西锰矿产资源丰富有一定关系,土壤锰含量介于 95.86 mg/kg~424.46 mg/kg 之间。

(6)研究区北仑河口红树林自然保护区土壤重金属镉含量较少,仅有一处检测出微量镉含量,为 0.346938776 mg/kg。

(7)研究区北仑河口红树林自然保护区土壤重金属铅平均含量为 17.64 mg/kg,与广西土壤铅含量的背景值 18.82 mg/kg 相差不大,土壤铅含量介于 12.85 mg/kg~19.92 mg/kg 之间。

(8)研究区北仑河口红树林自然保护区土壤重金属铜浓度平均为 1.12 mg/L,而广西土壤(表层土)铜(Cu)背景值 27.81.12 mg/L,说明北仑河口土壤重金属铜浓度相对较低,土壤铜含量介于 0.65 mg/L~1.46 mg/L 之间。

(9)研究区北仑河口红树林自然保护区土壤重金属铁平均浓度为 58.1284 mg/L,其浓度高于土壤中铜、铅、镉的浓度,但是均低于土壤重金属锰的浓度。

第五节　乡村旅游生态园土壤环境评价

乡村旅游是以旅游度假为宗旨,以村庄野外为空间,以人文无干扰、生态无破坏、以游居和野行为特色的村野旅游形式。小董镇位于钦北区中部,地理环境优越,土地和劳力资源充裕,交通发达,农副产品丰富,荔枝、龙眼、芒果、杨梅、黄皮果等区域特点鲜明,由于其独特的气候特点、地理位置、生态环境、人文环境,小董镇正着手打造有机蔬菜园、有机葡萄园、生态农业园,着力构建乡村旅游多元化。生态农业园是小董镇乡村旅游主要组成部分之一。因此，本研究以正在运营的两个生态农业园为研究对象，了解当下乡村旅游生态农业的产量、品质以及景观欣赏性的基本概况，以期为钦州市乡村旅游发展提供参考。

一、研究内容

本次以小董镇的两个正在运营的生态农业园——替头村生态蔬菜园(以下简称生态菜园)、西陵村生态葡萄园(以下简称生态葡萄园)为主要研究对象，对其土壤五种重金属元素 As、Hg、Cd、Pb、Cr 含量进行调查分析，为其乡村旅游农产品安全提供依据。

二、材料与方法

(一)样区概况及采样点分布

钦州市小董镇坐落于广西钦州市钦北区(如图 4.16)，其气候类型为亚热带季风气候。小董镇是钦州市的主要果蔬供给源地，其农产品也销往南宁、防城港、北海等地；同时该镇也是畅销全国的钦州特产黄瓜皮的主要产区之一。生态葡萄园位于小董镇西北部的西陵村内，园地近似于不规则四边形，其南端和北端分别靠近公路。生态蔬菜园位于小董镇南部的替头村内，园地形状呈不规则的多边形。根据生态蔬菜园、生态葡萄园的实际形状，采用"S"型样地布设方法为采样点的行进方向；再根据生态蔬菜园的种植面积比生态葡萄园小的情况，在生态蔬菜园布设 5 个采样点，生态葡萄园布设 6 个采样点，共 11 个采样点(详见图 4.17)。

(二)采样方法、采样深度及依据

一般在土壤表层的 0~20 cm 深度的位置水肥气热条件好，属于耕作层，农作物大部分的根系集中于这一层，该层受气候等自然条件、生物作用及人类生产活动等的影响强烈，所以本研究选择的采样深度为土壤表层的 0~20 cm。首先，把土壤表层的枯枝落叶、杂草、石子等物除去，用竹签挖出长 20 cm、宽 20 cm、深 20 cm 的立方体土块，然后放置于干洁的塑料薄膜上用木棍压碎均匀，再把土样充分地混合均匀，采用四分法取舍至 1 kg 后装入自动封口袋，然后带回实验室对土样作风干、研磨、过筛处理，并保存于干

图 4.16　钦州市小董镇的位置

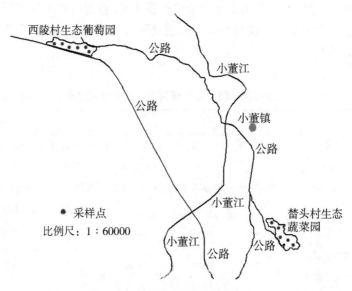

图 4.17　样区位置及采样点分布

洁的自动封口袋中，作实验备用。

三、研究结果

（一）对生态农业园土壤 As、Hg、Cd、Pb、Cr 含量分析

研究区土壤重金属含量情况如表 4.11 所示，从表中可以看出，整个研究区的 As、Hg、Cr、Pb、Cd 的平均含量分别为 2.75 mg/kg，0.042 mg/kg，77.51 mg/kg，20.92 mg/kg，0.034 mg/kg。就不同区域而言，生态蔬菜园土壤中的 As、Hg、Cr 的平均含量均高于生态葡萄园。生态葡萄园 Pb、Cd 平均含量比生态蔬菜园的平均含量高，其中部分区域 Pb 含量高出土壤背景值。这可能与该区域两侧接近公路，受汽车尾气及轮胎磨损产生的 Pb 沉降到附近区域而产生的影响有关。两个生态农业园土壤中 Cr 的平均含量差异较大，生态蔬菜园土壤 Cr 平均含量为 133.32 mg/kg，而生态葡萄园土壤 Cr 平均值则为 31.00 mg/kg。生态蔬菜园土壤中 Cr 含量在 105.8~160.10 mg/kg 的区间范围，可见该生态蔬菜园整个区域土壤中 Cr 含量远远超出土壤背景值，说明 Cr 在该区域土壤表层存在一定程度的富集，这可能与生态蔬菜园长期施用化学肥料和农药及薄膜等有关。

表 4.11　　生态蔬菜园、生态葡萄园重金属含量分析　　（mg/kg）

项目	As	Hg	Cr	Pb	Cd
生态蔬菜园	2.00~6.71	0.012~0.113	105.80~160.10	18.20~21.80	0.031~0.066
均值	4.18	0.050	133.32	19.92	0.044
生态葡萄园	0.11~3.59	0.009~0.095	28.00~34.80	20.30~25.10	0.012~0.039
均值	1.55	0.036	31.00	21.75	0.027
总均值	2.75	0.042	77.51	20.92	0.034
广西北部湾土壤背景值	7.76	0.152	49.79	22.35	0.270
国家土壤二级标准（GB15618—1995）	40	0.30	150	250	0.30

有研究表明仅施用有机肥或者仅施用化肥都会让农作物感染病虫害的几率增高，以有机肥与化肥一起结合的施用方式不但增加产量，还可以在一定的程度上降低农作物的染病率。据实地调查发现，生态葡萄园施肥长期施用以猪粪、牛粪、塘泥和稻草、玉米秸秆混合堆制的有机肥和化肥为主，其有机肥堆制的时候掺合磷肥一起混合堆制，令其腐熟 30 天，病虫害防治则以灯光诱捕虫杀虫为主。而生态蔬菜园则单纯施用化肥，容易导致蔬菜发病的风险水平增高，并且他们以喷洒农药作为作物病虫害的主要防治方式。种植户就会更多地喷洒农药去抑制病虫害的蔓延和发展，防止其再次的爆发，以保持蔬菜的良好长势和收成。为了提高蔬菜产量，降低成本，生态蔬菜园种植户采用地膜覆盖地面以控制杂草的生长。而化肥、农药、薄膜的使用会容易造成土壤中 Cr、Pb、Cd、As、Hg 等含量的增高而导致耕地污染。两个生态农业园土壤中 Cr 的平均含量差异较大，这应该与肥料的种类、农药的喷洒等的不同有着密切的联系。

（二）对生态农业园土壤 pH 分析

研究区的土壤 pH 如表 4.12 所示。由表 4.12 可知，生态蔬菜园、生态葡萄园土壤平均 pH 分别为 4.49 和 4.83，可见整个研究区的土壤的酸化程度较严重，其中生态蔬菜园土壤平均 pH 比生态葡萄园土壤平均 pH 要低。有研究表明：在酸性土壤中，一些土壤重金属（如 Pb、Cd）的活性程度会增加，即对土壤环境安全产生威胁和损害的有效态重金属的含量增多。再加在上亚热带季风气候的作用下，酸性土壤中生物生长需要的营养元素被淋失因含量较少，导致土壤肥力不足，并且肥力会在较短的时间内被分解耗尽。据实地调查发现：生态农业园的种植户为了保持土壤有足够的肥力供给农作物正常生长，通常就会进行多次、加量地施用肥料。而相关研究表明，化肥中含有较多的 As、Hg、Cd、Pb、Cr、Zn、Cu 等重金属，过量的施用化肥不但容易引起土壤板结，让土壤的透气、透水性变差，导致作物减产，更容易引起土壤重金属含量增多，这些重金属元素通过被农作物吸收积累又流入到人们的餐桌上，对人体的健康很不利。

表4.12　　　　　　生态蔬菜园、生态葡萄园土壤 pH

	1	2	3	4	5	6	7	8	9	10	11
pH	4.43	4.71	4.52	4.35	4.46	4.63	4.69	4.90	4.93	5.06	4.74
均值			4.49					4.83			

注：1~5号为生态蔬菜园；6~11号为生态葡萄园。

(三)基于地积累指数法的生态农业园土壤 As、Hg、Cd、Pb、Cr 评价结果

生态农业园土壤中 Cr、Pb、Cd、As、Hg 元素的 I_{geo} 值见表4.13。从地积累指数的总平均值来看，整个研究区土壤重金属污染强度依次为：Cr>Pb>Hg>As>Cd。生态葡萄园土壤中这五种重金属的地积累指数都小于零，说明这五种重金属尚未对其土壤造成污染。生态蔬菜园中 Pb、Hg、As、Cd 四种重金属地积累指数均小于零，表明这四种重金属没有对该区土壤造成污染；而 Cr 的地积累指数值则在0.502~1.100范围内，表明生态蔬菜园存在轻度到中等的 Cr 污染。从这两个生态农业园五种重金属的地积累指数值差异中可以看出替头村生态蔬菜园土壤受人类生产活动影响比较大。

表4.13　生态蔬菜园、生态葡萄园土壤重金属地积累指数(I_{geo})

项目	As	Hg	Cr	Pb	Cd
生态蔬菜园	-2.541~-0.795	-4.248~-1.013	0.502~1.100	-0.881~-0.621	-3.708~-2.617
均值	-1.478	-2.201	0.836	-0.751	-3.216
生态葡萄园	-6.725~-1.697	-4.663~-1.263	-1.415~-1.102	-0.724~-0.418	-5.077~-3.376
均值	-2.906	-2.683	-1.269	-0.624	-3.916
总均值	-2.803	-2.444	0.504	-0.680	-3.555

(四)对生态农业园土壤 As、Hg、Cd、Pb、Cr 综合污染的评价

生态蔬菜园、生态葡萄园土壤重金属污染的综合污染指数见表

4.14。从综合污染指数来看，生态葡萄园 $P_综$ 介于 0.146~0.248 之间，在土壤综合污染一级标准的范围内（$P_综 \leqslant 0.7$），说明该区土壤呈清洁状态。生态蔬菜园的 $P_综$ 在 0.530~1.550 范围，处于综合污染等级的 1~3 级之间，表明该生态蔬菜园的土壤状况呈从安全到轻度污染水平不等，其中受 Cr 污染突出。

表 4.14　　　生态蔬菜园、生态葡萄园土壤重金属的 $P_综$

采样点	单因子指数					$P_综$
	As	Hg	Cr	Pb	Cd	
生态蔬菜园	0.067~0.224	0.040~0.377	0.705~1.607	0.073~0.087	0.103~0.220	0.530~1.550
均值	0.139	0.165	0.889	0.080	0.145	0.651
生态葡萄园	0.004~0.120	0.030~0.317	0.187~0.232	0.081~0.100	0.040~0.130	0.146~0.248
均值	0.052	0.118	0.207	0.087	0.089	0.164
总均值	0.092	0.140	0.517	0.084	0.115	0.384

（五）对生态农业园土壤 As、Hg、Cd、Pb、Cr 潜在生态危害指数法的评价

生态葡萄园、生态蔬菜园土壤中 As、Hg、Cr、Pb、Cd 的 E_r^i 及 RI 见表 4.15。由上表可知，从单个重金属的潜在危害系数来看，整个研究区土壤中 As、Hg、Cr、Pb、Cd 的 E_r^i 值均小于 40，就综合潜在危害系数而言，整个研究区 RI 值最高的为生态蔬菜园 3 号区，其 RI 值为 43.534，表明整个研究区的这五种重金属对土壤环境存在轻微的生态危害。总的来看，生态蔬菜园的 RI 值大于整个生态葡萄园，说明该园受到的 As、Hg、Cr、Pb、Cd 五种土壤重金属的潜在生态风险比生态蔬菜园小。由表 4.11、表 4.12 和表 4.15 不难看出，Hg 的含量虽少，但是其对潜在生态危害的贡献比率较大，可见在进行重金属环境污染评价时，不能仅以其含量的多少来判定其对土壤环境的危害程度，还要考虑重金属对土壤环境造成危害的权重等。

表 4.15　　　生态蔬菜园、生态葡萄园土壤重金属值和值

项目	E_r^i					RI
	As	Hg	Cr	Pb	Cd	
1	7.371	3.158	0.228	4.072	4.222	19.051
2	8.708	7.895	0.270	4.631	4.667	26.171
3	4.840	29.737	0.150	4.251	4.556	43.534
4	2.595	3.421	0.080	4.452	3.444	13.992
5	3.595	21.053	0.111	4.877	7.333	36.969
均值	5.422	13.053	0.168	4.456	4.844	27.943
6	1.272	7.632	0.039	5.615	3.333	17.891
7	4.659	2.368	0.144	4.743	2.778	14.692
8	1.570	25.000	0.049	4.564	4.333	35.516
9	2.427	4.474	0.075	4.698	3.778	15.452
10	0.143	8.421	0.004	4.541	2.333	15.442
11	2.024	8.158	0.063	5.034	1.333	16.612
均值	2.016	9.342	0.062	4.866	2.981	19.267
总均值	3.564	11.029	0.110	4.680	3.828	23.211

四、结论与建议

通过钦州市小董镇乡村旅游生态蔬菜园、生态葡萄园土壤采样、实验比较研究，得出以下结论：

首先，这两个生态蔬菜园、生态葡萄园的 As、Hg、Pb、Cd 平均含量相差不大，除了生态蔬菜园土壤中 Pb 含量稍低于生态葡萄园外，其余四种重金属含量均比生态葡萄园的高，其中以 Cr 含量差异表现得最为显著。除生态蔬菜园土壤中个别区域 Cr 含量超出国家土壤环境质量二级标准外，整个研究区的 As、Hg、Pb、Cd 含量均未超出广西北部湾土壤背景值。

其次，葡萄园土壤中的五种重金属含量目前处于安全水平，尚

未对葡萄园土壤造成污染；蔬菜园除存在轻度到中等不等的 Cr 污染外，其余四种重金属均未对该区造成污染。

总之，As、Hg、Cr、Pb、Cd 这五种重金属对钦州市小董镇生态蔬菜园、生态葡萄园的土壤环境的潜在生态危害为轻度；生态蔬菜园土壤的这五种重金属含量潜在生态危害高于生态葡萄园。因此，应指导菜农、果农科学施肥，减少经济损失和土壤污染。因此，必须加强对钦州市小董镇生态蔬菜园、生态葡萄园生态环境保护，才有利于乡村旅游的可持续发展。

（原载《钦州学院学报》2017 年第 5 期）

第六节　旅游景区生态环境现状及对策研究

优美、独特的自然条件和人们对滨海风光的向往使得北部湾的滨海旅游业得到了较快地发展，作为中华白海豚生长、繁殖基地的三娘湾更是远近闻名，是众多游客向往的滨海旅游目的地之一。滨海旅游业的发展与滨海地区的生态环境息息相关。对三娘湾生态环境进行监测，了解生态环境的状况，对当地的特色滨海旅游业的长期发展有着极为重要的作用，是实现由追求身体享乐为主的"3S"（太阳、海洋、海滩）和"3N"（自然、怀旧、天堂）转变为追求生态旅游及环保绿色旅游的"4R"（减少使用、重复利用、循环利用、替代使用）的必要措施。

一、三娘湾景区概述

三娘湾景区是著名的滨海旅游景点之一，地处钦州市南端沿海地区，东与北海隔海相望，西与防城港毗邻，南临北部湾海域，北接犀牛角镇，地理坐标为 108°41′E～108°46′E，21°35′N～21°40′N，地理位置优越，水陆交通便利，是北部湾经济区的腹心地带，为亚热带海洋性季风气候，夏秋季节高温多雨，冬春季节温暖而湿润，地形平坦开阔，以碧海、金黄色沙滩、三娘奇石、渔船、海潮、中华白海豚等而著称，拥有"中华白海豚之乡"美称，这是三娘湾滨海旅游的一个特色旅游体验所在，欣赏中华白海豚也是众多游客比较期待的一个滨海旅游体验项目。三娘湾旅游区是于 2003 年建成的一个滨海旅游小镇，经济发展起步相对于其他的沿海景区比较晚，经济基础不强，但是发展态势良好，所接待的游客量呈不断上升的态势。曾先后获得"广西首届十佳景区"、国家 4A 级景区、全国农业旅游示范点、"中国西部最具投资潜力旅游景区"等荣誉称号。因较低的地理纬度和亚热带海洋性季风气候的有机结合，三娘湾是我国冬季时期的一个良好的避寒圣地，而夏季是发展滨海浴场的一个好时期，也是能够欣赏到中华白海豚的频率较高的季节。景区的旅游活动受气候季节性变化的影响较小。

二、良好的生态环境对三娘湾滨海旅游发展的意义

近年来，三娘湾的滨海旅游业发展较为迅速，发展态势较好，带动当地就业，给当地的居民带来不少的收入，人们的生活水平不断提高。这离不开当地良好的生态环境。良好的生态环境是滨海旅游业赖以生存和发展的物质基础，扮演着基础性的、动态性的一个角色，是三娘湾特色滨海旅游业发展的依托。

(一)良好的生态环境提供优质的旅游资源

良好的生态环境与优质的滨海旅游资源是三娘湾旅游业发展的依托，而具备良好的生态环境是具备优质滨海旅游资源的前提。目前，三娘湾植物资源有维管束植物 77 科 133 属 171 种，主要有用材植物、观赏植物、纤维植物、油脂类植物、优良绿化植物等，以湿地松、木麻黄、黄槿为主；同时，海洋资源也很丰富，有 30 多种经济鱼类和 20 多种虾类，如大蚝、对虾、青蟹、石斑鱼、海鸟、贝壳和中华白海豚等海洋动物资源，干净的金黄色沙滩和纯净的海水是吸引众多游客的重要因素。这些优质的、具有天然特色的滨海旅游资源是三娘湾滨海旅游业发展赖以生存的物质基础，而优质的滨海旅游资源来源于良好的生态环境。

(二)良好的生态环境促进特色滨海旅游项目的发展

当前，三娘湾景区生态环境总体状况较好，为推出特色滨海旅游项目奠定了重要的基础。三娘湾中心景区为风情渔村，在拥有珍

稀而独特的中华白海豚资源优势的基础上，进一步推出了集看海景、观海豚、品海鲜为一体的"休闲渔业游"项目，利用当地的渔船，推出以"撒大网、品海鲜、沐海风"为主题的三娘湾"休闲渔业游"旅游项目，让游客亲自参与出海捕鱼，摘渔网，亲手加工打捞上来的海鲜，体验渔民打鱼的乐趣和生活方式。

（三）良好的生态环境提升三娘湾的市场竞争力

在独特的滨海旅游资源的基础上，加上合理的规划，三娘湾的滨海旅游业得到较快的发展，曾先后获得"广西首届十佳景区"、国家4A级景区、全国农业旅游示范点、"中国西部最具投资潜力旅游景区"等荣誉称号。随着生活水平的不断提高以及人们消费观念的转变，人们在选择旅游目的地时有了更高的追求。具备良好生态环境的旅游目的地是人们选择旅游地点的一个重要因素，同时也能让游客对旅游景点留下良好的印象，提高游客的回头率，增强宣传力度。当前，三娘湾的生态环境良好，金黄色的沙滩、蓝天碧海、特色民族风情、中华白海豚以及其他众多优质的滨海资源是三娘湾滨海旅游资源的吸引力和市场竞争力的源泉。

（四）良好的生态环境促进滨海旅游业的可持续发展

可持续发展是旅游业长期、绿色、健康发展的必经之路。只有坚持可持续发展，滨海旅游资源才能得到合理地开发与利用，才能实现滨海旅游与生态环境的和谐发展，而不是采取以牺牲环境为代价的发展方式。良好的生态环境促进滨海旅游业的可持续发展，降低滨海旅游资源可持续发展之路建设的成本，增强滨海旅游资源开发的后劲。良好的滨海生态环境与滨海旅游的可持续发展具有相互促进的作用，在开发滨海旅游资源的过程中一定要坚持可持续发展之路，做好对当地生态环境的保护，实现特色滨海旅游资源的开发与滨海生态环境的协调发展。

三、三娘湾滨海生态环境的现状研究

目前，三娘湾景区的生态环境总体状况较好，但是仍需进一步对其进行研究，不断地提升景区的环境质量，不断地完善其滨海旅游服务。通过实地考察，采取了景区海域的水样进行检测，以及走访的方式进行了深入研究，得出当前三娘湾滨海旅游的发展与生态环境的状况如下：

（一）景区海水质量较好

三娘湾景区海域是滨海浴场和滨海风光的集中区域，同时还是诸多海洋生物的生存海域。海水的质量直接地影响到海洋生物的生存，也直接地关系到以特色滨海旅游项目为依托的三娘湾旅游业的发展。该次研究在三娘湾旅游景区分别采了 S1 和 S2 两个水样，S1为游客活动频繁的近岸海水样品，S2 为 S1 采集区向南部深水区约3 km 处的游客活动较少的海面水样，两者分别为为近岸旅游活动频繁区域和远岸旅游活动较少区域的几个临近采集点样品的混合样。经过对所采集的水样进行检测，检测结果如表 4.16《三娘湾水样检测结果》所示：

表 4.16 三娘湾水样检测结果

检测内容 编号	速效磷	铵态氮	pH 值	漂浮物质	色、臭、味
S1	未检出	未检出	8.14	无	无异色、异臭、异味
S2	未检出	未检出	8.11	无	无异色、异臭、异味

三娘湾景区海域海水水质中的速效磷、铵态氮和 pH 值等均在《海水水质标准》中Ⅰ类要求范围内，而《海水水质标准》中Ⅰ类是保护海洋生物资源、人类的安全利用、海水浴场及风景游览区海水水质的基本要求。同时，所检测水样的几项指标也满足《国家渔业水质标准》中规定的"海水 pH 值的范围为 7~8.5，不得使鱼虾贝藻类带有异色、异臭、异味和水面不得出现明显油膜或浮沫"等要求。

（二）基础设施建设不完善

当前，三娘湾景区的基础设施建设有待进一步完善。垃圾桶、垃圾处理设备不完善，景区部分区域的垃圾桶数量过少，大排档、居民房屋附近的垃圾存放设施不足，部分垃圾桶堆积垃圾的现象严重，这就导致部分游客把垃圾乱丢在垃圾桶旁边，村民的生活垃圾随意堆放，且容易被风刮起，扩大污染面，直接地影响到景区的整体面貌。在景区的清心园西部约 500 m 处的东花根附近，由于道路建设使得部分山体被开挖，但是却没有对被开挖后的山体开挖面进行植被修复工作，开挖面的土壤直接裸露着，导致了严重的植被破坏和水土流失现象，经过的道路、排水道受到了影响，且易导致滑坡、泥石流等灾害的发生。

(三)卫生管理存在缺陷

三娘湾景区的环卫工作得不到统一管理与合理协调，部分环保人员工作不到位，景区的垃圾得不到及时的清理、处理方式不恰当，村民环保意识不强。在沙滩上经常搁置很多的死亡鱼类、贝类的尸体，散发出很刺鼻的臭味，同时还有不少破烂残缺的渔网、玻璃碎片、饮料瓶和食品包装袋等污染物，这就使得美丽的滨海风光被大打折扣，长期下去会导致景区的生态环境遭受污染，降低滨海旅游资源的价值，导致生态环境受到破坏，不利于景区的绿色、健康发展。景区垃圾的处理方式也有待改进。2016 年 6 月有网友在《钦州吧》反映"在三娘湾旅游区内，环卫工人随便烧垃圾，污染空气，严重地影响游客对滨海风光的体验"。这说明三娘湾对景区垃圾的处理方式有待改进。就地焚烧的方式使得土地和空气都受到污染，同时，焚烧产生的烟雾可能会对游客的身体健康造成影响，会降低景区的市场竞争力。在沙滩小道两侧的大排档、小摊位旁边经常随意堆放着大量的垃圾，大排档的污水随意排放，容易使得景区的环境遭受污染，影响到景区的整体形象。

(四)人们的素质有待进一步提高

在景区的沙滩上，不难发现破烂残缺的渔网、玻璃碎片、空饮料瓶和食品包装袋等污染物和搁置的死亡鱼类、贝类尸体。这一方面是游客在游玩的过程中随意丢弃垃圾造成的，说明部分游客生态旅游的意识还不够强，在体验旅游服务的过程中还没能够很好地履行一个现代文明旅游者的责任与义务。另一方面是村民在进行海上捕捞作业的过程中没能做好对各种废弃物的科学处理工作，说明村民对保护当地的生态环境，促进滨海旅游的可持续发展的重要性的认识还不够充分，从而使得三娘湾的生态环境被打了折扣。

四、提升三娘湾生态环境质量的措施

(一)建立海水质量监测系统

景区濒临的广阔海域是中华白海豚、大蚝、对虾、青蟹、石斑鱼和贝壳等滨海旅游资源的源泉，海水的质量直接关系到三娘湾滨海旅游业的生存与发展。建立景区海水质量监测系统，加强对景区附近海域海水进行质量监测，是三娘湾可持续发展的必要措施。三娘湾海域海水温度全年较高，在节假日期间，游客繁多，景区的旅游活动产生的垃圾量倍增，沙滩和海上的旅游服务体验所在的区域都是极易对景区的海水造成污染的区域。因而，建立海水质量监测系统极为重要，是防止景区附近海域多种环境问题产生的一项重要措施。

(二)加强基础设施建设

根据游客活动的空间位置状况来合理布置垃圾桶数量，让游客活动少的区域有垃圾桶可扔，在游客活动频繁的区域增设或扩大垃圾桶的容量，让游客活动频繁区域垃圾桶不至于堆积过多的垃圾。提升垃圾处理设备的功能，最大程度的减少垃圾处理过程中所产生的废气、废渣，做到绿色、环保、高效地处理垃圾。对于裸露的山体开挖面要及时进行整治，根据开挖面的坡度、面积和土壤结构等进行合理修复，修建排水渠道或筑坝，加强植被覆盖率，保持水土，涵养水源。

(三)优化环卫队伍，加强环卫监管力度

要不断优化环卫队伍的结构，进一步加强景区环卫队伍对当地的生态环境与滨海旅游的可持续发展之间的重要性的认识，提高环卫人员的整体素质。根据景区的实际情况合理安排环卫出勤人次，做到在垃圾量较多的情况下能使得垃圾得到及时地处理，在垃圾量较少的情况下环卫工人可轮流出勤，对于垃圾处理过程中所产生的废气、废渣和废水要进行科学的处理。同时，卫生管理机构要加强对景区环卫工作的监察力度，加强对景区的大排档、其他小店铺和海上捕捞归来船只的垃圾处理方式的监察力度，对于不按照要求对

垃圾进行处理的行为进行严厉惩治。

(四)提升公民的整体素质

提升景区管理人员的业务水平，增强管理人员的责任感与服务意识，为景区的可持续发展献言献策。景区的相关机构加强对村里参与旅游服务者进行相关的业务培训，向他们宣传相关的从业知识，提高其所提供的服务项目的质量，同时引导他们进行自主创新、创业，开发特色滨海旅游项目，促进旅游项目的多元化。要提升村民的环保意识，让他们意识到当地的生态环境与其切身利益息息相关，引导他们积极配合景区的管理，共同创建团结、绿色、清洁的良好滨海小镇形象。对游客要做好相关环保知识的宣传工作，增设环保提示宣传标语，通过广播提醒游客在体验旅游服务的过程中要时刻注意保护环境，使得绿色、环保滨海游深入人心。

第五章　旅游可持续发展实证研究

第一节　小"黄金周"对广西北部湾旅游业
发展影响及对策研究

小黄金周是中国假日经济的独特现象。2007 年 11 月 9 日国家发改委公布了新的国家法定节假日的调整方案对国家法定节假日时间安排进行调整，国家法定节假日调整为 11 天。其中除了被称为"黄金周"的春节、国庆各放假 3 天、通过周末上移下增连放 7 天外，元旦、"五一"、清明、端午、中秋等五个法定假日各放假 1天、通过周末上移下增可连放 3 天被称之为"小长假"或"小黄金周"。"小黄金周"的到来改变了钦州旅游者和旅游从业人员观念，虽然促进了旅游业、酒店业和旅游开发的发展但是也暴露了一些问题。钦州市位于广西北部湾旅游的核心发展区，是环北部湾旅游圈的重要组成部分。因此，对"小黄金周"给钦州旅游带来的影响进行研究具有重要意义。

一、"小黄金周"对钦州市旅游业产生的影响

(一)景区环境容量、社会容量负载

1. 环境容量负载

环境容量又称生态容量，指对一个旅游点或旅游区环境不产生永久性破坏的前提下，其环境空间所能接纳的旅游者数量。时间更短、节奏更快、人数更为集中的"小黄金周"对钦州的景区环境容量带来巨大考验。2012 年"五一"假期钦州三娘湾景区共接待国内外游客 73 万人次，旅游综合收入达 6370 万元。但其单日生态容量

约 1.5 万人远远超出其最大值。因此，景区在获取巨额的门票收入的同时，超负荷的人流造成景区人满为患、海滩垃圾遍地、植被被毁等现象。

2. 社会容量负载

旅游社会容量也称心理容量或行为容量，指旅游地居民对旅游者数量和行为最大的容忍上限。由于旅游者与接待地居民常在种族、文化、经济、宗教、生活习俗等方面存在差异，旅游者的出现必然对当地居民造成一种心理影响。如果游客数量过多对当地居民会产生一种心理压力。随着旅游者的大量涌入还会造成物价上涨使当地居民对发展旅游业产生抵触和不满。经调查，从钦州市区坐大巴车去三娘湾的游客会有这样的遭遇，在即将到达景区的地方，司机会停车一次，打开车门后会有当地的居民上车，以十到几十不等的价格招徕客人，宣传坐自己的车进入景区可以免门票并且还可以去不同的地方。这种旅游乱象是当地居民完全把旅游当成了赚钱的工具，唯利是图，游客的基本权益得不到保障。

(二)旅游线路过时

旅行社"黄金周"长假已形成一套成熟的运作体系，并形成了一批很有代表性的精品旅游线路产品，而今随着节假日的调整对于旅行社而言无论是在路线设计还是销售模式上都是一个新的挑战。是否能有效地利用小长假，是否能在短途旅游中取得高额市场份额对旅行社是一个挑战。由于中长线旅游时间被压缩后在短时间内产生的集中消费给旅游行业带来了严峻挑战。7 天缩减到 3 天不仅是时间的减少，而且集中消费现象更加严重，井喷出游态势难以控制。旅行社需要在运作体系上进行多方面的调整，急需开发出一批适合"小长假"的短途旅游线路。

(三)交通运输业有待改善

钦州市自然景观和人文景观都十分丰富。但除三娘湾、八寨沟、刘冯故居等国家 4A 级景区的交通比较便利外其他景点诸如五皇山、六峰山、东山、大芦村、龙门群岛等旅游景点的道路都年久失修，且远离交通主干道，可进入性差。还如欣北区板城镇的碗窑，每年开春的时候，漫山雪白的梨花加上淳朴的民风犹如世外桃源。风景确实让人赏心悦目但道路狭窄，泥泞崎岖，交通状况却令人担忧。目前钦州市旅行社交通主要是外包。旅行社没有专业的旅游大巴和专职司机，主要通过租赁运输公司的大巴车，由于部分司机对景点景区交通不熟悉不能安排合理游览时间造成行程质量不高，容易使游客产生不满，诱发多种问题。

（四）体验式旅游效果差

钦州市旅游发展起步较晚，还处于初级阶段，基本以观光旅游为主，同时限制条件较多。没有更好的旅游项目可以留住游客。从根本上来说，旅游各个要素发展质量不高。

（五）严峻的旅游安全问题

旅游是人们为了休闲、娱乐、探亲访友或者商务目的而进行的非定居性旅行和在游览过程中所发生的一切关系和现象的总和。旅游并非单纯的游玩，离开常住地仍然有生存生活的需要。旅游安全体现在生活中，按照旅游的六要素：食、住、行、游、购、娱进行划分旅游安全表现为饮食安全、住宿安全、交通安全、游览安全、购物安全和休闲娱乐安全。安全保证是一切活动的前提，任何的安全事故都可能导致旅游活动的中断。

二、针对"小黄金周"负面影响的发展对策

（一）走生态可持续发展之路

风景区的不良发展也带来了一系列负效应，其中尤以风景区内原有的自然生态环境的破坏最为突出，景区风景资源的旅游开发价值也因此而降低。因此，开发生态旅游资源必须严格控制容量，符合生态环境承载能力的要求，维持旅游业的可持续发展。通过前文的分析，面对三娘湾存在的景区和社会容量负载的问题，钦州市的旅游管理部门也进行了一系列的改革举措：

首先科学规划合理布局。八寨沟在设计之初，就有了保护生态的意识。在多个地方对游客进行分流的疏导使游客在景区内合理分布。严格保护石、树、森林的自然综合体原貌，维护各物种的结构和功能。进入景区后有一片洼地景区采用了人工林的措施种植了青梅，并建设许多排水设施保护了洼地的生态提高了这一片区的生态

恢复能力。

其次往重全民参与性转变发展方式。钦州市对部分旅游项目开展招投标进行联合开发合理分配利益。在建立农业旅游示范点的基础上加强环境保护推动建设环境友好型、绿色发展体系坚定不移走可持续发展道路。经过三娘湾管区政府的督导和大力建设，2012年9月10号在湖北武当山旅游经济特区召开的第十二届全国"村官"论坛会上三娘湾获得"中国绿色村庄"称号。

再次加强培训提高从业人员素质。2012年12月，由灵山县农业局和旅游局共同举办的灵山县"阳光工程"乡村旅游服务员培训班在大芦村开班，来自大芦村、辣了村、清湖村等100多村民参加了培训。培训班讲授乡村旅游服务员职业道德与岗位要求、休闲农业与乡村旅游内容、乡村旅游服务礼仪常识、卫生保洁基本常识等内容。使乡村旅游的从业人员素质和服务技能水平得到提高，更好地为游客提供服务。

（二）开发中、短线旅游产品

人们的旅游消费开始由长距离旅游向中短途旅游转变从追求旅游景点名气向追求旅游质量转变，短线旅游、乡村旅游等城市周边旅游已成为消费者的旅游热点。城市郊区依托大城市稳定的客源市场，以及资源、客源、区位和设施优势吸引着大量的城市居民去观光、度假、休闲和娱乐。由于交通路网建设的加快完善和交通的提质升级，使得短途旅游在旅游目的地和客源地之间只需要花费很少时间使得旅游目的地范围大大扩张。所以旅游开发必须针对只有三天的五个小长假，时间条件限制，应充分利用条件开发城市周边、城乡结合部郊区为代表的短途旅游项目。

同时旅游行业要利用好周末来发展旅游。周末旅游所消耗的时间是短暂的，契合了假期调整后的出行模式发展的趋势，所以要推出一些适合的旅游产品。三个小时范围内的旅游目的地皆可纳入范围，现在交通的便利使得客源地和目的地之间的空间距离大大缩减，使得许多中途旅游得以实现。加大宣传力度，使得周末旅游市场逐渐形成影响力。例如农业示范点考察观光团、三娘湾渔村风情旅游、大芦村田园风光、农家种田、泥兴陶制作等劳逸结合的家庭式特色旅游项目形成一个以城市为中心的旅游圈。

（三）政府主导为交通提质升级

通过前文的分析我们知道大家在小黄金周时愿意选择临近的旅游景点。但目前钦州市交通通达性不高，有高速公路和二级公路经过的县区景点不多路况信息不明了景区景点可进入性不高在短途旅游增加、散客自驾游的新旅游新方式下加强市区西县区景点的公路建设特别是干线路网建设提高交通的通达性成了重中之重。目前，政府在以下几个方面进行了改善：其一，为了缓解小黄金周假期车辆增多带来的交通压力，自2012年开始除中秋节外其他几个"黄金周"假期推行7座及以下小型客车免收高速公路通行费。其二，开展针对战略性通道、农村道路的交通运输系统畅通工程大会战项目建设对钦州市旅游公路进行大规模建设。其三，市政府推进"大工业、大港口、大旅游"的战略发展目标的过程中把交通规划与旅游发展规划进行有效衔接，着力加快全市通往各重点旅游景区公路的建设改造推进钦州"大旅游"的建设。

（四）提升旅游体验的品质

1. 旅游生产部门提高产品质量

旅游业是政治、经济、文化共同结合的产物，发展旅游业要与时俱进推陈出新。旅游者旅游经历的日益丰富旅游消费观念的日益成熟旅游者对体验的需求日益高涨，他们已不再满足于大众化的旅游产品更渴望追求个性化、体验化、情感化、休闲化以及美化的旅游经历。原有的旅游产品转化结构、升级转型变得非常重要。利用各种资源深度融合食、住、行、游、购、娱，以增加产品吸引力。

2. 旅游服务部门提高服务质量

建立健全假期预报系统和机构响应机制，使得旅游信息涉及广泛和通达高速。通过各种媒介手段，向社会各界发布减少旅游者随大流的盲目性使得游客有较长的时间趋利避害，因为经过长时间的比较和选择在选择目的地的时候就会较为理性。恰当地引导小黄金周假期消费，缓解井喷式消费带来的综合性问题。

改善旅游业发展的市场环境将消费者、企业和政府的行为纳入市场机制。旅游服务企业必须有长远的发展战略，摒弃目光短浅，以长期的持续收益为出发点，设法通过自身职能调节供给和需求的关系。为了基础设施设备的长期利用，降低短期分摊的成本，必须控制假期的客流量。可以保证旅游服务质量树立品牌效应，创造无形的效益又保证了旅游者的旅游价值和旅游体验。

（五）建立健全事故协调机制

旅游、交通、公安等部门，在"安全、质量、秩序、效益"四统一的假日旅游工作目标指导下，政府积极主动参与进来，各个职能部门分工合作协调一致建立假日协调机构。面对变化后的旅游市场旅游主管部门形成规范或指导性意见文件并下发各相关部门，加强对旅游经营企业监管使旅游市场有序健康发展并在此过程中加强检查，以保证服务质量；交通主管部门、公安部门以及景区都要提前做好科学周密的安全预案并落实责任做到一旦发生问题能够快速反应保证信息畅通、快速跟进、措施到位，将损失和影响降到最低程度最大限度地保障游客的生命财产安全。

（原载于《湖北科技学院学报》2014 年第 4 期）

第二节　低碳经济背景下酒店业发展研究

随着全球气候的变暖，气候性灾害已经波及全球。世界各国纷纷提出一种新的经济发展模式——低碳经济，世界范围内掀起了低碳经济的热潮。我国是发展中国家，GDP 快速增长的同时也暴露出了各种环境问题，发展低碳经济是我国经济可持续发展的必然选择，低碳旅游应运而生。酒店业作为旅游业的三大支柱产业之一，是一个高消费高能耗高污染的行业，在节能减排方面同样承担着重要的责任，现今酒店业的低碳发展已成为最热门的话题之一。钦州经济的飞速发展也刺激了本市酒店业的发展。钦州酒店业如何在发展中带上"碳足迹"，成为旅游学界研究的重点。

一、钦州市酒店业发展现状

(一)钦州市经济发展现状

钦州，地处祖国西南沿海，背靠大西南，面临北部湾，是大西南最便捷的出海通道。自 1994 年设市以来经济开始起色。随着广西北部湾经济开发区的设立和中国东盟自由贸易区的成立，钦州经济也因此遇到前所未有的机遇。钦州港又于 2008 年 5 月 29 日获国务院批准设立为保税港，规划总面积 10 平方公里；并于 2010 年 11 月 11 号荣升为国家级经济技术开发区。市委、市政府紧紧抓住我国加入 WTO 和实施西部大开发战略的机遇，制订并实施了"以港兴市，以市促港，项目支撑，开放带动，建设临海工业城市"的发展战略。2009 年，钦州市人均生产总值突破一万元，达到 12212元；财政收入 38 亿，增长 18.8%，规模以上工业增加值增长20.7%，社会消费品零售总额增长 19.9%；港口吞吐量 2014 万吨，增长 33.6%。经济迅速发展必然带动旅游的发展，2009 年钦州市旅游接待总人数为 404.17 万人次，2010 年上升到 477.8 万人次，同比上涨 18.19%①。

(二)钦州市酒店业现状

钦州酒店业近几年得到了迅速的发展。以 2006 年钦州第一家五星级酒店白海豚国际大酒店开业为标志，钦州酒店业进入一个全面发展的阶段。2007 年钦州被评为"中国优秀旅游城市"。为了树立良好的城市形象，钦州市各个酒店纷纷向旅游部门申请评星，二三星酒店如雨后春笋般涌现，使得钦州市游客年接待能力不断增强。钦州住宿类的各大小旅馆共有 150 家。2010 年钦州星级酒店总数为 20 家，入住的旅客中 80%都是外来人口，主要以商务散客居多②。一些经济型酒店也强势进驻钦州如城市便捷酒店、精通商务酒店、名典商旅酒店等，大大小小旅馆不计其数。

---

① 数据来源：广西钦州市旅游局。
② 数据来源：广西钦州市旅游局。

（三）钦州市酒店业发展前景预测

钦州保税港区的发展定位是作为广西北部湾经济区开放开发的核心平台，是中国—东盟合作以及面向国际开放开发的区域性国际航运中心、物流中心和出口加工基地。由于经济的发展，钦州的人口流动性越来越大，极大地刺激了商务旅行活动。规划中的滨海新城更是为高星级酒店的发展提供了富足的空间。通过调查可知，2011年为进一步快速提升钦州的整体接待能力，钦州市政府出台了一套服务广西十二届运动会宾馆饭店设施更新改造扶持暂行办法，以加快推进本市宾馆饭店项目建设的步伐。政府以860万元的补助资金，鼓励钦州各酒店宾馆进行更新改造。纵观整个钦州酒店业的发展，主要还是以星级酒店的建造和进驻为主。根据旅游局的资料统计，规划建设中的高星级酒店有：钦州光大·北部湾国际大酒店、皇庭·御珑湾大酒店、中恒集团钦州大酒店、皇冠假日酒店、沙井滨海观光大酒店。与此同时，经济型的商务连锁酒店入驻钦州也绝对是一个趋势。蓬勃发展的钦州经济不断地吸引着众多的外来商客到此考察观光，投资商的进驻热情持续高涨，钦州市发展前景广阔，同时也极大地刺激了酒店业的发展。

二、钦州市酒店业节能减排评价分析

（一）钦州市现有酒店建筑能源使用调查分析

早在1800年《国际词典》一书中写道："饭店是为大众准备住宿、饮食与服务的一种建筑或场所。"一般地说来就是给宾客提供歇宿和饮食的场所。具体地说饭店是以它的建筑物为凭证，通过出售客房、餐饮及综合服务设施向客人提供服务，从而获得经济收益的组织。建筑是酒店发展最大的载体，酒店的经营活动95%是在建筑里进行。一家酒店的楼体设计非常重要，它是人们第一印象的首要构成要素。其形状、高度、格调首先被旅客所感知，从而形成酒店的首要形象，是豪华宏伟的还是经济简洁的。酒店建筑和其他建筑一样，从兴建那一刻开始就已经在消耗能量。在所有的能耗中，建筑能耗所占比重最大，因此，近年来建筑节能技术成为一个全球关注的热点研究课题。我国节能工作与发达国家相比起步较晚，能源浪费又十分严重。我国的建筑采暖耗热量：外墙大体上为气候条件接近的发达国家的 4~5 倍，屋顶为 2.5~5.5 倍，外窗为 1.5~2.2 倍；门窗透气性为 3~6 倍；总耗能是 3~4 倍。可以看出来我国在建筑能耗上远远超过发达国家，建筑节能已刻不容缓。

钦州目前的主要酒店建筑有：白海豚国际大酒店、恒商大酒店、金湾大酒店、高岭商务酒店、正元大酒店和泉城大酒店等。其中最具代表性的是白海豚国际大酒店，其建筑主体已成为钦州地标性建筑。占地 6073 m²，建筑面积 33475 m²，设地下一层，地上 24 层，楼高 96 m。酒店的几大建筑主体都是坐北朝南，自然采光良好。钦州位于北纬 20°54′~22°41′，东经 107°27′~109°56′之间太阳年辐射量 104.6~108.8 千卡 cm²，年日照时数为 1633.6~1801.4 h，年平均气温 21.4~22℃，得益于这些优越的自然条件，吸收来自太阳的光能，酒店建筑主体保温性能良好。

白海豚国际大酒店使用的建筑材料是目前广西常用的新型墙体保温材料。它的优点显著：(1) 外保温墙体对建筑主体结构有保温作用，可避免主体结构产生大的温差变化，减少温度应力，减少主体结构产生裂缝、变形破损的可能性，延长酒店使用年限。(2) 外保温墙体能有效阻止或减弱建筑物热桥的影响，提高墙体保温的整体性和有效性，并可避免内保温墙体的表面潮湿、结露、发霉等问题。

(二)钦州市酒店各部门能源使用状况以及排碳量调查研究

1. 客房部

客房是饭店的核心产品。客房部是饭店占用面积最大，宾客停留时间最长的部门，也是宾客在酒店的主要活动区域。我国饭店房费收入一般占饭店全部营业收入的 40%~60%。客房部的能耗在酒店能耗中也占有相当大的比例。客房部的主要能耗是供电供暖供水以及消耗低值易耗品的形式并且排放 CO_2。

据调查，截至 2011 年，钦州拥有宾馆 150 多家，客房总数高达 10000 多间。白海豚国际酒店的客房总数为 280 间，客房内部的冷热水供应还是用传统的锅炉供暖，据负责人介绍，每年大概要消耗 2000 t 煤。1 t 碳在氧气中燃烧后能产生大约 3.67 t CO_2，那么白海豚国际酒店每年将会向空中至少排放 7340 t CO_2。按照酒店每平方米面积的年用电量达 100 度到 200 度，客房约用电 200 万度电。一度电等于 0.997kgCO_2，间接排放 2000 t CO_2。

低值易耗品是指那些价值较低、易损耗的不用于固定资产的劳动资料。客房日常使用的"六小件"多属于一次性用品，丢弃后对环境的影响巨大，因为其的材质都是塑料，很难降解，污染严重。据统计，全国星级饭店每天消耗的一次性洗漱用品 120 万套，光是星级酒店的消耗就高达 22 亿元，而且一次性用品还难于回收，社会还面临着二次处理所带来的浪费，大量的低值易耗品的生产使用加剧了工业排碳。

图 5.1 为白海豚国际大酒店四月份部分低值易耗品使用量(单位：个)。

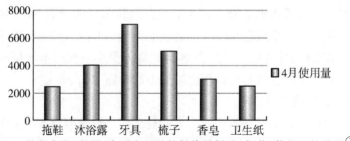

图 5.1　钦州白海豚国际大酒店四月份低值易耗品(部分)使用量柱状图①

从图中可以看出，白海豚国际大酒店低值易耗品的消耗量巨大，仅六种小件一个月的使用量已经达到 30000 件左右。据酒店客房部负责人透露，如今酒店提供的低值易耗品不仅仅是传统的"六小件"，种类不断地在增多，已经达到了 20 种之多。

2. 餐饮部

餐饮部主要涉及两大部门：餐厅和厨房，是通过厨房加工烹饪各种食物生成菜点并且在餐厅完成菜点的销售取得利润的部门。在

———————

① 数据来源：广西钦州白海豚国际大酒店。

钦州，酒店餐饮方面并不是很发达，因为其酒店构成多数是低星级的经济型酒店，高星级酒店的数量不多。三星级以上的酒店其餐饮的规模都不算很大，一般都是只提供经济实惠的商务套餐。但随着经济的发展，酒店餐饮业正逐步繁荣。其中发展最快的是白海豚国际大酒店。目前钦州酒店业餐饮能耗主要还是在菜点的烹饪上，使用的能源是煤气。厨房用过的水几乎都是没有经过处理直接倒掉，无法进行二次利用，造成严重浪费。目前钦州酒店在餐饮这方面能源未形成系统的数据监控，能耗概念较为模糊。

3. 洗衣房

目前钦州的各大酒店自设洗衣房的仅白海豚国际大酒店，其他酒店的布草均是外包到钦州市消毒中心或是其他洗涤公司。据酒店客房部门相关负责人透露，钦州的各大酒店的淡季入住率已达50%以上，由于客人均是商旅客人，他们对住房的质量要求很高，平均每天要换洗一次布草。三星级以上饭店平均每间客房的日耗水量是城市居民用水量的 3 到 5 倍。白海豚国际大酒店 2010 年的客房月平均入住率接近 80%，其客房总数为 280 间，按此计算平均每月有 6720 间住客房，6720 间客房如每天少换一次布草即可相应减排 336 kg CO_2，每月可以相应减少 10080 kg CO_2。

4. 其他部门

上述三大部门是酒店的三大能耗部门，也是酒店排放 CO_2 的主要部门。在酒店的其他部门如前厅部、工程部等这些都是能源使用较少的部门。前厅部的能耗主要是使用电脑、打印机等设施上，但是由于这类能耗较少，在数据统计上比较困难，目前钦州的各大酒店业并不重视甚至是忽略这些部门的能耗，在此上评价其能耗较为困难。

(三)钦州市酒店业节能减排方面的政策研究

好的制度建设对酒店能耗至关重要。节能低碳导向的酒店规划可以让酒店拥有一流的节能低碳技术和器材，但还不能真正保障宾馆酒店节能低碳降耗工作的顺利进行。只有科学的管理制度与政策，才能使节能减排规范化运作，深入员工的思想观念，提供可操作性指导，才能使节能低碳型酒店持续健康发展。目前钦州市酒店业在节能减排方面的政策条例还不健全，没有形成系统。各大酒店的节能减排意识已越来越受到重视，白海豚国际大酒店已直接将酒店员工的月奖金与能源使用挂钩。但没有形成书面的规定，也没有形成发放标准。其他部门在节能方面也有了相应的规定，但大多数都是粗浅的规定。

三、低碳经济背景下钦州酒店业发展建议

（一）酒店开发建设前的建议

好的饭店是设计出来，所以酒店在开发建设之前一定要有一个很好的设计开发方案。钦州酒店业日后的发展建设应该在低碳理念下进行规划设计，争取"优生"。钦州低碳酒店的规划设计应该遵循以下几点原则：（1）要与当地的自然景观相协调共生持续发展原则。众所周知，在我国，建筑审美中最重要的一点就是要顺应自然天人合一。酒店业主张"低碳"也是在全球气候变暖，人类生存环境遭到严重破坏的大背景下而提出的，所以说钦州未来的酒店在开发建设时首要遵循这点原则，做到可持续的发展。（2）充分利用太阳光和自然风向等新型能源的原则。低碳的一个很重要的标志，就是摒弃高污染高排放的传统能源利用新型洁净的能源。钦州的地理位置优越，处于南北回归线内，面临北部湾。无论是光照和海洋资源都是非常丰富。钦州酒店业日后的开发建设更应该考虑新能源的使用。（3）追求个性、特色、文化的原则。建筑是城市的形象代表，良好的饭店形象凸显城市的人文风貌。饭店的硬件不仅仅是建筑物，不能一味追究豪华和奢侈，更应该注重顾客的生活规律，提供人性化的服务，让宾至如归。

开发建设前要做到统筹兼顾考虑酒店的各个方面的材质使用和能源消耗问题，尽可能节地、节水、节材环保及满足建筑之间需求的辩证关系，符合低碳发展要求。

（二）酒店在营运过程中的建议

营运过程中的酒店会消耗大量的资源，同时排放大量的大气污染物。并且涉及的部门较多，内容较为繁杂。要做到低碳运营应该从以下几个方面入手：

在能源的使用方面，一是节约使用能源。具体表现为节电、节气、节水、节油、节煤等。酒店可以减少客用品的配置，改装灯光线路，减少抽水马桶、减少水龙头、花洒等的出水量；减少织物、设备的磨损和洗涤工作量等，制定各个具体的节能指标，定期进行考评，鼓励员工参与。二是使用新的洁净能源。鼓励酒店建筑广泛采用太阳能、风能和生物质能。太阳能高效遮阳系统使得酒店在夏季实现高效遮阳并且充分利用太阳光，光伏并网发电系统发电量预计达到 20 千瓦。酒店投入使用后，整体节能 70%，加上 60% 采暖、制冷，节能效率高达 88%，远远高于国家公共建筑节能 50%的设计标准。酒店每年可节能 2640 t 标准煤、节电 660 万度，减少污染物排放 8672.4t。钦州太阳年辐射量 104.6~108.8 千卡/cm²，年日照时数为 1633.6~1801.4，太阳能资源丰富，至今还没有得以充分的利用。

在物品的管理使用上，既要关注物品的质量价格，又要关注所购物品在运输和使用过程碳的排放量，尽量做到低碳采购和使用。对"六小件"这类低值易耗品尽量使用可降解材质，并且尽量回收利用，废弃的垃圾也要进行分类处理。据统计，全国星级饭店每天消耗的一次性洗漱用品 120 万套，光是星级酒店的消耗就高达 22 亿元，而且一次性用品还难于回收，社会还面临着二次处理所带来的浪费。

在酒店制度上，完善各个部门的能源管理条例。把"低碳"融于酒店内部制度化，加以重视，并且对节能降耗表现突出的部门和员工给予物质或精神的奖励，要强化各级管理人员和员工的节能意识，树立全面节能，全员节能新理念，使酒店的工作环境形成"低碳"氛围，让"低碳"观念深入人心。

(三)政府管理部门相关建议

钦州市政府部门应该鼓励酒店业的低碳建设，促使酒店企业承担社会责任的同时，要在低碳经济战略下对其进行引导，出台一系列鼓励酒店企业进行低碳创新、节能减排、可再生能源使用的政策。并对各大酒店向低碳转型在能源价格上给以政策上的优惠或是财政补贴，实施以改善环境和减少碳排放为目标的税收政策；制定与低碳有关的相关标准如能效标准、排放标准，加强对标准的执行、监督和核查。通过减免税收、政策优惠等措施鼓励有能力建设低碳酒店的投资集团到钦州进行投资，提高其他企业进入酒店业的门槛，从源头上把握好酒店的投资质量，使之做到"优生"。

结　语

低碳酒店是钦州市的酒店业发展的必然选择。钦州市酒店起步晚，但潜力巨大。目前在钦州市酒店业的研究甚少，而在低碳经济背景下的研究课题还是"空白"，在酒店业低碳发展的潮流下浅要的对钦州市酒店业发展进行研究，实地调研出来相关数据，但由于钦州酒店业发展得比较晚，在能源使用数据的统计上更是寥寥无几，所以只能在借鉴前人研究的基础上并对钦州市具有代表性的酒店在能源使用上进行毛估，最后提出适合钦州市酒店业低碳发展的可行性建议。所以在数据上可能与实际存在偏差，还望有识之士指出并且给予建议。

第三节　校园旅游资源开发 SWOT 分析

2016 年 10 月，钦州学院滨海校区被钦州市旅游局确定为国家 3A 级景区。坐落于北部湾经济区中心节点的滨海城市，既作为区域的综合性大学又作为景区，发展校园旅游具备良好的发展前景和明显的优势，面对机遇的同时又面临着挑战。对钦州学院滨海校区校园旅游资源的 SWOT 分析可以更好更充分地挖掘钦州学院的特色滨海旅游资源，发挥自身的内部优势，打造具有区域性特色的旅游产品。依靠具有校园特色的文化资源和具有滨海特色的自然旅游资源，为实现钦州学院转型的发展目标，彰显钦州学院社会效益、突出经济效益、挖掘学院的文化内涵，提升钦州学院的社会知名度，提高校园领导阶层的管理水平具有很大的现实意义。

一、校园旅游相关概述

近几年来，随着我国经济的稳步发展，人民收入水平提升，对生活质量的要求越来越高，对文化素养的重视也越来越精细。校园旅游恰好符合了人们对文化素养提升的要求，因为学校是以传播科学知识和研究学术为主要方向的场所，聚集了千千万万的知识分子、各个领域的学者，具有浓厚的校园文化气氛，吸引了很多游客前来游览和获取科学知识。

通过检索相关的高校旅游、校园旅游、旅游的大量文献，结合旅游学者、旅游专业人员、研究者等对校园旅游定义。文章将把钦州学院滨海新校区校园游定义如下：以钦州学院滨海校区作为游客旅行目的地的一种新兴文化旅游活动。其依靠具有广西岭南特色的海滨校园风情的教学楼和宿舍楼、多功能的实验室、多样化的科研场所、安静的图书馆、充满青春气息的体育馆等设施，以及幽雅静谧的校园自然景观为基础，以钦州学院滨海校区深厚的文化底蕴和学术氛围作为依托，打造独属于校园旅游的文化旅游活动，吸引大量游客前来游览、体验校园文化、获取学术知识。从而给钦州学院带来经济、社会、环境效益，是钦州城市旅游和文化旅游的重要组成部分且不容忽视的一部分。

二、钦州学院滨海校区旅游资源开发的 SWOT 分析

（一）优势分析

1. 资源丰富，特色鲜明

自然景观优美，四季常青。钦州学院充分利用了校址原有丰富的生态资源，引水成湖、植山造园，形成原生态的景观片区。整个钦州学院校园三面环水，西面是从北面流入茅尾海的钦江淡水，南面和东面是茅尾海的海水，将海水从东北面引入校园，从东南面流出校园，形成了 2.1 km 的水系，贯穿校园主要建筑群。水域景观与建筑景观完美结合，体现了滨海校园的亲水性，海洋性。学校提出建筑多项公共建筑，譬如雄伟的图书馆、两栋东南亚风情的新公共教学楼和两栋行政办公楼、新颖的学生活动中心、豪华礼堂等将

布局于学校中心地区，与原有生态水系、北侧公园相结合，形成公共资源核心区；办公区、二级学院教学区和学生宿舍区围绕核心区布局。生态景观、岭南风格的建筑、环绕的水系构成校园的特色景观，以校园的环形道路和风雨廊贯穿校园各个功能区，设置观景平台，方便游客步行时可以观赏校园景观。在感受校园文化气氛的同时可以陶冶情操、欣赏校园景观，达到休闲旅游、文化旅游和观光旅游的统一。

人文景观丰富，文化氛围浓厚。钦州学院的校园文化内容丰富多样，特别是校园艺术文化活动热闹非凡，以钦州学院学生会、校艺术团为统筹，热爱艺术表演的学生为主力军，举办元旦晚会、音乐会等。此外，每个学年都会有新生杯篮球比赛、辩论赛、晨读、晨练、早操和升旗等课外拓展活动；学校聚集知识分子，有各专业的学者专家，有海洋、经济、建筑等各个领域的研究，校园里学术交流频繁。仅 2015 年春季学期钦州学院的学术讲座、学术交流就有 146 场，涉及多个学术领域，参加讲座的人数多范围广。每年的 4 月份，学校会为泰国留学生举办一场热闹的宋干节，以及每年会定时准备一场泰语和越南语演讲比赛，彰显东南亚国家的民俗风情特色。校园里的这些活动是校园文化的重要组成部分，充分体现了校园的文化内涵，走在校道上可以充分感受大学的学术氛围和千万学子的风采。对旅游者有很强的艺术渲染力，对文化、艺术素养提升具有明显的优势。

科普旅游资源独特，体验性强。钦州学院作为区域性的学术交流中心，特色学科专业强，为北部湾经济区服务输送优秀的人才。校园科普旅游资源丰富，拥有 21 个重点实验室，其中有区级的、市级的、区内高校的等。此外，钦州学院还有特色专业模拟馆、水上训练中心等。详细情况如表 5.1 所示。

康体资源设施完善，项目多样化。钦州学院体育设施完善，体育活动空间充足，体育项目多样化。体育基础设施完备，标准的足球场和跑道，符合规格的篮球场、羽毛球场、宿舍区的乒乓球桌方便又满足游客的需求、健身房等体育设施一应俱全，新型的体育馆和游泳馆也正在紧张施工中。另外，以俱乐部或者社团的形式开展

表 5.1   钦州学院特色科普资源

特色科普资源名称	地点	描　述
中国—东盟水上训练中心	西门旁	总用地达 33 亩，集培训、科学研究、学术交流、承担赛事、科普教育为一体的场所，为游客宣传和教育航海知识、丰富海洋知识具有明显的优势
航海模拟体验馆	7 栋 B-114	采用视觉 3D 场景的船舶模拟器，内存各国航道、港口、天气变化的模拟场景，其仿真音响系统和全真船舱模拟使得游客可安全又便捷地体验航海的快感
轮机模拟体验馆	7 栋 B-120	目前是广西乃至我国西南规模最大，最先进的大型轮机模拟器设备，游客可以体验轮机模拟学习轮机知识
坭兴陶窑变工艺馆	3 栋一楼	学习坭兴陶的制作与参观学生制作的作品，具有观赏与体验旅游的结合
图书馆	礼仪广场正北	广西目前最大的图书馆，面积有 44960 平方米，藏书 140 万册，有 10 个特色阅览室，还设有休闲功能的阅读体验区，让游客体验图书的乐趣与提升文化素养

的校园体育项目花样繁多，譬如健美操、爵士舞、武术、瑜伽、足球等项目。学校体育项目适合男女老少的需求，并且体育设施比如跑道、篮球场等向广大游客、居民开放，校外单位或者组织可以借用、租用进行体育项目比赛，游客、市民可根据自己的需要进行体育锻炼。

钦州学院滨海校区校园旅游资源丰富多样、独具一格，详细情况如表 5.2 所示。

表 5.2　　　　　　　　钦州学院旅游资源

旅游资源类型	旅游内容	主要景点
自然旅游资源	校园观光游、休闲娱乐游相结合，依托学校科研设施、水域风光、花草树木	中心礼仪广场、环校水系、北边公园、南门右边草地、校园建筑物
人文旅游资源	体验游、观光游、休学求知游相结合，依托浓郁的校园文化、艺术氛围，思想和精神得到提升	文艺晚会表演、知识讲座、辩论比赛、音乐会、舞会
科普旅游资源	体验游、观光游、休学求知游相结合，增加文化知识，提升文化素养	中国—东盟水上训练中心、航海模拟体验馆、轮机模拟体验馆、坭兴陶窑变工艺馆、图书馆
康体旅游资源	体验游、观光游相结合，锻炼身体、观看体育比赛，感受校园青春洋溢的气息	东西区运动场、篮球场、宿舍区一楼俱乐部、体育馆

2. 设施完善，配备齐全

旅游基础设施完善，可进入性强。钦州学院作为 3A 景区相关的旅游基础设施完善，交通便利，具有极强的通达性和可进入性。钦州东站动车的开通，大大缩短了与北海、南宁、柳州、桂林、百色等城市的通行距离。火车东站、汽车总站、汽车南站、汽车西站等各个交通站点距离景区仅有 8～17 km，车程 20～40 分钟就可到达钦州学院。专线公交 K9、22 路公交车经过各站点，方便旅客到达。校园内有六辆校园观光游览车，可以护送游客到校园内的各个景点，只需要一元人民币就可以游览校园，既实惠又方便。校园内每天有 2 名行政派出所钦州市钦南区沙埠镇社区派出所 24 小时执勤还有两名物业管理公司人员执勤，保证学校的安全。消防方面设施齐全，配备全面，在安全工作上落实到位，可以有效防止消防问题的出现。此外景区内电力、排水、环境卫生等基础设施符合 3A 景区的标准。

旅游服务设施配备全面，游客满意度高。校园景区的服务设施方面，4号教学楼一楼大厅设有"游客服务中心"，两边还有电子触摸屏，里面会放钦州市的旅游信息和校园景区的旅游攻略，方便游客查询。景区内沿河一带存在安全隐患，都有安全提醒标志，有救生圈。学校有医务室，即钦州市钦南区沙埠社区卫生服务中心，每天有医护人员值班，24小时值班配备救护车一辆，保证了游客的生命安全，使游客能够安心游览景区无后顾之忧。景区内分为东区和西区两个食堂，每个食堂都有三层，其中一层和二层为大众口味的饮食，符合绝大多数的师生和游客的口味。三楼为多功能的特色自选餐厅，还有豪华的包间，满足聚会、亲朋好友探访饮食的重要场所。环境整洁美观、宽敞，能同时满足万人的就餐。还设有休闲咖啡吧，这是大学生自主创业开发的项目之一，各种各样的饮品和点心供游客品尝，游客可享受学生的热情服务和感受文艺氛围、陶冶情操。钦州学院滨海校区的景区游览点如图5.2所示。

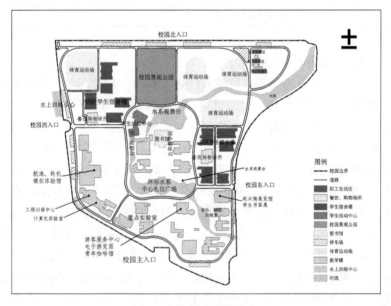

图 5.2　钦州学院游览点

3. 区位优越, 出海通道

钦州学院坐落于广西北部湾经济区的滨海之城钦州市, 从大区域说, 广西北部湾经济区地处我国南部沿海与西南腹地的结合部, 面向东南亚, 是西北地区最便捷的出海通道, 也是我国与东南亚经济联系的枢纽地域。就地理位置来说, 钦州市是距广西首府最近的一座滨海城市, 更是北部湾经济中心城市。钦州学院是区域性的学术交流中心, 位于主城区的南部, 西面是钦江, 西南面是茅尾海, 兰海高速在其北面, 东面是扬帆大道。无论是从大区域的区位来说广西区域的位置来看, 钦州学院是广西甚至是我国西南地区实现滨海校园旅游便捷的旅游目的地, 客源市场广阔, 区位优势显著。钦州学院的地理位置具体如图 5.3(a)、(b)所示。

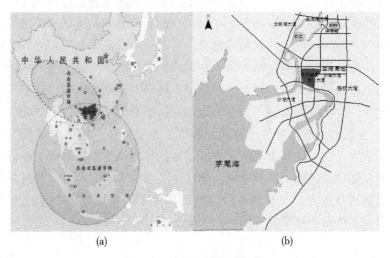

(a)　　　　　　　　　　　　　　(b)

图 5.3　钦州学院的区位图

钦州作为重要的旅游城市, 旅游经济发展快速, 旅游客源呈逐年上升态势。2013 年, 钦州开通的多条动车专线缩短了与区内各地的交通距离, 更是为钦州的旅游发展插上翅膀。2017 年 1 月 5日, 南昆线正式通车, 昆明到钦州的时间也缩短为 6 个小时。动车的运行活跃了广西沿海地区与区内甚至是大西南地区的旅游市场,给钦州学院带来了更多的游客。

4. 客源腹地广阔，客源充足

钦州市管辖区人口众多，客源丰富。据市公安局有效统计，钦州市户籍人口与常住人口在 2015 年达到了 404.10 万人和 320.93 万人，同时海外华侨同胞达到 38 万人，具体分布在 46 个国度。随着近几年钦州市的不断发展，外来人口不断涌入，钦州市的人口规模在迅速增加。目前，随着我国二孩政策的全面实施，在未来，钦州市的人口基数将会进一步扩大。因此就目前管辖区内，钦州学院景区的客源市场非常的可观。

校园旅游成为热门项目，客源潜力大。李丽在《高校旅游资源开发的可行性研究》中将高校的旅游客源市场分为四大市场，分别为中小学生及其家长、毕业生故地游和错过高等教育机会的人。随着我国国民收入的提高，家庭对子女的高等教育的重视，在选择高校时，学生不仅关注学校的教育实力，也会关注学校的环境。钦州学院是一所应用型技术大学，作为广西北部湾沿海地区唯一一所公立本科高校，无论是对本市的学子，还是其他地区有理想有志向的学子，钦州学院都将成为他们未来深造的理想之地。钦州学院能以3A 景区的优势和特色的专业如海洋、石油化工、机械与船舶等吸引游客。在对钦州学院滨海校区游客的抽样调查中抽取了 130 份问卷，通过统计得出，其中男生和女生各占 39 人和 91 人。在对是否愿意推荐亲人、朋友到本校游览的问题中，很多学生表示愿意推荐，具体调查情况及分析如图 5.4。

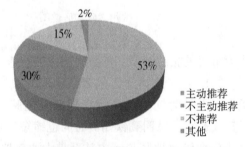

图 5.4　钦州学院游客推荐亲朋好友调查分析

此外，据钦州学院招生就业处统计，钦州学院 2016 年招收的泰国留学生、柬埔寨留学生、越南留学生和老挝留学生共 96 人，聘用外籍教师达 18 人。2017 年以留学生比例 0.07% 居学生国际化排行 405 名，说明了钦州学院国际化水平越来越高。留学生、交换生、游学参观学生等都将成为钦州学院旅游客源的一部分。钦州学院目前与境外院校合作共 34 所，详细情况如表 5.3。

表 5.3　　　　　　钦州学院国(境)外合作院校一览表

合作国家	合作院校数量(所)
越南	4
泰国	7
印尼	3
韩国	3
美国	3
英国	3
柬埔寨	1
菲律宾	2
新加坡	2
马来西亚	5
加拿大	2
意大利	1

(二)劣势分析

1. 旅游设施的配备不完善

钦州学院二期工程还在紧张的施工当中，基础设施还需进一步完善，比如校园内的停车场有限，在规划建设时并没有地下停车场，目前学校一共有 16 个停车场，分别分布在东西南北四个大门口附近，每个停车场间距大概三到五分钟的车程。最小的停车场有 17 个停车位，最多的有 104 个车位，总共有 1373 个停车位，停车场不能满足学校师生、游客的停车需求。学校景区内的指示路牌比较少，部分特色景点没有相应的解说牌，游客不能更全面地了解学校，对学校的认知不足，这样容易降低游客对学校旅游的好感。

2. 学校的知名度不高

钦州学院正在转型发展的关键时期，2016年10月才确立为3A景区，确立的时间不长，对景区的宣传不到位和缺乏相应的营销策略。和区内外的重点大学相比综合实力较弱，还有相当长的一段路要走。

3. 旅游产品单一，开发程度低

钦州学院滨海校区属于新校区，由于起步较晚，发展遇到瓶颈，造成了旅游产品级别和旅游产品层次较低，缺乏有效的竞争力。甚至有些建筑还在施工，植被也是刚种下不久，并没有达到美观的效果。目前开发仅停留于景观，观光，阳光，滨海，对特色旅游产品开发欠缺。具有特色的旅游产品如陶艺馆、轮机模拟体验馆、航海模拟体验馆、一些科学实验室等有价值和有意义的旅游项目并没有真正开发，游客不能真正体会到学校的生活。游客的参与性和体验性的旅游项目比较少，不能深层次感受大学特色文化使一些游客大失所望，游客的回头率和宣传学校的旅游大大减少。

（三）机遇分析

1. 广西北部湾经济区纳入国家战略

2008年，国家批准实施了《广西北部湾经济区发展规划》，至此北部湾经济区纳入国家战略。而钦州学院作为一所服务地方发展的本科院校，更是获得了有力的发展保障，与城市的发展相辅相成。钦州学院正努力筹建北部湾大学，政府，财政、政策向钦州学院倾斜，这给学校的发展带来了巨大的机会。北部湾经济区的建立为钦州市的社会经济发展提供充足动力，更是为钦州学院旅游发展带来巨大的潜在客源。

2. "一带一路"建设

随着我国"一带一路"建设的兴起，钦州市作为广西海上丝绸之路港口城市之一，有着优越的政策优势，资金优势，人才优势。钦州学院作为广西北部湾沿海经济区一所公立本科学院，可以共享

"一带一路"建设成果。目前学校还成立了广西海上丝绸之路发展研究院，这对加快地区"一带一路"建设有着举足轻重的作用，从而有利于可以全方位地促进校园景区的发展。

（四）竞争分析

1. 区内高校竞争

钦州学院最大的竞争来自区内外其他高校，如广西大学凭借着较强的综合实力、广西民族大学凭借相思湖构成的优雅校园景观、广西师范大学校内的独秀峰等，这些高校的综合实力、知名度都高于钦州学院，吸引着大量的游客进入学校参观学习，这就加剧了钦州学院的市场竞争力，无疑给正在发展中的钦州学院带来巨大的竞争。

2. 市区里各旅游景点的竞争

钦州市区里拥有教育性较强的刘永福故居和冯子才故居，每年都吸引着中小学生和游客进入参观进行爱国教育；2016年元旦钦州园博园开园、2016年10月同样被钦州市旅游局确定为国家3A级景区的欢乐农庄，是市民进行休闲娱乐、家庭聚会的好地方，每个周末吸引很多市民。这些景点在市区里，交通较方便，钦州学院的客源市场遇到的分流。

三、促进钦州学院滨海校区旅游资源开发的建议

钦州学院滨海校区旅游资源开发优劣并存；即是一次不可或缺的发展机遇，同时又带来巨大的发展隐患。但是通过上述对钦州学院旅游资源开发的分析，我们可以看出，其旅游资源的开发优势是巨大的，机遇更是高于隐患。要使钦州学院校园游有序、健康地发展，需要政府、学校、游客的共同努力。

（一）政府方面

1. 建立政府主导型多方合作旅游开发模式

钦州学院旅游资源的开发涉及多方利益，因此应该充分利用政府协调优势和企业的营运组织优势，建立政校企三方合作的模式。以政府为主导，开展钦州学院校园游与旅游企业的合作，促进学校与企业的相互交流。

2. 组建专门的钦州学院校园游服务机构

政府应组建专门的钦州学院校园游服务机构，实行独立核算，自负盈亏；但影响到学校正常教学与管理时，学校有权要求其进行改变和调整旅游计划。此服务机构员工以本校旅游专业的同学为主，也欢迎热爱旅游或者想从事旅游工作的其他专业学生，主要职能是负责校园的导游讲解工作，给游客排忧解难，带领游客游览校园，体验校园的气氛。

(二)学校方面

1. 挖掘校园文化内涵，突出特色

钦州学院正在向应用型大学转型、北部湾大学的筹办、"临海工业"、"石油化工"、"海洋经济"、"东盟研究"、"北部湾经济"等五大品牌的建立，早已经吸引了许多人的眼球，这是钦州学院滨海新校区本身的一个独特性资源。钦州学院要利用这些优势，挖掘具有地方特色的旅游产品，海洋文化、坭兴陶艺文化、滨海特色等具有巨大的开发潜力。

2. 加大宣传力度，传播钦州学院文化

钦州学院应该逐渐弱化其弱势，利用机遇。如利用钦州市参加国家大型旅游展销会如中国—钦州国际海豚节、三娘湾观潮节、蚝情美食节等节庆活动，在旅游展销会活动期间，设立活动地点到钦州学院的旅游专线，让更多的游客知道钦州学院，从而可以起到移动人流宣传的作用。此外可以利用网络、QQ、微信、微博、新闻、创立公众号等进行宣传钦州学院的文化、特色旅游资源等。

3. 学生塑造良好形象，提高学校美誉度

钦州学院作为3A景区，学生是校园游一道亮丽的风景线，大学生的激情、文化素养、个人素质等都影响着景区的形象。因此学生是景区形象活的招牌，提高文化素养、展现文化内涵、塑造学生良好的形象是景区的重要任务。

4. 完善旅游服务体系，提高服务质量

钦州学院利用创建北部湾大学的机遇，政府加大资金投入、政策支持的环境下，逐渐完善二期、三期工程建设。首先完善导游服务，打造一支高素质的导游队伍，给游客提供全面的讲解，使其拥有愉快的旅行，加强基础设施的建设，完善交通，购物，等设施，保障师生的人身财产安全。其次在校园内完善残疾人专用通道、专用厕所及特殊标志的设计安装，并做好能为特殊人群(老人、小孩、残疾人等)提供特殊服务，使景区的人性化，游客们更舒心更满意。

(三)游客方面

1. 遵守校园游的规章制度

校园游的特殊性，游客不仅需要遵守旅游的相关规定外，还需要遵守校园游的规章制度，使学校的教学能够正常有秩序的完成。比如教学区不能大声喧哗、精密仪器的保护等。

2. 爱护校园环境

校园旅游的多样化方式，满足了游客的旅游需求，使得游客成为校园游最直接的受益者。在游览校园时，游客应爱护学校的一花一草、一砖一瓦，爱护校园环境具有环保意识，不乱扔垃圾等。自觉维护学校的教学氛围，在教学区禁止大声喧哗，避免打扰正常的教学秩序。

总　结

目前，我国的旅游也正在向着成熟的方向发展着，校园旅游充当着越来越重要的角色，钦州学院旅游资源开发既有优势，又有劣势；在迎来发展机遇的同时又面临着巨大的发展威胁。通过对钦州学院旅游资源开发的分析，可以看出，钦州学院的旅游资源开发优势大于劣势，机遇优于威胁。发展校园游优势明显，要使校园旅游的效益达到最大化，需要政府、学校、社会、游客多方面的努力，有理由相信钦州学院校园游的发展会越来越好、越有序、越健康，前景更广阔。

第四节　广西北部湾旅游业可持续发展研究

2008 年 1 月 16 日国家批准实施《广西北部湾经济区发展规划》，2008 年 5 月 29 日，广西钦州获国务院批准设立保税港区，这是党中央、国务院支持广西北部湾经济区开放开发的又一重大举措，是北部湾经济区参与经济全球化的一个重要表现。今日的钦州发展势头是可喜的，然而在经济和社会发展过程中，由于缺乏足够的意识，对钦州旅游可持续发展产生了阻碍效果，例如，一些历史遗迹遭到破坏，通过对钦州旅游可持续发展研究，唤起人们对旅游可持续发展的重视，同时也为钦州政府部门完善管理机制，加大投入，实现钦州旅游发展提供决策依据。旅游的可持续发展是钦州社会经济可持续发展的重要组成部分，也是贯彻和落实科学发展观的体现，也将为创建和谐社会作出贡献。

一、钦州市旅游发展的优势

1. 独特的地理区位优势

钦州处于广西沿海中部，地处"面向东南亚，背靠中国大西南"2个辐射扇面的中心，是首府南宁通往防城港和北海必经要地；钦州港是西南经济协作区最便捷的出海口，位于我国南海的北部湾，处于广西沿海地区中心位置，地处东南亚与中国大西南两个辐射扇面中心，是华南经济圈与西南经济圈的联结部，在西部大开发中具有"承东启西"的战略作用，在中国—东盟自由贸易区的建设中具有"桥头堡"的战略地位。独特的区位优势以及便捷的交通条件增强了钦州旅游的可进入性，为游客"进得来，散得开"提供了便利条件。

2. 得天独厚的自然条件

钦州市位于祖国南疆，属南亚热带气候，具有亚热带向热带过渡性质的海洋季风特点。年平均气温 21~23℃，绝大部分地区无霜期在 350 天以上，年平均降水量在 1600 毫米左右。独特的地理气候特点使钦州拥有丰富的自然资源。钦州市素有"白米之乡"、"荔枝之乡"、"香蕉之乡"之称，水果种植面积、总产量、总产值、农民人均水果收入等项指标均居广西前列。钦州湾天然饵料丰富，发展海洋捕捞、海水养殖前景广阔，出产鱼类贝类 500 多种。其中青蟹、大蚝、对虾、石斑鱼被称为钦州湾"四大名产"。钦州湾所产的珍珠亦称为南珠，在国内外享有盛誉①。钦州市依山傍海，山清水秀，拥有独特的南国滨海风光及丰富的历史人文遗迹，旅游资源丰富。

3. 良好的经济发展态势

钦州市自1993年提出"以港兴市、以市促港、项目支撑、开放带动、建设临海工业城市"发展战略以来，港口经济迅速拉动钦州市经济的发展，从2006年3月广西北部湾经济区正式成立，到2008年1月国家正式批准实施《广西北部湾经济区发展规划》，到2008年5月获国务院批准设立广西钦州保税港区，短短十几年时间，国家政策优势迅速转化为产业优势，形成北部湾经济区的"雁群效应"。据统计，2004年以来，钦州市生产总值呈现连年攀升趋势，2008年钦州市生产总值达到377.42亿元（见表5.4），居全广西第八位，位次比上年前进1位；增幅比全广西高2.8个百分点，位居全广西第三位，位次比上年前进2位。钦州市生产总值增幅连续五年保持两位数增长，2008年钦州市生产总值增长幅度达15.6%，其中一、二、三、四季度分别累计增长16.3%、16.6%、16.3%和15.6%②，全年尽管高开低走，但总体仍保持较快的发展态势。

表5.4　　钦州市2003年至2008年GDP及其增幅

	2003年	2004年	2005年	2006年	2007年	2008年
GDP(亿元)	152.89	171.25	205.52	245.21	303.92	377.42
增长率%	6.4	13.3	14.8	15.3	17.2	15.6

资料来源：www.gx.xinhuanet.com；《钦州年鉴》，广西人民出版社2008年版。

在经济呈现快速发展的同时也刺激和促进钦州旅游的发展，2003年以来钦州地方政府加大旅游投入，使钦州市旅游得到很大

① 钦州市人民政府：《钦州年鉴》，广西人民出版社2008年版。
② http：//www.qzrb.com.cn 钦州日报网站。

的发展。据统计，在实施"大港口、大工业、大旅游"以前，钦州市旅游产业一直在低谷徘徊，年接待国内外游客约 1 万人，而且商务旅游居多。近几年来，钦州市旅游在接待人数及创收上呈现快速增长（见表 5.5），特别是 2007 年，钦州市在"创建中国优秀旅游城市"中，钦州的旅游设施日臻完善，城市现代旅游功能逐步增强，服务水平、档次也在不断提高，为钦州旅游带来新的活力，旅游接待总人数突破 300 万人次，旅游外汇收入与总收入都创历史新高，分别为 512.8 万美元、12.47 亿元。

表 5.5　　钦州市 2004 年至 2008 年旅游接待人数及旅游收入统计表

年份	接待总人数(万人次)	同比增长%	国内旅游者(万人次)	同比增长%	入境旅游者(人次)	同比增长%	旅游总收入(亿元)	同比增长%	国内旅游收入(亿元)	同比增长%	国际旅游收入(万美元)	同比增长%
2004	165.26		165.11		1537		5.79		5.75		43.77	
2005	176.70	6.92	176.39	6.83	3100	101.69	6.69	15.54	6.64	15.48	69.04	57.73
2006	193.96	9.77	193.56	9.73	4017	29.58	8.13	21.52	8.06	21.39	91.92	33.14
2007	304.09	56.78	302.38	56.22	17086	325.34	12.47	53.38	12.00	48.88	626.57	581.65
2008	347.89	14.40	346.09	14.46	18003	5.37	15.66	25.58	15.21	26.75	645.42	3.01

资料来源：钦州市旅游局。

4. 积淀厚重的历史文化

钦州，人杰地灵。1400 多年的悠悠岁月，孕育了钦州灿烂而辉煌的文化。钦州古称安州，为我国历史文献上记载的"海上丝绸之路"的最早起点。钦州是民族英雄冯子材、刘永福的故里。刘冯故居承载着"钦州精神"的千古神韵，如今的刘冯故居已成为"全国百个中小学爱国主义教育基地"，并于 2006 年顺利通过国家旅游局验收，被批准为"国家 4A 级景区"。

位于钦州市灵山县佛子镇的大芦村内誉为"广西楹联第一村"，目前大芦村保留有 305 副楹联，一字一句都散发着浓郁的文化气息，承载着悠悠的古趣今韵，对联内容以修身、持家、创业、报国为特点①。

钦州坭兴陶作为一种传统民间工艺,其作品于 1915 年参加美国巴拿马旧金山举办的国际博览会上获得金奖,名列中国四大名陶。与江苏宜兴紫砂陶、云南建水陶、四川容昌陶饮誉中外。近百年来多次参加国际和国家级展览会评比并获大奖 40 多项,其中 1915 年在美国旧金山获万国博览会金牌奖,1930 年在比利时获世界陶艺展览会金质奖。

越州古城遗址、浦北客家村古建筑、大朗书院、大芦村古建筑群、刘冯故居与客家傩舞与风情、采茶戏与烟墩大鼓一起成为钦州人文旅游资源的宝贵财富,成为钦州旅游的灵魂。

5. 丰富的旅游资源

独特的自然条件与人文特点为钦州旅游带来丰富的资源(见图 5.5、表 5.6),钦州在发展旅游的过程中加大投资力度,其中 2006

图 5.5 钦州市旅游发展布局示意图

---

① 灵山县志编纂委员会编:《灵山县志》,广西人民出版社 2000 年版。

表 5.6   钦州旅游资源一览表

自然旅游资源	地貌景观	山岳风光	六锋山、五皇山、王岗山、罗阳山、崀尖山、三海岩
	水体景观	湖泊	越州天湖、白石湖、邓阳湖
		河流	灵东水库
		滨海	三娘湾、中华白海豚、七十二泾、月亮湾、麻蓝岛、龙门岛、亚公山、青菜头、绿岛、五马归槽、茅尾海、红树林、沙角
	生物景观	森林风光	八寨沟、那雾岭
人文旅游资源	文物古迹	古建筑、遗址	灵山人遗址、刘冯故居、大芦村建筑群、越州古城遗址、浦北客家村古建筑、大朗书院
	民俗风情	民间特产	坭兴陶艺品、小董麻通、神孚酒、石斑鱼、大蚝、青蟹、对虾、海鸭蛋、黄瓜皮、红椎菌
		风味小吃	猪脚粉、灵山大粽
		民间节庆	客家傩舞与风情、采茶戏与烟墩大鼓、灵山荔枝节、浦北香蕉节、钦州国际海豚旅游文化节
	人造景观	娱乐休闲	仙岛公园、中山公园、龟王城、梦园、福多堂生态旅游村
		工业园区	中石油工业园区、金光工业园区、燃煤电厂园区

资料来源:《广西导游》、《钦州年鉴》,广西人民出版社 2008 年版。

年全年全市旅游累计完成投资额达 7500 万元以上,加强基础设施和配套实施建设。目前,钦州市拥有星级旅游涉外酒店 16 家,其中五星级 1 家即白海豚国际酒店、三星级 8 家,二星级 7 家;旅行社 12 家,其中国际社 1 家即神舟国际旅行社,国内社 11 家。同时钦州市拥有 3 个国家 AAAA 级旅游景区(三娘湾旅游景区、刘冯故居、八寨沟旅游景区)、2 个国家 AAA 级景区、1 个全国工业旅游示范点(坭兴陶艺有限公司)、2 个全国农业旅游示范点(三娘湾旅游景区、大芦古村旅游景区)、7 个广西工农业旅游示范点、2 个广西工业旅游示范点①。为钦州市创建全国优秀旅游城市、打造钦州旅游王牌景区景点奠定了基础。2007 年钦州市被国家旅游局命名为中国优秀旅游城市，2009 年 2 月钦州灵山县被评为广西优秀旅游县，极大提升了钦州市旅游形象，为钦州打造北部湾旅游圈新亮点奠定基础。

二、钦州市旅游可持续发展面临的问题

1. 旅游可持续发展思想意识不足

长期以来，在我国旅游中普遍存在的发展观念是传统的经济发展观，人们往往注重和强调旅游的经济功能，在很大程度上忽略了旅游发展有可能带来其他方面的负面影响。在钦州市很多业内人士认为旅游的可持续发展就是旅游经济的持续增长。在片面追求旅游经济增长的短期行为引导下，就很难协调和处理好整体与局部、资源与环境、长远利益与眼前利益的关系，对旅游资源的开发往往会采用高消耗、低效益甚至是掠夺的方式进行，以"涸泽而渔"的手法，换取眼前的短期利益，必然导致对旅游资源的摧残和对生态环境的破坏。这些认识上的不足应该说是影响钦州旅游可持续发展的主要制约因素，也是迫切需要解决的问题。此外，对旅游的可持续发展的宣传教育不够普及以及老百姓的参与机制不健全；企业、非政府组织、市民对参与旅游可持续发展的渠道不多，也影响了人们参与的自觉性和主动性。

2. 旅游产品缺乏核心竞争力

钦州旅游资源十分丰富，无论人文景观、历史文化还是自然风情，都有典型的浓厚的特点，但资源开发的个性不突出，开发思路与开发模式雷同，产品缺乏核心竞争力，难形成精品。环境质量是旅游产品的生命线，是决定产品市场竞争力的重要因素。钦州的蓝色旅游产品三娘湾、龙门群岛等与泛北部湾区域的北海银滩、防城港金滩、合浦星岛湖、北海涠洲岛、海南等同属于"3S"产品，替代性强，尽管近年来频频出现在三娘湾的"海上大熊猫"——中华

① 数据来源：钦州市旅游局。

白海豚成为了钦州旅游的亮点，但是现在如火如荼进行的北部湾开发热潮，不得不为未来钦州海洋资源担忧。钦州市三娘湾要想实现"大旅游"的发展策略，其瓶颈在于淤泥土质的滩涂治理问题。三娘湾的近海滩涂水位较低，潮水的涨落幅度较大，直接导致退潮时淤泥裸露，垃圾由于茂密的红树林阻挡而沉积下来，滨水景观带一片狼藉。鹿耳环江的宽阔河面中央曾经有几个小岛，岛上郁郁葱葱，与退潮后阳光照射河床的干涸龟裂形成强烈反差。除了自然因素之外，港区大规模的填海建设也加重了滩涂的淤积。港区正在建设的保税区采用抽砂填海的方式向海中延伸了近 10 km，导致原来的鹿耳环江入海口由开敞的海湾变成了内向的河道，更加重海水涨落潮所带来的泥沙淤积①。如果北部湾经济区发展影响到北部湾的环境，海豚随时都有走的可能，这对钦州旅游的发展将是严峻的挑战。

坭兴陶艺尽管曾名列中国四大名陶之一，但是在经济转型期间，坭兴陶器的生产格局被打破，产品式样老化，设计和生产水平落后，不能适应市场变化和市场竞争，坭兴陶的生产企业频频破产倒闭，许多坭兴陶的传人、技师为了生存，纷纷改行。坭兴陶的生产走入低谷，几乎到了临近失传的边缘。尽管目前市委市政府比较重视坭兴陶艺资源开发，但由于其是民间手工制作，技艺开发需要时间，一时还处于青黄不接阶段，很难恢复昔日辉煌。

同时钦州旅游产品结构单一，非基本旅游收入微薄，未形成持续发展的势头。在已开发的景区景点中，上国家 A 级的只有 5 个（三娘湾、八寨沟、刘冯故居、六峰山、龙门群岛），其他景点知名度不高，而且各个景点之间距离较远，难以形成接点连线成面的旅游规模。而且钦州的旅游产品结构单一，还是以传统的观光类型为主，专项、特色产品缺乏，旅游购物产品雷同，晚间娱乐活动严重不足，面对旅游产品多样化的需求与日益增长的市场竞争压力，亟待需要对现有资源进行深度开发，优化升级。

---

① 李宏利、李媛、邢同和：《以问题为导向的城市设计策略——钦州三娘湾国际方案征集之优胜方案》，《城市建筑 | 设计作品》

再者，钦州旅游经济总量小。不可否认，自 2003 年钦州提出"大港口、大工业、大旅游"的战略以来，钦州的旅游进入发展快车道，特别是 2007 年，钦州在创建全国优秀城市过程中，不断加强改善投资环境，提高城市综合竞争力，使得钦州的软件、硬件得到改善，带来旅游收入的大幅增长，特别是国际旅游收入实现近 6 倍的增长。但是其发展是建立在原经济总量很小的基础上的，旅游规模偏小的状况没有改变，经济总量短期内难以提升。另外钦州的旅游收入占 GDP 的比例偏小(见表 5.7)，即便是最近快速发展的两年，旅游收入所占 GDP 的比例也才分别为：4.10%、4.15%，还未赶上广西"十五"期末 2005 年全区旅游收入占 GDP 的 7.6%的比例①。

表 5.7　　　　　　　　　　钦州旅游对 GDP 的贡献

	2004 年	2005 年	2006 年	2007 年	2008 年
GDP(亿元)	171.25	205.52	245.21	303.92	377.42
旅游总收入(亿元)	5.79	6.69	8.13	12.47	15.66
旅游收入占 GDP 比例	0.33%	3.26%	3.39%	4.10%	4.15%

资料来源：www.gx.xinhuanet.com；钦州市旅游局。

3. 旅游资源开发利用不合理

由于缺乏对决策、投资行为进行有效的监控、检查，以及缺乏对市场的科学调查和预测，出现了投资的失误，加上旅游投资多头管理、缺乏统一规划以及地方保护主义等，致使旅游投资宏、微观上都出现了问题。因为资金不到位，技术落后，开发者的欣赏品位低，造成重复式、低水平、低效益状态，甚至产品未进入成长期即夭折倒闭。造成人、财、物的严重浪费。这种重复建造人造景观的做法，并没有根据本地区旅游资源的资源特点和市场潜力，而是人云亦云，一窝蜂地盲目上马，这说明钦州的旅游资源开发尚处于不

---

① 肖建刚：《政策与法规》，广西师范大学出版社 2008 年版。

成熟阶段，缺少项目的前期规划和策划，用停滞的目光只注视短期效益，甚至影响整个旅游产品的生命周期。一方面浪费了大量的资金，另一方面也占据和浪费了大量的土地资源，也损害了钦州作为中国优秀旅游城市的形象。典型的例子是 2006 年钦州市八寨沟完成投资 1420 万元，修建了八寨沟民族新村、漂流服务中心、八寨沟宾馆、休闲广场、人工湖、游泳池，改建了景区公路等旅游基础设施项目。八寨沟是 2004 年发现并着手开发与保护的风景区，是一块躲在深闺待人识的处女地，是一个幽谷探险、放飞夏日心情的清凉世界。漂流是一项刺激性强、风险系数大的特种旅游项目，此项目的开展对漂流水域、经营者、组织者、参与者的要求都很高，由于没有做好可行性分析就匆忙"上马"，结果没有收到预期效果。笔者曾于 2005 年到八寨沟参观游览，当时就发现那里已在修建人工湖，但当笔者本学期再次到八寨沟时，那里的人工湖还未投入使用，这必然导致很多资源的浪费。

4. 旅游管理缺乏力度

旅游的可持续发展要求突破地区、部门和行业的界限，平衡当前利益和未来利益之间的关系，以实现资源的优势互补。钦州旅游资源丰富，但是它们的隶属关系复杂，目前钦州市大部分景点景区实行经营权与所有权相分离的管理模式，如八寨沟景区的门票经营权隶属于南宁赛尔企划有限公司，三娘湾景区的经营权隶属于广西钦州市华闽建设投资有限公司等。由于旅游景区(点)分属于文化、旅游以及民营企业等多部门，他们往往各自为政，相互间缺少沟通与协调，还存在着交叉管理等现象，使得行业管理上出现了条块分割、多头管理等问题，加大了项目开发管理协调的难度，必然导致效益低下。也不利于旅游资源的重组和深度开发，以及旅游产品的整合和市场合理的形成，阻碍制约着旅游快速发展；不利于统一规划；不利于增加投入，改善设施；不利于发挥优势，占领市场，扩大经营。由于体制的弊端导致服务水平的低劣，无法达到资源配置的最佳状态，收入与资源条件、资源优势不成比例，难以留住客人的同时也失去了自我发展的机会。有一些景区景点在建设的过程中，对本单位、本部门的利益考虑得多，局部利益和眼前利益考虑得多，常犯急功近利的毛病。尤其是一些历史文化景点被承包给公司企业或个人，这些承包者为了获得更多的经济利益，总是想方设法在承包期内获得最大的经济利益，而对景区的软、硬件建设不予重视，更不用说关心景区的长远发展了。这种掠夺式的经营，对历史文化旅游资源的保护与可持续发展都是极为不利的。如钦州市刘冯故居，是典型的晚清南方府第建筑群，在将经营权转让出去之后，投资者对其进行重新包装，在很大程度上改变了其原有的古朴风格，同时还提升了其门票价格，由过去的 15 元上升为 30 元，增加了游客负担，影响其长期发展。2007 年"广西北部湾摄影作品侵权纠纷第一案"——三娘湾侵权案①，就暴露出经营权与所有权相分离管理模式的弊端，经营者为获取更多利益而虚报游客接待人数，给地方和国家带来损失。

5. 旅游人才特别是高端人才缺失

一般认为，旅游是一项劳动密集型的行业。有关资料显示，旅游产业关联和带动产业有 81 项之多，旅游直接收入 1 元，相关产业收入增加 4.3 元，旅游直接增加 1 个就业机会，社会就增加 5 个就业机会，旅游与相关产业的投资带动作用比例为 1：7。目前，钦州共拥有星级酒店 16 家，旅行社 12 家，旅游景区与工农业示范点 16 处，这为当地提供了直接和间接近万个旅游就业机会。但是钦州旅游就业人员依然存在短缺现象。首先，是人才结构不合理，高端人才缺乏。旅游的发展与振兴，归根结底要靠人才。在钦州，旅游人才特别是高端人才缺乏。据统计，钦州目前从事导游工作拥有全国导游证的人员总共才 62 人，但全部为初级导游，中级、高级、特级等高级人才严重缺乏；从语种上看，钦州的导游人员几乎都是普通话导游，只有 1 人为英语导游，外语导游特别是小语种导游人员成为钦州导游队伍的空缺，这将成为制约钦州面向东盟发展旅游的瓶颈。而从事酒店工作的人员中学历和外语水平都不高，这说明钦州旅游一方面缺乏吸引优秀旅游人才的条件和环境，另一方面也说明钦州对高端人才的培养还不够重视，这些都将制约钦州旅

---

① http：//blog. xina. com. cn/s/blog-587dlal1201009u63. html

游的可持续发展。其次，旅游教育层次低，开设专业面窄。目前钦州拥有旅游管理专业的高等院校只有 2 所，其中 1 所全日制本科院校即钦州学院、1 所民办高校即广西英华国际职业学院；另外还有 1 所中专即广西钦州农业学校也开设有旅游专业。这些学校的旅游专业设置面小，教育层次低。钦州学院最早开设旅游管理专业是在 2001 年，培养的是专科层次且没有明确方向，培养生源也少，截至 2008 年 7 月，毕业生共 154 人。旅游本科人才是在 2007 年 9 月才开始招生，目前还没有毕业生，而且也只有东南亚、酒店管理以及综合类三个方向。另外广西英华国际学院培养的是专科层次的学生，从 2006 年开始招生，广西钦州农业学校培养的是中专人才。这些毕业生大部分从事的是旅游行业一线的工作，而不能满足钦州旅游迅猛发展的人才特别是高层次旅游人才的需求。

三、钦州市旅游可持续发展的对策

1. 树立可持续发展的理念

可持续发展观的树立是保障钦州旅游健康有序发展的首要步骤，观念的更新和深入就是要深刻理解生态环境保护对于旅游可持续发展的重要意义，克服那些认为旅游是"低投入，高产出"、旅游资源是"非耗竭型"资源等错误认识，改变一味追求赶超型发展模式，过分强调短期经济效益而忽略生态效益和社会效益的做法。

结合钦州的实际情况，应该在观念上认清自身旅游可持续发展的优势资源资源所在，充分利用依托其背靠大西南，临近港澳粤，面向东南亚，与越南山水相连，沿海、沿江又沿边，是大西南出海重要通道，是中国—东盟自由贸易区的前沿、泛北部湾区域合作的枢纽和大湄公河次区域旅游合作的东北门户的这一庞大客源市场的区位优势，发展以生态旅游和休闲旅游为主的旅游产业。在产业发展中既树立发展旅游，又要保护自然资源与环境的观念，使旅游与环境保护同步协调发展，尊重自然界的生态机制与过程，维持生态系统的生产力和功能，以保证经济稳定持续增长。通过技术与资金的投入消除环境污染，满足社会发展的需要，达到社会发展、经济增长、生态稳定、环境友好同时发展的要求，实现人与自然和谐发展。

另外，要加强对旅游者和钦州居民环境保护意识的教育。由于旅游者的素质层次不一，地方政府有责任为旅游者提供环境保护教育的场所和相关设施，以促进旅游者环境保护意识的增强。同时，钦州政府还应该提供宣传和教育手段使钦州居民认识到保护环境就是保护旅游，是一项具有长期效益的行为，通过争取当地居民的积极配合，使钦州旅游发展中的环境问题尽量减少。

2. 对旅游资源环境的合理开发和保护

旅游资源是旅游发展的基础，失去了资源就无法构造旅游吸引物，旅游也无从谈起。为此钦州旅游在开发过程中要理顺宏观管理体制，制订综合经营规划，建立"谁开发，谁受益，谁保护，谁受益"的机制，强化环境管理，建立有效的环境管理体系来促进资源的合理开发利用。特别是在北部湾经济发展势头迅猛时期，需要加强对环境质量的监控。因为环境的破坏和质量下降意味着旅游吸引力的减弱。在钦州各个景点景区建立环境监测与保护系统，通过定期监测旅游地的环境来监督旅游开发过程中的环境影响。大气、水体、动植物资源和垃圾处理等是旅游环境监测与保护的主要内容，这就要求政府加强与环境保护等部门的联系，设置生态监测系统，进行环境影响评价，携手监测与控制旅游活动的环境影响。

3. 以市场需求为导向开发特色旅游产品

长期以来，钦州的旅游产品以传统的观光旅游为主，观光型旅游产品的一个显著的特点就是回头客非常少，这种旅游产品结构很显然是不能够适应现代旅游发展的需要的，也是不合理的，如果这种现状不改变，将会影响钦州旅游的健康持续发展。因此，培育旅游景区精品、建设文化旅游名品、开发度假休闲精品，不断调整结构、增强后劲、提升核心竞争力，是钦州旅游可持续发展的关键。当前，钦州正处于各种机遇叠加的黄金发展时期，是北部湾经济区的重要组成部分，一批重大项目正在紧锣密鼓地开工建设，钦州保税港区也获国务院批准设立，这都标志着钦州加工制造、物流国际航运中心等建设进入快车道，这也是钦州发展旅游的潜在优势。

钦州应围绕旅游者不同层次、不同类别的需求，充分利用钦州森林、海洋、生态、文化、民俗等丰富多彩的旅游资源打造富有钦州特色的旅游产品，发挥旅行社职能作用，创新旅游线路，整合"山"（八寨沟、六峰山、五皇岭、王岗山）、"海"（三娘湾、月亮湾、麻兰岛、龙门群岛）、"文化"（刘冯历史文化、坭兴陶艺文化、大芦村古楹联文化、浦北客家文化、钦州龟鳖文化、灵山烟墩大鼓）三大品牌资源，激活旅游消费新热点。

同时，要根据不同市场、不同游客和不同时段的特点，适应旅游个性化、多样化的需求，以"一片海"为突破口，打造"亲水游"时尚主题品牌，国家 4A 旅游景区三娘湾，其原生态海豚资源、滨海坡地海防林资源、原汁原味的渔村资源、奇石资源及动人的传说，所有这些构成了广西沿海其他知名景区无法比拟的旅游资源优势。抓住三娘湾独具魅力的资源优势，打造"亲水游"时尚主题品牌，现在的旅游者，求新好奇，讲个性，寻刺激，好参与。特别是随着现在生活节奏的加快，工作和生活上的压力增大，亲水是一种很好的减压方式。在双休日，可以推出专门为都市白领量身打造"水之旅"主题游。早上观日出，白天出海看海豚，下海打渔，入海沐浴，傍晚看日落，晚上听海声，有心者还可与爱侣一同漫步海边感受山盟海誓的浪漫情怀。水样的女人与"海上精灵"中华白海豚在海上一起欢呼雀跃，那份灵动，那份欣喜，那是只有人豚和谐才能实现的美好画面。而最新的研究发现海泥、海盐中含有多种对人体皮肤有益锗、锌、铁、钙、锶等微量元素和各类维生素、氨基酸等天然物质，对于条理人体新陈代谢、消炎、除斑、抑制真菌、皮肤保健美容等有显著作用，有极高的保健开发利用价值[1]。目前泥疗美容泥浴在欧美、日韩、以色列等发达国家十分盛行，因此在传统的"三S"游、温泉游的基础上，可以推出新的卖点，让都市丽人在海边进行阳光浴的同时与海泥来个"亲密接触"，体验海泥带来的别样享受。所以以三娘湾为基点，打造"亲水"时尚主题品牌，以展现三娘湾欢乐时尚的独有魅力。

2007 年底，国务院对《全国年节及纪念日放假办法》进行了第

---

[1] http：//china. npicp. com 中国新品快播网.

二次修订，取消"五一"黄金周，新增清明、端午、中秋三个假日，并将春节放假提前至除夕开始。"五一"黄金周被取消会影响长线旅游业务，但是类似元旦假期的小长假，以亲情为主题的家庭旅游方式契合以传统民俗节日为基础设立小长假的初衷，同时会使短线游、深度游、个性自驾游出游方式更加火爆，各旅游企业之间的竞争也将更加激烈。建立完善"吃、住、行、游、购、娱"旅游产业体系，打造精品旅游线路，推进旅游产业与城市建设、文化、体育、会展等产业的协调发展，发展观光、休闲、度假、商务、文化、体育、自驾车等多种形式旅游，实现钦州旅游全面发展。

按照规模化、高级化要求，以提升旅游产品市场竞争力为目标，发挥钦州在"八区两带一龙头两中心"的广西旅游发展总体布局中的作用①。"八区两带一龙头两中心"布局中，钦州属于环北部湾滨海跨国旅游区，并且处于"桂林/贺州—柳州/河池—来宾—南宁—钦州、防城港(东兴)—北海"南北黄金旅游带上，要充分利用桂林的知名度以及其带动全区旅游发展的"龙头"辐射作用，将桂林的客源引到钦州来，实现南北对接，使"龙头"、"龙尾"旅游经济区、旅游城市相互促进、共同发展，形成钦州旅游发展的良好格局和态势。

4. 加大宣传力度以提升旅游形象

旅游形象是旅游者选择旅游目的地的重要依据。一个旅游地形象鲜明，口碑良好，可以引起潜在旅游者的注意和偏爱，条件一旦成熟，他们便会成行。良好形象，是旅游目的目的地确保稳定客源的基础。旅游地只有不断地开展营销活动，提升自己的良好形象，才能获得稳定的客源。

2004 年，钦州曾邀请著名歌唱家李潮演唱《湾湾歌》、《可爱的母亲城》，通过 MTV 实景演绎了钦州三娘湾、大芦村的秀美风光，极大地宣传了钦州，提升旅游形象。钦州乘成功创建中国优秀旅游城市的东风，加大对旅游品牌的宣传力度，凸显"海豚之乡"、"英雄故里"、"工业新城"、"千年陶都"等品牌形象，提出"红荔枝、

---

① 肖建刚：《政策与法规》，广西师范大学出版社 2008 年版。

白海豚、绿钦州"的宣传口号，突出钦州"荔枝之乡"、"海上大熊猫——中华白海豚故乡"、"梦幻八寨沟"的特点，这是钦州最核心、最能体现特色，也是最能体现与其他旅游城市差异的地方。积极策划、举办具有钦州特色的文化旅游活动，2008 年先后举办两广十市区域旅游合作联席会、第五届国际海豚节、第二届旅游美食节等项活动，邀请有关市领导和旅游行业部门代表参加节庆活动共推我市旅游资源，扩大了钦州旅游的影响力。另外还先后组织各县区旅游局主要领导和有关旅游企业代表参与了各项国内外促销活动：中国国内（河南郑州）旅游交易会、越南广宁省下龙旅游节活动、广西北部湾"4+2"旅游联盟宣传推介活动、2008 年国际（上海）旅游交易会、自治区成立 50 周年大型成就展旅游专馆展示等项旅游宣传推介活动，充分利用活动的平台开展宣传促销，进一步拓展了钦州的客源市场。此外，利用网络宣传推介销售钦州旅游线路和产品，制作了《自助游钦州》、《两广十市宣传画册》、钦州旅游宣传折页等宣传资料进行宣传推介，还在《中国自驾游》、《大步迈向广西旅游强省》大型画册上做广告，宣传推介钦州的旅游产品取得了良好的效果。2009 年 4 月 29 日钦州举行"广西人游钦州活动暨三娘湾海水浴场启用仪式"，推出"钦州景区年票一卡通"，让市民共享钦州旅游发展的成果，掀起钦州人游钦州的热潮。

5. 加强人力资源管理以提高从业人员素质

旅游要在日趋激烈的竞争中赢得更加有利的地位，关键是人才，旅游人才也是旅游可持续发展的动力和保证。旅游竞争力的提高也依赖于旅游人才素质的提高。政府及旅游决策管理部门要深化对旅游人才战略意义的认识，把培养和引进人才视为旅游兴衰成败的关键所在。旅游所需要的人才通常包括以下几个类型：

（1）旅游基础人才。旅游基础人才通常是指那些在一线工作人才，如旅行社中的高素质计调、小语种导游、外联人员；旅游饭店中的高级厨师、服务师、营销人员、培训人员；旅游景区（点）的设计、策划、营销人员等。

（2）旅游管理人才。主要是职业经理人、旅游高层管理者，如总经理、副总经理等、又如从事人力资源、市场营销、旅游娱乐管理、景区管理、旅游规划等方面的职业经理人，他们拥有深厚的专业背景和丰富的实践经验，容易为企业注入最新的管理理念和经营方法，能有效促使相应的旅游企业向纵深发展。

（3）旅游复合型人才。专家指出，不仅在专业技能方面有突出的经验，还具备较高的相关技能的复合型人才，包括知识复合、能力复合、思维复合等多方面。旅游复合型人才是指既具有旅游专业知识，又具有相关技能的人才，如旅游电子商务人才也是一种复合型人才，他们既要懂得电子商务技术手段，了解如供应链管理、虚拟企业、客户关系管理、知识管理等电子商务实现功能以及网上商店、网上采购、网上银行、网上交易市场等电子商务模式；同时应该充分了解旅游，了解旅游的行业组织、管理和业务方式及其特点，无论其侧重哪一方面，都应该拥有足够的电子商务和旅游行业运行两方面的知识。复合型旅游人才的培养需要一个过程。而这样的人才，单纯靠学校教育是很难培养出来的，他们通常需要在不同的岗位上摸爬滚打才能锻炼出来。

要改变钦州旅游人才缺失的现状，可以从以下几方面着手：

（1）编制和实施人力资源计划。各个旅游企业通过规划人力资源的各项活动，是组织的需求与人力资源的基本情况相匹配，以确保组织总目标的实现。在计划内容上系统评价组织中人力资源的需求量，选配合适的人员，制订和实施人员培训计划，以培养和储备适应未来要求的各级人才。

（2）走校企办学之路。"产学结合、校企合作"模式，既能发挥学校和企业的各自优势，又能共同培养社会与市场需要的人才，是高校与企业（社会）双赢的模式之一。加强学校与企业的合作，教学与生产的结合，校企双方互相支持、互相渗透、双向介入、优势互补、资源互用、利益共享，是实现高校教育及企业管理现代化、促进生产力发展、加快企业自有人才的学历教育，使教育与生产可持续发展的重要途径。由此可见，产学结合是促进科技、经济及企业发展的有效手段，校企合作是办好高校教育、促进合作企业活力，培养生产、建设、管理、服务第一线专门人才的重要途径。要充分利用现有教育资源，以钦州学院为龙头，培养旅游管理人才。

同时还要加强旅游教育师资人才的培养工作；创新旅游教育和人才培养机制，鼓励、引导外资和民营资本参与旅游教育和旅游人才培养，积极开展旅游教育对外交流与合作，建立现代化旅游教育培训网络平台，搭建提升旅游人才素质的良好平台；努力深化旅游人才教育培训教学改革，优化专业结构，突出实用性，建设适应旅游教育人才培训需要的教材体系，进行课程体系、教学内容、教学方法和教学手段的改革，强化旅游教育教学管理，建立起完善的教学质量保障与监控体系。

（3）提高旅游从业人员素质。世界旅游组织 1994 年提出"高质量的服务，高质量的员工，高质量的旅游"的口号表明，高速、持续发展的旅游在呼唤高素质的旅游从业人员。概括地说，旅游从业人员的素质包括身体素质、思想素质、心理素质、业务素质、文化素质。德才兼备是对旅游从业人员的客观要求，所谓德是指具有良好的政治素质，正确的意识观念，优良的个人品质，为集体为事业的热情和责任感；而有一定的科学文化知识、专业知识、专业技能和实际工作能力则是对旅游从业人员"才"方面的要求。要提高钦州旅游从业人员的素质，在做好导游员考前培训、岗前培训、年审培训等常规性培训的基础上，逐步开展工农业旅游示范管理者营销培训，旅行社、饭店管理人员岗位培训。其次可以通过举办旅游从业人员技能大赛、导游员知识大赛，星级酒店服务技能大赛，展示旅游从业人员形象，促进业务水平提高。

（4）引进旅游人才。旅游人才的培养是需要一个过程的，对于一些高端的、急需的旅游人才，可以通过招聘、引荐等多种途径引进。依附本地钦州学院、英华职业技术学院、钦州农校，钦州财贸学校等高校、中专旅游管理专业的生源，积极引进发达地区的富有旅游管理经验的高级人才对公司员工进行传、帮、带。如白海豚国际酒店，通过引进深圳赛格集团的高层管理人员对员工进行培训，进一步提升了白海豚国际酒店的服务水平。

6. 加强区域合作以打造与东盟接轨的发展极地

城市个体旅游的可持续发展并不代表着区域旅游的可持续发展，更不能代表整个国家旅游的可持续发展。要实现国家或地区旅游的可持续发展，必须开展区域旅游合作。而区域经济一体化和经济全球化是当代世界经济发展的两大趋势。而中国经济发展，走过一条沿海逐级开放带动的路子。从深圳、珠海带动珠三角，到上海浦东带动长三角，再到天津新区带动环渤海湾。2006 年，胡锦涛总书记提出"要把广西沿海发展成为新的一极"，温家宝总理提出"把推进泛北部湾经济合作这篇文章做好"。那么，在新的发展阶段，站在整个西部大开发战略的高度，在国家对外开放的大格局中，钦州的旅游要实现可持续发展，必须积极推进区域合作。

钦州在探索实现旅游可持续发展中积极参与和推进了泛北部湾经济区旅游合作：早在 2004 年 10 月，钦州市为更好地配合开展泛珠三角区域旅游合作，积极推动两广九市(即广东省的茂名市、湛江市、云浮市、阳江市，广西的北海市、防城港市、玉林市、钦州市、贵港市)旅游圈的形成，并于 2008 年成功了举办两广十市区域旅游合作联席会；2007 年 7 月钦州市与北部湾经济区的南宁、北海、防城港、玉林、崇左 5 个城市签署合作协议，成立广西北部湾经济区 4+2 城市旅游联盟。

为巩固现有的区域旅游合作的成果，钦州市还可以在以下几方面努力：

(1)发挥政策优势。旅游是国家西部大开发中鼓励外商投资发展的特色经济产业，且广西钦州市不仅属于西部地区，还是少数民族自治区。因此，投资广西钦州市旅游除了享受国家统一规定的优惠政策之外，还可享受国家和广西在西部大开发中相应出台的一系列优惠政策以及少数民族地区、扶贫开发、沿海开放、边境开发等多重优惠待遇①。特别是近年以来，国家对北部湾经济区的重视，在政策上有更多惠及当地经济发展的支持。

此外，广西区党委、政府一直以来都高度重视旅游的发展，始终把旅游作为广西国民经济的增长点和重要支柱产业来加以培育和发展。在"十五"期间，广西就针对旅游出台了一系列的优惠政策。对在广西投资经营的旅游企业 2001 年至 2010 年期间按 15%的税率

---

① 肖建刚：《政策与法规》，广西师范大学出版社 2008 年版。

征收企业所得税。对促进生态环境保护的生态旅游、农业观光旅游项目 10 年内免征农业特产税；外商投资的旅游项目，在投资总额内进口自用的先进技术设备，除国家规定不予免税的商品外，免征关税和进口环节增值税。为此，利用政策上的优势积极推进"泛珠三角"、"泛北部湾"的合作，扩大钦州市旅游的影响力。

（2）突显优越区位，打造新的发展极地。钦州市作为西南地区的出海大通道，是我国走向东盟、走向世界的重要门户。在区位上能通过政策、资金、人才和信息的集聚，双向沟通华南与西南，一边接受东部"珠三角"的经济辐射的牵引，一边带动滇黔桂乃至川渝湘的经济腾飞，实现以东带西、东中西共同发展新格局。由于钦州市得天独厚的区位优势，可以形成层级旅游圈：区内游—泛珠三角游—泛北部湾游，并利用旅游圈有利条件实现旅游资源、客源的共享，促进钦州旅游的可持续发展。

（3）构筑和完善无障碍旅游区。无障碍旅游是各旅游区为了消除区域壁垒，达到区域间旅游经济合作，旅游资源、产品、市场和信息的共享，实现旅游价值最大化的一种新型的区域旅游合作形式①。它主要包括两个方面的内容：一是允许旅行社对旅游团队实行组团、接待一条龙服务，消除旅游服务障碍；二是取消外地旅游车辆入城、入景区(点)等方面的限制，给予同等的"市民待遇"，消除旅游交通障碍。无障碍旅游区的建立，将彻底打破各地旅游出现的地域壁垒和各自为政的局面，真正实现旅游区域合作和旅游资源的一体化。

结 语

钦州旅游经历了短短几年的发展，已经取得了瞩目的成就，为了使钦州旅游朝着健康的方向发展，笔者在前辈学者理论研究的基础上，提出了对钦州市旅游可持续发展的一些看法：钦州既有保持旅游可持续发展的有利条件，也存在相当多的问题。只要我们高度

---

① 何深宝、袁东来：《建无障碍旅游区 闽浙赣九市共谋旅游发展》，《江西日报》2004 年 11 月 5 日。

重视，钦州旅游的发展前景一定会相当美好。当然，旅游的可持续发展涉范围非常的广，单独依靠政府、某个组织、企业或个人是很难做到的。必须上下一致，齐心协力，在政府的领导下，在社会及个人的积极参与下，有组织、有步骤地实施并最终达到这一目标。

参 考 文 献

1. 程胜龙，文军，张颖，尚丽娜．广西滨海旅游资源开发评价[J]．东南亚纵横，2009．

2. 李劲松，倪霓．高职体育教学对学生社会适应能力的培养措施[J]．魅力中国，2014．

3. 于磊．工业旅游——企业营销新手段[J]．中国经贸，2008．

4. 刘纯．旅游心理学[M]．天津：南开大学出版社，2000．

5. 王艺．旅游潮引发的社会思考[J]，山西财务税务专科学报，2001(10)．

6. 李天元．旅游学概论[M]．天津：南开大学出版社，2007．

7. 李长秋．旅游者的情感体验与旅游营销[J]．旅游经济，2008(3)．

8. 胡森．旅游品牌的"气味"营销．[EB/OL]．http：//blog.sina. com. cn/s/blog_5320c95b01009y9x. html. 2008-06-26．

9. 乔修业．旅游美学[M]．天津：南开大学出版社，2000．

10. "气味"营销需要过四道关．[EB/OL]．http：//news. hexun. com /2007-06-04/100074595. html. 2008-08-07．

11. 朱虹．图文：第十届中国美食节将于10月亮相天津．[EB/OL]．http：//www. 022net. com. 2009/9-8/503764183099334. html. 2009-09-10．

12. 于磊焰，明星，陈澎．凤凰．从沈从文笔下飞向世界[EB/OL]．http：//www. china. com. cn/chinese/zhuanti/253193. htm. 2002-12-09．

13. 杨彬．全国导游人员、旅行社经理人员人力资源状况调查报告[J]．旅游调研，2003(4)．

14. Ference T P, Stoner J A, Warren E K. Managing the career-plateau. Academy of Management Review, 1977, 2(4): 602-612.

15. 国外导游服务收费标准[DB/OL]. http://wenku. baidu. com/view/9b5d9cd180eb6294dd886c57. html.

16. 刘爱服. 严格导游准入制度与健全导游管理体制的探索[J]. 旅游学刊, 2011, 5(26).

17. [美]伯格曼, 斯卡佩罗. 薪酬决策[M]. 何蓉, 译. 北京: 中信出版社, 2004.

18. 邵小慧. 导游职业倦怠的背后[N]. 中国旅游报, 2005-06-03.

19. 李永鑫. 工作倦怠问卷 MBI 简介[J]. 心理科学, 2003, 26(3).

20. 李任芷, 蔡家成, 刘劲松, 等. 导游体制改革调研报告[R]. 中国国家旅游局, 2010.

21. GB/T 14308—1995, 旅游酒店星级的划分与评定[S]. 北京: 中国标准出版社, 1995.

22. 费照伟. 北京星级酒店员工流失现状及对策研究[D]. 北京: 北京交通大学, 2010.

23. 娄成武, 魏淑艳. 现代管理学原理(第二版)[M]. 北京: 中国人民大学出版社.

24. 孙彤. 开发人力资源的新课题——事业生涯规划与择业指导[J]. 中国人才, 1996(7).

25. 王素琴. 酒店人力资源流失的原因及对策[J]. 企业导报, 2010(5).

26. 刘红梅. 基于酒店专业学生实习心理谈酒店实习管理[J]. 中南林业科技大学学报(社会科学版), 2008(3).

27. 林艳丽. 酒店管理专业学生如何克服实习心理障碍[J]. 科技信息(科学教研), 2007.

28. 王西涛. 高职酒店管理专业学生实习现状及对策[J]. 淮南职业技术学院学报, 2008, 8(4).

29. 陈平平. 学生在酒店实习中的心理障碍预防与调适[J]. 国

际中华神经精神医院杂志，2003，4(2).

30. 林丽花．林芝地区生态旅游环境容量研究[D]．西藏大学，2009.

31. 洪滔．福州三叠井森林公园生态旅游环境容量的探讨[J]．福建林学院学报，2005(4).

32. 郑云峰．自然保护区生态旅游区环境容量计算初探[J]．林业调查规划，2005(3).

33. 戴彬．张家界森林公园生态旅游环境容量分析[J]．生态经济，2006(10).

34. 谭红杨，顾凯平，陈文汇．从生态旅游公益属性看我国生态旅游存在的问题[J]．林业资源管理，2007(5).

35. [美]弗雷德．波塞尔曼，等：《弯路的代价——世界旅游回眸》[M]．北京：中国旅游出版社，2003.

36. 1994 年 3 月 25 日国务院第 16 次常务会议讨论通过，中国 21 世纪议程——中国 21 世纪人口、环境与发展白皮书[M]．北京：中国环境科学出版社，1994.

37. http：//china. npicp. com 中国新品快播网．

38. 吴必虎，贾佳．城市滨水区旅游·游憩功能开发研究——以武汉市为例[J]．地理学与国土研究，2002(2).

39. http：//www. caexpo. org，中国—东盟博览会官方网站．

40. http：//www. qzrb. com. cn，钦州日报网站．

41. http：//www. tjcn. org，中国统计信息网．

42. 陈俊伟．论广西旅游的新增长极[J]．旅游学刊，2000(2).

43. 陈义军．"人与自然和谐相处"面临的问题及对策分析[J]．濮阳职业技术学院学报，2007(4).

44. 崔凤军，许峰，何佳梅．区域旅游可持续发展评价指标体系的初步研究[J]．旅游学刊，1999(4).

45. 杜江．旅游管理硕士论文文库——2000[M]．北京：旅游教育出版社，2001.

46. 杜江．旅游研究文集[M]．北京：旅游教育出版社，2004.

47. 龚胜生．论中国可持续发展的区际关系协调[J]．地理学与国土研究，1997(8).

48. 龚胜生．论中国可持续发展的人地关系协调[J].地理学与国土研究，2000(2).

49. 郭来喜．中国旅游可持续发展理论与实践研究——国家自然科学基金"九五"重点旅游课题浅释"[J].人文地理，1996(12).

50. 郭思维，李桂文，俞滨洋．地方可持续旅游规划的基本理论初探[J].城市规划，2007(6).

51. 何深宝、袁东来．建无障碍旅游区闽浙赣九市共谋旅游发展[N].江西日报，2004.11.

52. 胡绿俊，文军．开发钦州市旅游的探讨[J].经济与社会发展，2007(7).

53. 胡涛，陈同斌．中国的可持续发展研究——从概念大行动[M].中国环境科学出版社，1995.

54. 胡志毅，张兆干．社区参与和旅游可持续发展[J].人文地理，2002(2).

55. 黄远林．钦州市旅游资源开发突破点研究[J].钦州师范高等专科学校学报，2003(12).

56. 黄远林．钦州市茅尾海渔业生态旅游开发研究[J].钦州师范高等专科学校学报，2002(3).

57. 黄震方．关于旅游可持续发展的环境伦理学思考[J].旅游学刊，2001(2).

58. 李天元．中国旅游可持续发展研究[M].天津：南开大学出版社，2004.

59. 连漪．试论旅游地的可持续竞争优势[J].旅游学刊，2006(7).

60. 灵山县志编纂委员会编．灵山县志[M].南宁：广西人民出版社，2000.

61. 刘锋．中国西部旅游发展战略研究[M].北京：中国旅游出版社，2001.

62. 刘盛佳．中国可持续发展的战略原则[J].人文地理，1996(2).

63. 卢云亭．生态旅游与可持续发展[J]．经济地理，1996（16）．

64. 卢云亭．旅游研究与策划[M]．北京：中国旅游出版社，2006.

65. 骆高远."生态旅游"是实现旅游可持续发展的核心[J]．人文地理，1999(7).

66. 纳尔逊·格拉本，彭兆荣，赵红梅．旅游人类学家谈中国旅游的可持续发展[J]．旅游学刊，2006(1).

67. 牛亚菲．可持续旅游、生态旅游及实施方案[J]．地理研究，1999(6).

68. 彭欢首．旅游应放在更加重要的位置[J]．旅游学刊，2007(3).

69. 钦州市人民政府．钦州年鉴[M]．南宁：广西人民出版社，2008.

70. 世界环境与发展委员会．共同的未来[M]．长春：吉林人民出版社，1997.

71. 斯蒂芬 L.J. 史密斯．游憩地理学：理论与方法[M]．吴必虎，等，译，保继刚，校．北京：高等教育出版社，1992.

72. 宋国涛等．中国国际环境问题报告[M]．北京：中国社会科学出版社，2002.

73. 孙冬玲．无障碍旅游——区域旅游新形势[J]．甘肃农业，2005(9).

74. 孙吉信．旅游可持续发展中的伦理辩护[J]．旅游科学，2007(4).

75. 覃照素，韦善豪．广西钦州市海岛资源开发利用研究[J]．安徽农业科学，2008(10).

76. 陶伟．中国"世界遗产"的可持续旅游发展研究[M]．北京：中国旅游出版社，2001.

77. 田道勇．浅谈旅游可持续发展[J]．人文地理，1996(6).

78. 王大悟．科学发展观与旅游可持续发展[J]．旅游科学，2005(2).

79. 王大悟. 用科学发展观指导旅游的和谐发展[J]. 旅游学刊, 2005(4).

80. 王良健. 旅游可持续发展评价指标体系及评价方法研究[J]. 旅游学刊, 2001(1).

81. 韦善豪. 广西钦州市旅游资源开发研究[J]. 经济地理, 2000(6).

82. 魏小安. 中国旅游发展的十大趋势[J]. 湖南社会科学, 2003(6).

83. 魏小安, 韩健民. 旅游强国之路: 中国旅游产业政策体系研究[M]. 北京: 中国旅游出版社, 2003.

84. 吴必虎. 区域旅游规划原理[M]. 北京: 中国旅游出版社, 2001.

85. 肖建刚. 广西导游[M]. 南宁: 广西师范大学出版社, 2007.

86. 肖建刚. 政策与法规[M]. 南宁: 广西师范大学出版社, 2008.

87. 谢彦君. 永续旅游: 新概念、新课题、新挑战[J]. 旅游学刊, 1994(1).

88. 徐少阳. 我国旅游可持续发展现状分析[J]. 经济研究, 2007(11).

89. 徐业菊. 突出民族文化品位, 激活钦州特色旅游[J]. 钦州师范高等专科学校学报, 2002(6).

90. 许春晓. "旅游产品生命周期论"的理论思考[J]. 旅游学刊, 1997(5).

91. 许涛, 张秋菊, 赵连荣. 我国旅游可持续发展研究概述[J]. 干旱区资源与环境, 2004(11).

92. 詹俊川, 赵新元. 旅游与可持续发展[J]. 旅游科学, 1999(4).

93. 张广瑞, 魏小安. 中国旅游: "非典"影响与全面振兴[M]. 社会科学文献出版社, 2003.

94. 张士伦. 钦州文化旅游发展研究[J]. 消费导刊. 文化研

究，2007(7).

95. 张延毅，董观志. 生态旅游及其可持续发展对策[J]. 经济地理，1997(2).

96. 麻新华，李小红，罗燕秋. 北部湾经济区背景下钦州市旅游业发展的 SWOT 分析与对策[J]. 云南地理环境研究，2014(2).

97. 赵荣，王恩涌，张小林，等. 人文地理(第二版)[M]. 北京：高等教育出版社，2000.

98. 周兰，王学军. 影响旅游地文化可持续发展的因素分析[J]. 商场现代化，2006(9).

99. 朱鹤健，陈健飞，陈松林等. 土壤地理学[M]. 北京：高等教育出版社，2010.

100. 李晓佳. 大青山南北坡不同海拔高度表土理化性质研究[D]. 内蒙古师范大学，2008.

101. 龙江，陈荣，张念. 比重计法测定土壤质地温度控制重要性的研究[J]. 安徽地质，2014(1).

102. 成斌斌. 土壤 pH 的测定[J]. 化学与生活，2014(4).

103. 刘肖. 初探土壤有机质测定方法的改进[J]. 中国农学通报，2014(12).

104. 王玉兰. 酸性土壤样品中阳离子交换量测定[J]. 化学工程师，2015(12).

105. 广西通志·自然地理志[M]. 广西地方志，1995(03).

106. 陈世发，查轩. 红壤典型小流域土壤侵蚀与地形高度关系研究——以朱溪河小流域为例[J]. 韶关学院学报，2010(6).

107. 郭汉清，李特，秦智通等. 关帝山典型针叶林土壤理化性状研究[J]. 山西农业大学学报(自然科学版)，2014(2).

108. 秦娟，唐心红，杨雪梅. 马尾松不同林型对土壤理化性质的影响[J]. 生态环境学报，2013(4).

109. 吴鹏，朱军，付达夫. 纳雍珙桐自然保护区森林土壤理化性状研究[J]. 贵州林业科技，2013(4).

110. 刘璐，刘晶岚，习妍等. 北京地区重要古树土壤物理性状分析[J]. 水土保持研究，2011(5).

111. 薄琳等．土壤质地与土壤肥力的关系[J]．现代农业，2015(4)．

112. 张娜，张栋良，屈忠义等．内蒙古河套灌区域土壤质地空间变异分析——以解放闸灌域为例[J]．干旱区资源与环境，2015(15)．

113. 刘华．茂名小良不同植被下森林土壤物理性状对比分析[J]．湛江师范学院学报，2010(6)．

114. 吴鹏，朱军，陈骏等．贵州习水国家自然保护区森林土壤理化性状研究[J]．贵州林业科技，2011(3)．

115. 吴才武，夏建新，段峥嵘．土壤有机质测定方法评述与展望[J]．土壤，2015，47(3)．

116. 王文艳，张丽萍，刘俏．黄土高原小流域土壤阳离子交换量分布特征及影响因子[J]．水土保持学报，2012(5)．

117. 黄群山，叶源忠．浅析武夷山山地土壤理化性质的垂直分异[J]．太原师范学院学报(自然科学版)，2008(3)．

118. 魏新，郑小锋，张硕新．秦岭火地塘不同海拔梯度森林土壤理化性质研究[J]．西北林学院学报，2014(3)．

119. 杨淑贞，马原，蒋平等．浙江西天目山土壤理化性质的海拔梯度格局[J]．华东师范大学学报(自然科学版)，2009(6)．

120. 朱芳，白卓灵，陈耿，等．旅游活动对武当山风景区生态环境的影响[J]．林业资源管理，2015(3)．

121. 许桂苹，王晓飞，付洁．土壤重金属污染评价方法研究综述[J]．农村经济与科技，2014(1)．

122. 甘艳露，齐琳，李宏等．有机肥施肥方式对水稻主要病虫害发生及产量的影响[J]．浙江农业科学，2014(1)．

123. 陈伟．土壤中重金属铬的来源、危害及修复措施[A]．中国环境科学学会．2012中国环境科学学会学术年会论文集(第四卷)[C]．中国环境科学学会，2012(1)．

124. 陈远其，张煌，陈国梁．石灰对土壤重金属污染修复研究进展[J]．生态环境学报，2016(8)．

125. 李福燕，李许明，吴鹏飞，等．海南省农用地土壤重金属含量与土壤有机质及 pH 的相关性[J]. 土壤，2009(1).

126. 李杰，朱立新，战明国等. 南方典型丘陵区酸性土壤重金属地球化学分布特征及来源分异解析[J]. 地质学报，2016(90).

127. 陈海燕，高雪，韩峰. 贵州省常用化肥重金属含量分析及评价[J]. 耕作与栽培，2006(4).

128. 郭晓东，肖星，房亮. 新休假制度对国内旅游流时空结构及旅游开发的影响分析[J]. 旅游学刊，2008(5).

129. 廖凯，徐虹，杨威，等. 黄金周休假制度对我国旅游业发展影响的实证研究[J]. 旅游学刊，2009(10).

130. 刘淑祎. 浅谈高校旅游开发[J]. 商业经济，2012(7).

131. 楚玉洁，钟文. 校园旅游资源开发的 SWOT 分析——以西南航空文化旅游景区为例[J]. 旅游纵览（下半月），2015(6)：101.

132. 龚胜生，任唤麟. 论校园旅游的教育功能及其实现[J]. 华中师范大学学报(自然科学版)，2010(2).

后　记

　　笔者从大学毕业踏上广西北部湾这片热土开始，一直关注这片热土的旅游发展。近年来，习总书记提出的"一带一路"战略规划，为广西发挥与东盟国家海陆相连的独特优势，加快北部湾经济区和珠江—西江经济带开放开发，构建面向东盟的国际大通道，打造西南地区开放发展的战略支点，形成 21 世纪海上丝绸之路和丝绸之路经济带有机衔接的重要门户，提供了历史性发展机遇。从长期来看，"一带一路"战略的提出及其发展必对广西旅游业更加健康苗壮的成长具有促进作用。

　　在这样一个环境与背景之下，拙作出炉。笔者从跨学科角度，综合经济学、市场营销学、文化学、环境学、心理学等相关学科理论，运用调查法，实证研究法、文献综述法等对广西北部湾区域的旅游产品开发、旅游市场营销管理、旅游人力资源、旅游生态环境等进行梳理与分析，提出了一系列新的观点，并丰富了已有的认识，由此构建了符合给广西北部湾区域特点的旅游可持续发展思路。当然，此研究由于笔者能力与水平所限，对于广西北部湾区域的旅游研究还在诸多不足，如研究内容上，广西北部湾区域旅游的比较研究、新时代环境对广西北部湾旅游的影响等；研究方法上，定性分析多，定量分析科学性、严谨性还有待加强。

　　总之，拙作是笔者走上工作岗位以来研究成果的总结，是学术研究路上的一个历史印记。由衷感谢所有给予无私帮助和真切关怀的家人、老师、同学和朋友们！

覃雪梅于钦州

二〇一七年三月